SÉOUL

Drama

MAUD PARENT

SÉOUL
Drama

hachette
ROMANS

Couverture : Hachette Romans Studio
Illustration de couverture : Loweana

Hachette Livre, 58 rue Jean Bleuzen, 92170, Vanves.

SCÈNE 1

Juliette

— **R**eady ?… Clap ! ordonne le réalisateur d'un ton sévère.

Sarah Kang fait craquer sa nuque d'un mouvement sec. Son regard est froid, sa posture fixe.

— Et… action !

L'actrice aux longs cheveux de jais, à fond dans son rôle, affronte l'homme qui lui fait face d'un regard de braise, puis elle déclame son texte d'une voix forte :

— Tu m'as trompée, déshéritée, menti et humiliée… Et par-dessus tout, tu m'as assassinée.

Le silence est lourd et la tension palpable. L'air impassible, la star ne cille pas. Cette scène est cruciale, marquant le retour de son personnage, que tout le monde croyait mort.

— Il est l'heure que je te rende la monnaie de ta pièce ! tonne-t-elle.

Elle brandit un couteau, la lame brille sous les spots dans un éclair aveuglant. Sa chevelure se soulève, emportée par son mouvement gracieux et la soufflerie de l'énorme ventilateur hors caméra. L'assistance retient sa respiration lorsque, soudain, Sarah écrase la pointe de son arme dans le cœur de son partenaire.

Il y a un temps de latence. Puis un cri strident déchire le silence. Derrière sa roulante, l'ingénieur du son grimace et retire son casque.

— Coupez ! hurle le réalisateur.

La scripte ôte ses lunettes et se frotte les yeux, l'air dépitée. Comme une fourmilière dans laquelle on vient de flanquer un coup de pied, l'équipe au grand complet se met en mouvement. Machinistes, électriciens, ingénieurs du son et perchistes trépignent et checkent leur matériel. Les deux acteurs reprennent leurs marques au début de la scène. Finalement l'armée de techniciens s'immobilise dans l'attente des instructions du réalisateur, caché derrière l'écran retour.

— Bon… je pense qu'on va la refaire, soupire l'intéressé.

L'actrice cache son exaspération sous un sourire tendu. L'ambiance est lourde, le moindre mouvement semble s'écouler au ralenti. L'essaim de machinistes et ingénieurs observe le jeune acteur avec insistance.

— Jaemin… Tu te fais poignarder. Tu hurles de douleur…

Le réalisateur tente de garder son calme. C'est pourtant évident qu'il fulmine. La scripte pose une main sur son bras, trahissant par un geste qui se veut anodin l'intimité de leur relation.

Le dénommé Jaemin bouillonne intérieurement. Ses prunelles mordorées brillent d'agacement. Il se racle la gorge et bombe le torse, forçant un air désinvolte, malgré un flegme naturel exacerbé par la courbure tombante de ses longs cils. L'acteur serre les dents, ce qui fait saillir les muscles de son cou et dessine les angles acérés de sa mâchoire carrée. De charmantes fossettes poinçonnent ses joues. Il joue de cet air espiègle pour cacher le fait que les remarques du réalisateur l'ont piqué. Toutes les femmes sur le plateau ont les yeux rivés sur lui. Toutes sauf Sarah, imperméable aux charmes physiques de ce jeune apollon. Quel professionnalisme !

Soudain, elle intervient :

— Je n'aime pas cette réplique. Elle ne fait pas du tout naturelle. « La monnaie de ta pièce » ? C'est trop long à articuler. On ne pourrait pas trouver une meilleure *punchline* ? Un truc incisif, qui sonne vengeur ? Je vous rappelle que mon personnage est face à son ennemi juré. Les spectateurs attendent cet affrontement avec impatience.

Toutes les personnes sur le plateau se sont tues pour l'écouter. Certaines hochent la tête, d'autres jettent des regards interrogateurs à Bak Chanwoo, le réalisateur, toujours juché sur son siège. Ce dernier se racle la gorge avant de répondre :

— Je note votre remarque, Sarah. Elle est pertinente, mais les scénaristes ont jugé bon de filer la métaphore de la pièce de monnaie. Puisque cette dernière évoque les deniers remis au passeur du Styx dans l'épisode suivant... Bref, cette réplique est importante.

Il masque mal son impatience et tapote du bout des doigts l'accoudoir de sa chaise au dos de laquelle est imprimé son nom en lettres dorées. Le réalisateur Bak est aussi réputé que Sarah Kang, qu'il supervise dans cette production au budget démentiel.

Pas du tout convaincue par cette réponse, je vois l'actrice faire la moue, froncer les sourcils et finalement tourner la tête pour ronchonner quelque chose dans sa barbe.

Quelle femme incroyable ! Elle a complètement raison, d'ailleurs : dans une scène clé telle que celle-ci, il faudrait une réplique à la hauteur de cette héroïne *badass*. Pourquoi est-ce que personne ne prend ses commentaires au sérieux ?

De ma position, j'entends le réalisateur faire des messes basses avec sa scripte :

— À peine une semaine de tournage, et les acteurs s'improvisent déjà scénaristes. Je le sens mal, ce projet, marmonne-t-il.

— Du calme, Channie. Garde ton sang-froid, répond la scripte en remontant ses lunettes sur son nez.

Pour la première fois de ma vie, j'assiste à un tournage. Le merveilleux de la découverte l'emporte sur la pression qui sature l'atmosphère. Alors c'est comme ça que la magie opère derrière les caméras ? Je suis subjuguée par les décors peints à la main, les costumes qui flottent au vent, ce même vent soufflé par d'énormes ventilateurs. La pénombre dissimule les fils électriques et les machines démesurées. J'ai l'impression d'être dans le ventre d'un monstre de fer. Je me sens minuscule, tout juste avalée par une machinerie complexe qui me dépasse.

Tandis que je m'extasie devant ce spectacle de rails, de projecteurs colossaux et de paysages en carton-pâte, je réalise que les visages sont blasés, les traits tirés et les mines fatiguées. Les employés s'avachissent sur les malles, quand ils ne sont pas en train de remonter, à bout de force, un pan de la scène sous les ordres secs du chef décorateur. Mon regard passe d'un visage à l'autre, plus ou moins accablé par l'épuisement. Au-dessus des têtes des deux acteurs pend une perche micro, tendue par un jeune ingé son tremblant et en sueur.

Mon attention est attirée par les deux figures baignant dans une lueur éthérée. Les stars du drama flamboient sous les spots, leur beauté sublimée par les artifices du maquillage. Une pléthore de petites mains rajustent, avec déférence et discrétion, leur coiffure et costumes. Je croise le regard du jeune homme, qui m'effleure sans s'arrêter, passant sur moi comme si j'étais invisible. Une aura envoûtante émane de cet acteur. Dissimulée dans les ombres du plateau, je l'observe avec curiosité.

Son visage ne m'est pas familier, et je peine à me souvenir de son nom. Je passe les secondes suivantes à essayer de m'en rappeler, avant d'être interrompue par le cri soudain d'un machiniste. Un tréteau vient de s'écraser sur son pied.

— Silence sur le plateau ! exige l'assistant réalisateur, en jetant un regard noir au pauvre gars plié de douleur.

Tout ici sent la peinture fraîche, l'odeur m'a assaillie dès que j'ai posé le pied sur le plateau. Je ne sais pas si ça provient des bâtiments tout neufs, récemment sortis de terre, ou bien des décors qui patientent sagement qu'on vienne les installer pour la prochaine scène.

Je suis justement planquée entre deux parois amovibles. Le premier machiniste un peu curieux qui jetterait un coup d'œil à mon badge comprendrait vite que je n'ai rien à faire ici. Je n'ai pas pu résister à la tentation de venir espionner le tournage du drama le plus attendu de l'année. L'appréhension commence à monter, mes mains tremblotent et la sueur coule le long de mon dos. Je risque gros à espionner ce tournage sans autorisation.

— *Gods in Hell*, scène trente-huit, deuxième ! annonce le machiniste avec le clap entre les mains.

Il entre dans le cadre et brandit le claquoir, pour que la caméra filme les références de la scène et des prises inscrites dessus. Puis il l'actionne.

— Cadré ! lance alors le cadreur.

— Action ! ordonne aussi sec le réalisateur.

Sarah Kang rallume son regard de braise et déclame sa réplique. Elle est aussi convaincante que la première fois. Son jeu me donne la chair de poule. Elle est incroyable, je suis complètement fan.

Je me suis faufilée sans un bruit, entre les machinistes affairés et les électriciens encore plus occupés par la mise en place du plateau. Personne n'a remarqué la petite assistante costumière-accessoiriste qui s'est glissée entre deux pans d'une fausse bibliothèque mobile. Si on me demande ce que je fiche là, je broderais une excuse sur un accessoire que chercherait ma cheffe. Comme par exemple mon vieux carnet de notes que j'ai toujours sur moi. En espérant que je ne bredouille pas trop, car le mensonge n'a jamais été mon fort. D'ailleurs, il ne faut pas que ladite cheffe me voie sur le plateau. Si elle tombe sur moi, je n'ose pas imaginer le savon qu'elle se fera le plaisir de me passer.

Bien évidemment, les photos sont interdites en ces lieux, et je ne vais pas risquer mon embryon de carrière pour un cliché flou et mal cadré. Je tenterai de demander un autographe à Sarah Kang si j'arrive à la croiser entre deux prises.

Elle est encore plus belle en vrai ! Ses pommettes saillent au moindre sourire, et ses grands yeux s'étirent en un regard de biche irrésistible. Elle lisse ses longs cheveux d'un geste délicat, dévoilant une nuque élancée et un teint d'albâtre. Les maquilleuses ont tellement de chance de travailler avec elle tous les jours. Elle est si proche de moi et pourtant si loin. Ça me frustre horriblement. Dire qu'elle se tient seulement à quelques mètres, alors que je l'ai vue à la télé il y a deux semaines, lors de la cérémonie des Oscars, où elle a décroché la consécration ultime pour son interprétation dans le dernier film de Damien Chazelle. Je crève de lui avouer qu'elle est ma muse, que je la trouve fabuleusement talentueuse et que je lui ai écrit un rôle dans un des nombreux scénarios sur lesquels je travaille.

Un cri rauque retentit sur le plateau. Je retiens maladroitement mon propre piaillement de frayeur.

— Coupez ! aboie le réalisateur, excédé. Non, Jaemin ! De la douleur, de la surprise ! Là, on dirait qu'on égorge un porc ! Rappelle-toi ce qu'on a vu aux répétitions, merde !

Les machinistes les plus proches baissent les yeux. L'ambiance est tendue.

— Reprenez vos marques, on en fait une autre !

Les bruits de couloir fusent déjà, et ma collègue Seulgi, aux oreilles traînantes et à la sociabilité exacerbée, s'est empressée de me décrire Bak Chanwoo comme un véritable tyran. En même temps, avec un budget presque aussi conséquent qu'un *blockbuster* hollywoodien, il risque gros si le succès n'est pas au rendez-vous, c'est sa réputation qui est en jeu.

— Juliette !

Mon nom fuse dans l'immensité du hangar. C'est ma cheffe ! Je ne l'ai même pas vue arriver. Les cheveux ébouriffés et courts, la voix criarde, le visage rond aux yeux exorbités de colère, elle est la personnification d'une fouine. Elle arbore une dégaine de cinquantenaire bien tassée, avec sa silhouette trapue et peu flattée par ses vêtements bariolés.

Deux semaines passées sous ses ordres et elle hante déjà mes pires cauchemars.

— Silence ! rétorque aussitôt le premier assistant réal.

À l'autre bout du plateau, les pupilles noires de ma boss me toisent d'une lueur courroucée. Je suis grillée. J'ai deux options : détaler tout de suite ou attendre docilement de voir sa colère s'abattre sur moi. À bien y réfléchir, peu importe l'option, je vais prendre une soufflante. Et mieux vaut le plus tard possible. Il faut que je quitte les lieux immédiatement.

— Et action !

J'ai à peine eu le temps de jeter un dernier coup d'œil à Sarah Kang que ma cheffe est plantée face à moi. Elle marche vite, celle-là ! J'esquisse un rictus maladroit en guise d'excuse, mais à en juger par ses sourcils qui se sont haussés d'un demi-centimètre supplémentaire, elle prend ça comme de la moquerie de ma part.

— Juliette ! Vous n'avez rien à faire sur le plateau ! me reproche-t-elle aussi bas que possible.

— Chut… souffle l'assistant réalisateur en braquant un regard mauvais sur nous.

Le silence a envahi le plateau. Plus rien ni personne ne bouge autour de nous. Les acteurs se préparent à déclamer leurs répliques. Je grimace et panique. J'ai une sainte horreur des remontrances, j'ai l'impression de redevenir une gosse. Je suis de nouveau la petite Juliette, attrapée en train d'écrire des histoires dans son carnet au lieu de faire ses devoirs de maths.

Je pose mon doigt sur ma bouche comme pour lui répéter de la fermer. Elle s'empourpre et pointe un doigt menaçant vers moi.

— Votre comportement est inadmissible, mademoiselle Park. Il y a des centaines de jeunes filles qui tueraient pour avoir votre place. Un mot de travers ou un autre faux pas, et je vous assure que c'est la p...

— CHUT ! gronde cette fois le réalisateur en personne.

Moi qui suis habituellement d'une timidité maladive, je prends conscience de mon comportement effronté. D'habitude, chacun de mes gestes en public est conscientisé avant même que je l'esquisse. Et là, j'ai agi sans réfléchir ! Je relève les yeux et je croise ceux de Sarah Kang. Oh mon Dieu ! Elle me regarde ! J'ai les genoux qui tremblent et les bras en gelée !

— Je vous promets de faire de mon mieux pour être virée ! je bredouille.

Ma cheffe me toise avec un air perplexe.

— Euh, non ! Pour être irréprochable ! Pardon ! je chuchote.

L'actrice oscarisée m'observe de loin avec un sourcil relevé et un rictus moqueur. Je replonge de nouveau dans son regard. Je lève une main chevrotante, incapable de me souvenir comment saluer. Pendant un court moment, c'est comme si personne d'autre qu'elle et moi ne se trouvait sur le plateau.

— Juliette ! me rappelle à l'ordre ma cheffe.

— Coupez ! s'égosille le réalisateur.

— Dehors ! ajoute ma supérieure.

— Silence ! renchérit le premier assistant réalisateur.

— Sécurité ! hurle la scripte.

SCÈNE 2

Juliette

Le gorille de la sécurité me talonne. Je l'entends souffler dans mon dos. Il me répète sans cesse la même phrase en boucle d'un ton autoritaire :

— Veuillez regagner vos bureaux, mademoiselle Park. Vous n'avez pas les autorisations nécessaires pour accéder aux studios A.

Nous traversons un plateau où une dizaine de machinistes s'affairent à tout démonter. La colossale ossature de métal qui soutient les innombrables spots éteints ressemble au squelette d'un brachiosaure. J'imagine que, dans à peine quelques heures, un nouveau décor prendra place : une forêt ou un désert, un fond bleu ou une piscine… Ici, la magie du cinéma opère tous les jours.

Il fait nuit noire dans cette partie du bâtiment. Nous nous sommes enfoncés dans une zone du hangar délaissée par l'équipe de tournage. Des caisses énormes sont entassées dans l'ombre, des treuils et des machines vertigineuses dorment sagement, attendant le moment où les techniciens viendront les réveiller.

Mon escorte répète une dernière fois sa rengaine et me passe brutalement devant pour ouvrir la porte. Alors que je contemple avec des yeux brillant d'admiration une immense grue qui peine à toucher le plafond du studio, il ajoute :

— Voici la sortie, mademoiselle Park.

Aveuglée par le rayon de lumière qui jaillit de l'extérieur, je baisse les yeux, m'excuse une dernière fois d'avoir causé tant de désagréments et sors en grimaçant.

Je place mes mains en visière le temps que mes yeux s'habituent à la luminosité du dehors. Le battant claque dans mon dos. Je reste plantée là, éberluée par ce qu'il vient de se passer. Eh bah, ma Juliette ! Qui aurait cru que tu étais capable de foncer tête baissée et de te mettre dans une situation rocambolesque ? Mon humeur oscille entre deux pôles : d'un côté, j'ai envie de sauter de joie d'avoir aperçu Sarah Kang ; de l'autre, je retiens une crise de larmes provoquée par le blâme que j'ai reçu.

À ces émotions s'en ajoute une autre : la stupeur face au paysage qui se dresse devant moi. Je viens de quitter un décor pour un autre tout aussi grandiose : l'immensité des studios KTV. Les hangars s'étendent à perte de vue en une véritable ville dans la ville, quadrillée par tout un réseau de rues et d'avenues. La géométrie parfaite des bâtiments est tout aussi extravagante que l'impression de neuf flamboyant qui s'en dégage. Des lettres colossales identifient chaque plateau.

Hélas, il a fallu raser une bonne partie d'un quartier de l'arrondissement de Yeonhui pour que les studios sortent de terre. Je n'étais pas là quand les premiers immeubles ont été détruits ni lorsque les blocs géométriques des studios sont apparus. Mais c'est comme si j'y avais assisté de mes propres yeux, grâce au récit emporté qu'en fait ma grand-mère dès qu'elle a un verre de *soju* dans le nez. L'opinion publique était tiraillée entre le désespoir des habitants du quartier, forcés à l'exode (bien que grassement dédommagés pour l'abandon de leurs foyers) et le prestige de voir une illustre industrie installer ses locaux ici.

Enfin, la Corée du Sud pourrait concurrencer le géant hollywoodien ! Du moins… tenter de concurrencer. Les studios KTV sont certes les plus grands producteurs de films, de séries et d'émissions TV de Corée du Sud, mais ils sont loin de faire de l'ombre aux Américains.

Ce qui rapporte le plus ici, ce sont les dramas, ces séries télévisées diffusées hebdomadairement, ultra populaires et au rythme de tournage intensif. Grâce aux plateformes de streaming, elles atteignent désormais un public international. On crée de tout dans nos studios de production : de la romance, de la fantasy, de l'historique et même de la science-fiction.

Dans l'un des studios, le plus grand du bloc A, qui regroupe plusieurs hangars, et notamment celui que je viens de quitter (ou plutôt dont on vient de me virer cordialement), sont conçus les films et séries les plus attendus du public, la crème de la crème de ce qui est produit en Corée.

Le rêve de ma vie, c'est de travailler un jour dans les bâtiments où les auteurs planchent sur les futurs dramas. Je veux être scénariste. Écrire… « Pourquoi écrire ? » me demandait ma mère avant de gommer les listes d'adjectifs qualificatifs brouillonnées dans les marges de mes devoirs de physique-chimie.

« Secrète », « timorée », « introvertie »… Est-ce que c'est vraiment moi ? En tout cas, c'est comme ça que les gens qui me croisent me qualifient. « Mais qu'est-ce que tu peux bien trouver à raconter, Juliette ? Et à qui ? Tu n'as pas d'amis à l'école. La maîtresse dit que tu restes dans ton coin », répétait mon père tous les soirs au dîner.

« Solitaire », « silencieuse », « transparente »… Les enfants de mon âge me délaissaient, ce n'est pas faute d'avoir essayé de tisser des liens. Mais si j'insistais, l'attention des autres virait rapidement à la moquerie.

« Loufoque », « lunaire », « déphasée »… « La conseillère d'éducation est d'accord avec nous, Juliette. Devenir scénariste n'est pas un choix de carrière rationnel. La concurrence est rude. Les débouchés sont inexistants. Et même si tu y arrives, les salaires sont misérables. Non, tu feras du droit, comme ton père. Clerc de notaire est un bon métier », m'avait sermonnée ma mère après avoir lu la lettre de motivation que j'avais rédigée pour postuler en tant que stagiaire à l'Institut Lumière de Lyon.

La ville du cinéma, ma ville natale, celle qui m'a mis des étoiles plein les yeux. J'y ai cru, j'ai même tenu tête à mes parents, le temps de faire une année de lettres supérieures. Mais le latin aura eu ma peau.

Acharnée, persévérante, résolue… Et après avoir déposé mes bagages chez mes grands-parents, déprimée d'avoir été forcée de quitter le cocon familial pour une année de césure à l'étranger, je lis sur une affiche placardée sur les murs d'enceinte des studios, qu'on y recherche de la main-d'œuvre en tout genre et en urgence.

Pour le moment, je ne suis qu'une petite assistante aux costumes et accessoires. Je passe mes journées dans un hangar qui regorge d'objets et de vêtements attendant leur heure de gloire à l'écran. Je suis une fille de l'ombre, mais pas n'importe laquelle : de cette obscurité qui tombe sur la salle de cinéma lorsqu'on éteint la lumière et que le film commence.

On ne me voit pas, on ne me cherche pas, on ne prête pas attention à moi. Contrairement à beaucoup de personnes, je ne rêve pas de paillettes, de remise de prix ou d'être toujours *camera ready*. Bien au contraire, je suis trop timide pour ça, je veux « juste » entendre une actrice déclamer mes mots, voir un acteur endosser un rôle que j'aurais composé.

Jaemin. Son visage apparaît dans mon esprit. C'est étrange que la production ait choisi un débutant pour donner la réplique à la prodigieuse Sarah Kang et tenir un rôle aussi important.

Pendant de longues secondes, je reste figée sur place, incapable de bouger, incapable de penser… Enfin, incapable de penser à autre chose que lui. Il est plutôt canon. Je revois son teint parfait, son visage étrangement poupon sur un corps modelé par un sculpteur grec. Sa chemise serrée sur ses larges épaules, la boutonnière bâillant sur des abdominaux que j'essayais d'entrapercevoir.

Cela dit, sans le maquillage, il doit être méconnaissable, j'en suis certaine. Ah, les artifices du septième art ! Voilà une autre raison pour laquelle je ne pourrais pas passer devant la caméra : même tartinée d'une tonne de maquillage, je ne supporte pas ma tête.

— Retournez aux bâtiments des costumes et accessoires ! Maintenant ! retentit une voix sortie de nulle part.

Le cœur manquant de bondir hors de ma poitrine, je lève les yeux à la recherche du rabat-joie qui vient de me hurler dessus. En haut de l'escalier qui grimpe contre la façade gigantesque du hangar se trouve un petit balcon, donnant sur une porte. Devant se tient le vigile de tout à l'heure, qui me foudroie des yeux, le doigt tendu dans la direction que je suis censée emprunter.

— Oui ! Pardon ! Désolée ! J'y vais tout de suite !

Ah, je m'excuse tout le temps. C'est mon truc. Quelqu'un me rentre dedans, je m'excuse. On me rend un truc que j'ai fait tomber, je m'excuse. On me demande si ça va, je m'excuse.

Bon, j'avoue, j'exagère. J'ai tendance à dramatiser les choses, me dit souvent papy. Par exemple, j'ai oublié de faire un stock de mon anti-transpirant favori, introuvable à Séoul. Alors je m'affole, persuadée que mes effluves corporels vont décolorer mes vêtements. Papy a raison, j'ai un côté dramatique, mais c'est compliqué pour moi de me sentir à ma place dans un lieu prestigieux.

Un lieu incroyable, en réalité ! Qui regorge de surprises ! Qui sont aussi des attrape-touristes : un parc d'attractions reprenant les décors des séries les plus connues, un *merchandising store* aussi vaste qu'un supermarché et, pour couronner le tout, des restaurants sur les thèmes des dramas et des films produits par KTV. Les employés en costume vous y servent des plats sortis tout droits des dramas à succès.

Seul problème : cet endroit est un vrai dédale, sans compter que je ne bosse ici que depuis une semaine et que je suis à peine sortie de mon bureau. Je suis complètement paumée… Je fourre ma main dans ma poche et en sors un plan dessiné à main levée. Je remercie silencieusement Seulgi pour cette aide fortuite. Je tourne ma feuille entre mes doigts et essaie de me resituer dans cet imbroglio de blocs et de rues imbriquées.

J'avance de quelques mètres, retourne mon plan, lève les yeux vers les lettres au coin des bâtiments. J'emprunte la première rue entre deux hangars. On se croirait dans un décor de science-fiction. De hauts blocs blancs en tôle s'élèvent comme des immeubles sans fenêtres tout le long de la ruelle. Le goulot de bitume est coincé dans les ombres des bâtiments. Tout n'est que lignes verticales ou horizontales contrastant sur le ciel bleu sans nuage.

Soudain, un cri m'extirpe brutalement de mes réflexions :

— Poussez-vous ! Livraison de café glacé et de faux sang ! Urgent ! s'époumone le conducteur de la voiturette électrique.

Il me klaxonne à seulement quelques mètres derrière moi. On ne les entend jamais approcher, ces fichus véhicules. Et j'en ai lâché mon plan de fortune ! La voiturette me passe devant, le conducteur klaxonne encore et accélère comme si sa vie en dépendait. J'entends les pneus crisser alors qu'il braque le volant pour prendre le virage en quatrième vitesse, et disparaît aussi rapidement qu'il est apparu.

— Non, non, non ! je peste.

Mon plan se fait la malle, emporté au loin par le vent. Sans lui, je ne vais jamais réussir à retrouver mon chemin ! Alors je m'élance dans un sprint. Je parcours une dizaine de mètres et tends les doigts pour l'attraper. Je l'effleure lorsque, tout à coup, la feuille s'envole haut dans les airs.

— *Fait chier !* je glapis dans mon français natal.

Alors que je me croyais seule, une myriade d'yeux se braquent sur moi. Hors d'haleine, j'inspire de grandes goulées d'air, pliée en deux et prête à m'affaisser sur le bitume. Mais la peur m'assaille : des yeux rouges me toisent, des yeux globuleux clignent à peine et des yeux jaunes me jaugent des pieds à la tête. Ceux de démons échappés de l'enfer, en train de cloper et de siroter des boissons fumantes dans des gobelets en plastique.

Finalement, je lâche un long soupir. Je hoche la tête, murmure des petits bonjours et baisse les yeux. Ces acteurs sont super bien maquillés. J'ai vraiment cru que j'avais atterri dans les entrailles infernales de la terre. Mais non, je suis toujours aux studios KTV. Certains me reluquent, d'autres s'étirent, la plupart discutent à voix basse.

— On reprend dans une minute ! beugle un assistant, le doigt sur son oreillette.

Tous les figurants s'activent. Ils se lèvent, éteignent leurs cigarettes et avalent cul sec le contenu de leur gobelet. En moins de dix secondes, ils ont tous décampé. Et je me retrouve de nouveau seule et toujours aussi paumée.

J'ai beau ne pas savoir où me diriger, les studios qui m'entourent sont un divertissement fascinant. J'épie les différentes ruelles engoncées entre chacun des hangars et autant de portes à chaque coin de bâtiment. J'observe ces petites entrées, qui donnent dans l'allée, s'ouvrir et se refermer au passage de figurants de toutes sortes, des démons aux yeux noir d'encre, d'autres cornus et aux dents aiguisées.

— Excusez-moi ? je demande en apercevant un retardataire qui se rue vers la porte d'un camion plein de matériel. Est-ce que vous pourriez m'indiquer la direction du département costumes et accessoires ? Je me perds tout le temps ici, c'est ma première semaine…

Il me jauge d'un air mauvais. Décidément, ce n'est pas ma journée ! Finalement, il décrypte le mot « Employée » sur mon badge, et son visage se détend.

— Ah ! Costumes et accessoires… Vous bossez avec Seulgi ?

— Oui, c'est ma collègue !

Il opine du chef et remet en arrière ses cheveux collés à son front humide de sueur.

— Il faut prendre à gauche au prochain tournant, suivez le panneau des locaux administratifs sur cent mètres puis, au hangar D, prenez à droite et longez le KTV Store. Près de l'entrée du parc d'attractions, vous avez une allée qui traverse les décors extérieurs. Empruntez le chemin dans la forêt, et vous retrouverez le parking des employés. Là, le hangar F se situera sur votre gauche.

Je fais oui comme si je prenais des notes mentalement. Mais je n'ai rien retenu. Comment ça, la forêt ? Je n'ai pas traversé de forêt à l'aller. C'est quoi, ces directions complètement…

— Vous avez compris ?

— Oui, oui… je souffle.

— Dites à Seulgi que Dohyun lui passe le bonjour.

Que qui fait quoi ? J'hésite une milliseconde à lui redemander les directions. Mais il décharge laborieusement une énorme caisse du camion en pestant contre son mal de dos. Je ne veux pas le déranger plus longtemps, alors qu'il commence à cracher sur sa besogne excessive et son salaire médiocre.

Je me détourne, écarquille les yeux face à un environnement s'apparentant à des Lego géants et lance :

— Donc à droite vers… l'administratif…

Zut, il a disparu.

Une porte glisse bruyamment sur son rail dans le lointain. Je cherche des yeux un mouvement : rien. Le sifflement d'une voiturette retentit derrière moi. Je me retourne : il n'y a pas âme qui vive. J'ai l'impression d'être seule au monde entre ces hangars. Les murs blancs tranchent sur le ciel bleu cinglant, et le sol bitumé est aussi sombre qu'il est neuf. Les limites des studios ont été arrêtées aux abords du parc national. Les avenues donnent sur les collines verdoyantes qui entourent la capitale. Le paysage est grandiose, je n'en profite pas car je suis en panique.

Je sors mon téléphone portable. Plus de batterie. Je m'en doutais. La batterie de mon vieux Samsung ne tient plus. Mais je n'ai plus un rond pour le faire réparer ou en acheter un autre. Et si je demandais à mamie ?

— Non. Mauvaise idée, je tranche à haute voix alors que l'écho de ma voix s'envole et se répercute entre les bâtiments qui m'entourent.

Je ne reconnais absolument rien ici. Quelques mètres plus loin, je repasse devant un panonceau qui m'indique la direction inverse pour retrouver les bâtiments administratifs. Je suis déjà passée par là. Je tourne en rond. Le silence devient perturbant. Le vent qui s'engouffre dans les ruelles couvre le bruit de mon pas tremblant.

— Euh donc, première à gauche, c'est fait ; direction l'administratif… Merde ! Il a dit que c'était à droite, les bâtiments de… Je vais vers les résidences du personnel là… Mais quel bordel !

J'entends au loin l'agitation du parc d'attractions. Les corps sont ballotés à bord de manèges à sensations tandis que je déambule d'un pas angoissé entre les constructions géométriques. Personne ne va s'inquiéter de mon absence, pas même Seulgi, qui sait que je suis partie en quête d'un autographe de mon idole – c'est elle qui m'y a encouragée.

Elle ne se préoccupera pas de ma disparition avant la fin de la matinée. Or il est à peine dix heures !

— Aidez-moi ! Pitié, au secours ! j'entends hurler.

Le cri a déchiré le calme si abruptement qu'il me faut quelques secondes pour prendre conscience que j'ai bel et bien entendu un appel au secours. J'accours vers la ruelle d'où provenait la voix.

Deux silhouettes se tiennent dans l'ombre. Le tranchant d'une lame se découpe dans la noirceur ambiante. Avant que j'aie le temps d'intervenir, l'homme abat son arme droit dans le cœur de sa victime, une jeune femme aux cheveux courts. Le hurlement qui s'ensuit retentit dans un écho choral, conférant à la scène une aura lugubre.

Je porte mes mains à ma bouche, retenant un cri d'effroi. Puis le visage de la jeune femme passe instantanément d'une grimace de douleur à un sourire narquois.

— Tu vois ! C'est pas si compliqué de gueuler à la mort ! lance-t-elle. Imagine qu'un crabe te pince les tétons !

L'homme, ou plutôt le jeune homme, fixe son interlocutrice sans déloger la lame de sa poitrine. Une longue seconde s'écoule avant qu'ils ne se rendent compte qu'on les observe.

— On peut vous aider ? me demande la femme d'une voix cinglante.

— Hé ! Je vous reconnais ! Vous êtes la nana qui a ruiné la scène ! grogne l'agresseur.

C'est l'acteur qui donnait la réplique à Sarah Kang.

— Quoi ? Non ! je me défends, un peu penaude.

— Vous êtes qui ? Une fan dérangée ? Vous n'avez rien à faire là. J'appelle la séc…

— Je suis du département costumes et accessoires ! Je m'appelle Juliette !

J'ai prononcé mon prénom avec la plus franchouillarde des intonations.

— *Oh, vous êtes française* ! articule le type en français avec un accent snob.

Il a écarté le manche d'un couteau à la lame rétractable de la poitrine de la jeune femme.

Je tire une tête d'éberluée. D'habitude, ce sont les autres qui m'observent pantois, surpris d'apprendre que je suis française. C'est étrange cette inversion des rôles. Je le scrute avec admiration et perplexité. Que le monde est petit !

Les secondes s'égrènent lentement, puis il ajoute :

— *Mon Dieu, je n'avais pas entendu cet accent depuis si longtemps ! Ma mère est française !*

Sa prosodie est certes nasillarde, mais son français est irréprochable. Je reconnais les intonations mondaines de la Rive gauche et des quartiers chics de Paris.

Son air revêche a disparu, remplacé par une mine joyeuse. Contrairement à moi. Je me renfrogne, repensant à mon coréen rouillé, qui sonne aux oreilles des natifs avec l'accent chantant de Busan, la plus grande ville portuaire du sud du pays.

— Vous avez de la famille ici ? Vous venez d'où, exactement ? enchaîne-t-il en coréen sans me laisser le temps de répondre.

— Je... Je suis perdue ! Je dois retourner à mon poste... Mon téléphone n'a plus de batterie. Il ne tient plus la charge... Faut que je m'en achète un nouveau... Mais je n'ai pas beaucoup d'argent de côté... Bref, je divague.

Il a remarqué que je cherche mes mots. Ma prononciation est rugueuse et un peu trop glottale. Il tique mais ne dit rien.

— Je vais vous montrer le chemin ! Je connais cet endroit comme ma poche ! s'exclame-t-il, l'air guilleret.

Il fourre son arme factice entre les doigts de la jeune femme sans prêter attention aux protestations de cette dernière, parcourt les quelques mètres qui nous séparent avec de grandes enjambées et vient se planter devant moi en me tendant une main d'un geste assuré.

— Jaemin. *Enchanté.*

C'est bien l'acteur qui joue dans *Gods in Hell.*

— Euh… Juliette… Park. Je suis désolée, je…

Il jette un coup d'œil furtif à mon badge. Un léger malaise s'empare de moi.

— Jaemin ! On reprend dans quinze minutes. T'as intérêt de…

— D'être à l'heure. Oui, manager ! lance-t-il en réponse à la jeune femme, les poings sur les hanches.

Il passe du coréen au français et inversement sans aucune difficulté. J'en éprouve une pointe de jalousie.

— Venez, c'est dans cette direction, annonce-t-il sans se départir de son sourire hollywoodien.

Me voilà contrainte de le suivre. Il me distance facilement et je dois accélérer la cadence pour le rattraper. Je lève les yeux pour reluquer d'un coup d'œil discret sa silhouette. C'est donc à ça que ressemble une star de K-dramas ?

Sa démarche est trop leste, sa main dans sa poche ne lui donne pas vraiment un air décontracté. On le croirait de retour sous le feu des projecteurs, en train de jouer le rôle d'un mec cool cette fois-ci. Je trouve sa prestation peu convaincante.

Je ravale ma salive bruyamment. Ça le fait sourire de me voir mal à l'aise. Il remet en place son costume sur-mesure et cale son autre main dans sa poche pour prendre un air cool. Il se la joue superstar humble ou quoi ?

C'est plus fort que moi, je me recroqueville sur moi-même. Bras croisés sur la poitrine, dos courbé et nuque pliée, j'entends ma grand-mère me gronder : « Regarde les gens dans les yeux, quand tu t'adresses à quelqu'un, Juliette ! » Je n'ai jamais été très sociable, ma timidité a souvent été jugée maladive.

« T'es grande, Juliette. À ton âge, moi, je n'avais personne pour m'aider. Maintenant, il faut prendre ta vie en main. Ta grand-mère ne sera pas toujours là pour toi. » J'ai hoché la tête et dit oui lorsque ma mère m'a tendu le billet d'avion que mes grands-parents m'avaient payé. J'ai tu le chagrin que ces mots m'avaient causé. Un sentiment de culpabilité m'a envahie, j'ai toujours eu la sensation d'être un boulet pour ma famille.

Voilà pourquoi j'ai parcouru ces milliers de kilomètres, poussée par mes parents à sortir du cocon familial. Ce qui m'a fait l'effet d'une baffe, moi qui suis très attachée à mon train-train quotidien. Selon eux, ma zone de confort serait devenue un véritable handicap. À mon âge, ma mère quittait Séoul pour vivre son rêve en France. Seule, sans le soutien financier de ses parents, avec un courage que j'envie chaque jour passant. J'ai l'impression d'avoir déjà raté ma vie, alors qu'elle n'a même pas encore commencé.

— Ça me fait plaisir de rencontrer une compatriote. Juliette… souffle Jaemin comme si mon prénom était une énigme à résoudre.

— Oui, c'est… inattendu, je rétorque en hochant la tête.

Son regard se perd dans le lointain. Il faut que je relance la conversation, c'est à mon tour de parler. Trouve un truc à dire, Juliette ! Allez ! Est-ce que je lui demande comment il a fait pour obtenir ce rôle ? Non, ça ressemblerait à une critique de son talent. Parler de la pluie et du beau temps… Non, ça ne rime à rien. T'es bête, Juliette, t'es bête ! Creuse-toi la tête !

— Et… ça fait longtemps que vous bossez sur *Gods in Hell* ?

— Euh, on a commencé le tournage il y a deux jours, rétorque-t-il.

Ah mais quelle débile ! En plus, je le savais. Voilà, il me regarde comme si j'étais une demeurée, alors que c'était une occasion en or pour nouer une amitié avec une future star du cinéma ! Mais je n'y arrive pas. Je n'ai jamais été très douée pour me faire des amis. Et cette fois-ci ne changera pas la donne. En plus, je suis sûre qu'il a remarqué mon accent paysan.

Devant nous s'étend une large avenue. Sur le côté, la lumière rouge au-dessus de la porte d'accès d'un hangar est allumée. À l'intérieur, ils sont en train de tourner. Le silence est de rigueur aux abords des studios.

— Et vous, ça fait longtemps que vous travaillez à KTV ? s'enquiert-il.

— C'est ma première semaine. Je… J'ai encore besoin de prendre mes marques.

— Je vois ça. À votre décharge, c'est facile de se perdre ici. Chaque coin de rue se ressemble. Et puis les studios sont immenses. Est-ce que vous saviez qu'en ce moment même, plus de vingt dramas différents sont en cours de tournage ? Il y en a un dans chaque plateau de cette avenue, lâche-t-il.

Je mime un air ébahi, surjouant un peu. Même en une semaine, j'ai fait assez d'inventaires d'accessoires et de costumes pour connaître les différents films et séries en cours. Mais ce Jaemin semble apprécier de jouer les guides touristiques, alors je ne vais pas gâcher son plaisir.

— Et dans la rue parallèle, vous avez les plateaux où sont enregistrés les *talk-shows* comme le *Late Night Show avec Cha Bongjoon* ou…

Une porte s'ouvre brusquement, interrompant mon interlocuteur au beau milieu de sa tirade. Un groupe de jeunes femmes, gobelets fumants et cigarettes pas encore allumées entre les doigts, fait irruption dehors. Les conversations vont bon train et il leur faut quelques secondes pour se rendre compte qu'elles viennent de nous barrer le passage.

— Oh ! Monsieur Lee ! Bonjour ! Comment allez-vous ? Vous êtes loin du plateau A ! Vous êtes perdu ?

— Jaemin Lee ! Je vous adore ! s'exclame une autre.

— Vous avez besoin de quelque chose ? D'une retouche *make-up* ? demande une troisième en fourrant déjà sa main dans la trousse de maquillage attachée autour de sa taille.

— Ou d'une assistante ? badine la dernière.

Elles hochent toutes la tête à l'unisson, avant de se mettre à glousser, les mains sur la bouche.

— Merci, *mesdemoiselles*, dit-il en français, ce qui ne manque pas de faire briller encore plus les yeux des jeunes femmes.

— C'est vrai que vous avez des origines françaises ! minaude l'une d'entre elles.

— Comme c'est charmant…

— Plutôt sexy, murmure une autre à l'oreille de sa collègue.

J'observe la plus proche piquer un fard. J'éprouve de l'admiration pour elles. Pour ma part, jamais je n'oserais dire de but en blanc à un homme que je le trouve attirant. Elles ont un courage qui m'épate. Moi aussi, je devrais me lancer.

Et pourquoi pas maintenant ?

— Euh… je bégaie. Oui, c'est vrai que… Je… (Merde. Je ne vais tout de même pas dire à haute voix qu'il est beau gosse !) Moi aussi, je suis française !

Le blanc qui survient alors dans la conversation me fait froid dans le dos. Les regards sont tous braqués sur moi. Circonspects, railleurs. OK, t'es complètement à côté de la plaque, ma pauvre Juliette.

La plus grande fronce les sourcils. Je détourne les yeux, regarde mes pieds. Qu'est-ce que je fais ? Je relance avec une réplique d'inadaptée sociale, que je serai la seule à comprendre ? Je rattrape le truc ? Non, ferme-la, Juliette. Elles te regardent encore de travers. Je grimace un air contrit, les lèvres aspirées en un pli navré.

— Bien, bien… fait Jaemin, l'air de déplorer ma prise de parole. Bref, c'est gentil de proposer vos services, mais j'ai déjà une manager que j'ai beaucoup de mal à supporter.

Dépêchons-nous, Juliette, ou on va être en retard, ment-il avec aplomb. Bonne journée, *mesdemoiselles* !

— Au revoir, Jaemin *oppa* ! Travaillez bien ! Vous allez crever l'écran ! Vous serez bientôt une superstar ! Et ce ne sera pas que grâce à votre pèr…

— Ouais, ouais ! Merci ! siffle Jaemin en lui coupant net la parole. On y va, Juliette ! Allez !

Il arbore à présent un air renfrogné, et la mauvaise humeur perce dans sa voix. Est-ce que c'est ma faute ? J'ai dit quelque chose qu'il ne fallait pas ?

Il avance rapidement, je commence à avoir les mollets qui chauffent. Il remonte l'avenue au pas de course, puis il bifurque sans prévenir.

Les hangars ont laissé place à un décor en extérieur : des devantures de magasins d'un Londres de l'époque victorienne aux briques d'un cramoisi sale. Puis, quelques mètres plus loin, c'est la façade d'un immeuble new-yorkais en béton grisonnant qui se dresse vers le ciel. Et de l'autre côté, une ruelle mène à une rue de Paris, où le blanc des bâtiments haussmanniens parfaitement reconstitués est lui aussi passé.

Je n'avais encore jamais exploré cette partie des studios. C'est à la fois grandiose et fascinant. J'aimerais tant coller mon nez contre les grandes vitres pour observer l'intérieur ou même ouvrir les portes et me promener dans ces décors grandeur nature.

Mais le malaise qui s'est installé entre mon guide et moi semble ne pas se dissiper. Du coup, je me décide à faire une tentative pour briser la glace :

— La maquilleuse a mentionné votre père, à l'instant. Qu'est-ce qu'il…

— Vous aimez les films d'horreur ? me coupe-t-il d'un ton tranchant.

— Pardon ? je réponds d'une voix stridente, affolée qu'il n'ait même pas daigné faire semblant de me répondre.

L'angoisse me serre le ventre. Si seulement je savais ce qui a causé ce soudain accès d'agressivité, je pourrais m'excuser ou tenter de trouver une solution. Mais je reste là, les bras ballants, essayant de me retenir de ronger mes ongles déjà bien trop courts. Finalement, le sens de sa question parvient à mon cerveau et j'enchaîne fébrilement :

— Euh... Oui... Enfin, non ! Non ! J'ai... horreur des films d'horreur...

J'esquisse un sourire tremblant. Ce qui ne sert à rien puisqu'il marche devant moi et ne me voit pas.

— Moi, j'adore l'horreur. C'est mon genre de prédilection. J'ai toujours rêvé de jouer les tueurs en série ou les méchants aux tendances psychopathiques. Du coup, vous ne regarderez pas *Gods in Hell* ?

— Euh... Si, je... Oh bah... Euh... je bafouille.

— Même avec votre copain ? Il n'est pas là pour vous rassurer en vous prenant dans ses bras ?

Chiotte. Qu'est-ce que je dis ? Avec Sooyoung, c'est... compliqué. Je ne vais pas mentir, tout de même ! Je ne sais pas mentir. Ce Jaemin va le voir tout de suite si je lui raconte des bobards. Je vais rougir et transpirer de la moustache. Et merde, je vais encore passer pour la nana bizarre.

— Mon mec n'est pas franchement un fan de dramas... (Pourquoi j'ai dit « mon mec » ? Mec... À quoi je joue ? J'essaie de me la jouer fille cool, alors qu'on n'utilise plus cette expression depuis 2010. Oh, la honte, Juliette !)

Enfin, ce que je veux dire, c'est qu'on n'en a jamais regardé ensemble.

— Vous ne regardez pas la télé ensemble ? s'étonne Jaemin en se tournant subitement vers moi.

Il a retrouvé le sourire. Il est étrange, ce gars, il saute d'une émotion à l'autre en un battement de cils. Ah, les artistes sont vraiment des gens hors norme !

— Si ! Enfin, non… On ne vit pas ensemble. C'est… trop petit chez moi.

Là, je mens. Enfin non, je ne mens pas, mais ce n'est pas à cause de l'exiguïté de mon appartement que Sooyoung et moi ne vivons pas ensemble. Je sens le regard de Jaemin s'attarder sur moi. Ça me fout mal à l'aise. Je comprends pourquoi il veut incarner des psychopathes à l'écran, il est terriblement convaincant.

— Et… Euh, sans vouloir vous manquer de respect, je ne vous avais jamais vu jouer auparavant. Vous avez tourné dans quoi ?

Il secoue la tête sans se départir de son rictus narquois. Décidément, j'ai du mal à déchiffrer ses émotions.

— L'horreur est le meilleur genre du septième art, de mon point de vue. Mes films préférés sont tous des films d'horreur, pour n'en citer que deux : *True Murderer* et *Les Fils du Diable*. L'horreur psychologique, le gore ou le thriller, les films noirs ou d'épouvante, du fantastique au réalisme troublant… L'angoisse et l'effroi sont des sentiments difficiles à faire naître chez le spectateur. Et le jeu d'acteur ! N'en parlons pas, c'est un véritable challenge…

Il s'écoute parler. On dirait qu'il déclame son texte comme s'il passait une audition. Mais il n'a pas répondu à ma question. Est-ce que j'insiste ? Non… Je ne voudrais pas le contrarier. Je ne suis qu'une assistante costumière. Et lui est une future vedette de série. En quelque sorte, il est mon supérieur.

— Et vous ? Vous avez une passion ? lâche-t-il.

— Oui ! Et je travaille dur pour réaliser mes rêves, je glapis.

— Dans les costumes ? renchérit-il avec un sourire qui me semble un brin moqueur.

Je suis à fleur de peau. Trop habituée aux critiques de mes parents, qui voient en toute âme passionnée un écervelé damné à vivre sans un sou. Évoquer mon art me met toujours dans une position inconfortable. D'une part, je peux être intarissable et en parler pendant des heures avec des étoiles plein les yeux. Et d'autre part, je sais capter l'air caustique qui émane du jugement d'autrui et me referme comme une huître. Mais pour une fois, le courage l'emporte :

— Non ! Je veux être scénariste. J'écris depuis que j'ai treize ans. J'ai une réelle passion pour la narration et l'élaboration des récits. Je… Je rêve de voir mes histoires portées à l'écran. J'espère un jour écrire pour une grande société de production comme KTV…

J'ai lâché ça comme si j'assumais et je n'ai même pas bégayé. Il est rare que je dévoile mon ambition de toujours à des inconnus.

Et encore moins à des inconnus aussi prestigieux que lui. Pour avoir décroché un des premiers rôles de ce drama à gros budget, il doit être prodigieusement doué.

— Comme c'est chou ! Et quel est votre genre de prédilection ? lâche-t-il, l'air attendri, comme s'il s'apprêtait à caresser le plus mignon des chatons.

Je me fige sur place. Ce type se moque de moi, c'est certain. Je l'ai senti au ton de sa voix, je l'ai vu dans son regard et j'ai aperçu de nouveau ce rictus méprisant au coin de sa bouche. Je n'aurais pas dû m'ouvrir comme ça. Juliette, tu vas regretter d'avoir tout balancé au premier venu sous le coup de l'émotion. Je fais quoi ? Je mens ou je change de sujet de conversation ? Je ne sais faire ni l'un ni l'autre, alors je bafouille :

— Euh, à vrai dire, j'aime beaucoup la romance... Oui... Les histoires d'amour... J'ai lu et relu des centaines de fois *Roméo et Juliette*. C'est ma pièce préférée. L'amour impossible entre deux amants, bravant les interdictions de leurs familles intransigeantes. Je me retrouve dans ce destin tragique, mes propres parents sont très autoritaires. Par exemple, je n'ai pas le droit de boire une goutte d'alcool avant mes vingt-et-un ans, pas d'autorisation de sortie après dix-neuf heures... Interdiction de loisirs si ma moyenne est en dessous de celle de la classe...

Bordel ! Juliette, tu racontes ta vie à un gars que tu viens juste de rencontrer ! Et voilà pourquoi tu passes toujours pour l'écervelée de service.

Le silence qui s'est posé entre nous me gêne. Lui aussi s'est arrêté et il me contemple, la mine perplexe. Est-ce que je viens de comparer un classique de la littérature à une crise d'adolescente frustrée ? Encore du Juliette tout craché... La honte...

— OK, finit-il par lâcher. À en juger par votre tee-shirt, j'aurais pensé que vous aimiez l'horreur, vous aussi...

Je suis son regard et baisse les yeux sur mon vêtement *oversize* qui scande *Carrie*, écrit en lettres de sang.

— C'est pourtant du grand maître Stephen King, relance-t-il avec un brin d'admiration.

— Oh, cette vieillerie ? Je me suis renversé mon mocaccino glacé dessus ce matin. Ma collègue a emprunté ce tee-shirt aux costumes…

Non ! Non ! Pourquoi je raconte ça ? Juliette ! Tu veux te faire virer ? Elles sont à l'aise les nanas, elles se servent sans gêne dans le stock des costumes ! Ferme ta gueule Juliette, pitié, juste ferme-la !

— Oui… j'ai entendu parler de Stephen King… je scande pour passer à autre chose, priant pour que cet aveu maladroit ne nous retombe pas dessus, à moi et Seulgi.

— Vous avez « entendu parler » de Stephen King ? répète-t-il, outré comme si j'avais insulté sa famille sur trois générations.

Son regard fait de nouveau naître de la honte en moi. J'ai horreur de ça, de me sentir comme un alien pris dans les phares d'une voiture de la CIA. Je déteste ce sentiment de venir d'une autre planète, et pourtant il m'est si familier.

Je décide de reprendre le dessus dans la conversation : j'inspire une grande bouffée d'air, m'emplissant par la même occasion d'un courage fébrile.

— J'ai horreur de l'horreur ! C'est un genre débile. Il faut vraiment avoir un grain pour aimer se faire peur !

Oups. J'y suis peut-être allée un peu fort.

— Ah oui, carrément ! ricane-t-il en croisant les bras sur son torse.

Je l'ai piqué avec cette remarque, mais ses yeux brillent d'une lueur de défi. Loin d'être offensé, il me dévisage de plus belle, promenant les yeux sur chaque parcelle de ma silhouette.

— Un genre ou un autre, peu importe. Il faut travailler dur, faire beaucoup de sacrifices et garder sans cesse les yeux sur l'objectif. Il n'y a que les meilleurs qui parviennent à percer dans ce milieu. Et je sais de quoi je parle…

Il a lancé ça en se passant les doigts dans ses cheveux de jais. Il ne se laisse pas démonter, au contraire, il affiche un air fier. Il a l'habitude de la confrontation, je l'imagine en adversaire redoutable lors des castings. Sans pitié pour la concurrence, certainement aussi jalouse que moi, en cet instant, de son assurance sans faille.

Sa coiffure reflète le soleil en éclats diffus. Je comprends pourquoi les maquilleuses étaient en pâmoison devant lui. Des lèvres pleines, un sourire charmeur qui dessine des fossettes mutines. On lui donnerait le bon Dieu sans confession, comme dirait mon père. Pendant de longues secondes, je me perds dans sa contemplation. Son parfum de vanille et d'effluves capiteux me parvient aux narines. D'ordinaire, les odeurs entêtantes me flanquent la nausée, mais, là, le mélange est évocateur, faisant voyager mes pensées vers une plage imaginaire.

Hé, Juliette, tu divagues ! Étais-je en train de l'admirer avec un air béat ? Oh, la honte.

Alors que je retombe sur terre, ses derniers mots prennent enfin sens ; n'étaient-ce pas des remontrances ?!

— Évidemment que je trime pour atteindre mon objectif, je déclare. Je me donne à fond. J'ai, j'ai… je suis des cours avec les plus grands professionnels de l'écriture. Avec une star, à vrai dire ! Je consacre la moitié de mon salaire pour…

— Ah oui ? Alors qu'est-ce que vous faites au département costumes et accessoires ? me coupe-t-il.

— Euh… J'ai…

Il m'a cloué le bec. C'est officiel, je hais ce mec. C'est quoi, cet air condescendant ? Pour qui est-ce qu'il se prend ? On ne se connaît même pas et il se permet de me juger ? Quel con ! Très bien, les hostilités sont ouvertes, j'affiche ouvertement un air mauvais.

Mon regard noir le percute de plein fouet. Il tangue d'un pied sur l'autre, cachant un léger malaise qui transperce néanmoins. Les lèvres pincées, il se racle la gorge, la mine penaude et lance :

— Si vous voulez, Juliette, je peux vous aider à…

— Non merci ! C'est bon ! Je sais ce que j'ai à faire. Je travaille dur sur mon premier scénario. Je sais qu'il sera un jour produit. Et vous savez quoi ? Je n'ai pas besoin d'aide, ni de votre part ni de qui que ce soit. Ma réussite, je ne la devrai qu'à moi-même. Merci, tu… Pardon… Vous… monsieur… Monsieur ?

Il fronce les sourcils et secoue la tête comme s'il était écœuré par les paroles que je viens de prononcer.

— Jaemin. Appelle-moi simplement Jaemin, rétorque-t-il, l'air contrarié de m'entendre l'affubler d'un patronyme qui le vieillit.

— Ouais… Vous… Je… Tu… OK, si tu veux. Jaemin, je souffle, désespérée de ne toujours pas être capable de tisser des liens sociaux aussi facilement que je le souhaiterais.

— J'insiste, Juliette, ça me fait plaisir de discuter avec une… compatriote. J'ai rarement l'occasion de parler français. Ça me manque. On pourrait…

— Merci, Jaemin. C'était sympa de faire ta connaissance, dis-je d'un ton cinglant pour mettre fin à cette discussion. Je te souhaite beaucoup de succès dans ta carrière.

Maintenant, je vais trouver mon chemin toute seule. Bonne journée.

Je le salue d'une bonne vieille révérence à l'arrache. De celles que je réserve à ma supérieure quand elle me noie de boulot et que je prie pour ne pas faire trop d'heures sup. Alors que je me redresse aussi subitement que je me suis baissée, je titube. Puis je tourne les talons. Je m'en vais d'un pas rapide, bien décidée à ne jamais recroiser cet idiot.

— Toi aussi, Juliette ! Bonne journée ! J'espère qu'on va se revoir ! crie-t-il alors que j'ai déjà mis quelques mètres de distance entre nous.

Non mais sérieux ? Il ose me dire ça après m'avoir fait la leçon ?

— À droite, Juliette ! Tourne à droite ! lance-t-il alors que je prenais la direction opposée.

Je fulmine en silence. Ce type a beau être un imbécile, je sais bien qu'il a touché une corde sensible : je vais devenir scénariste ou rien du tout ! Il est hors de question que je finisse comme mamie, papa ou maman… Coincée dans un boulot chiant et misérable de banalité. Je suis une artiste, je l'ai toujours été et je n'ai pas d'autre solution que de vivre de ma passion.

Je m'engouffre dans une ruelle au hasard, j'accélère pour déboucher sur une autre rue, avant d'atterrir au beau milieu d'une intersection, entourée de dizaines de *hanoks*, ces maisons traditionnelles coréennes. On se croirait dans le quartier historique de Bukcheon.

Soudain, une wagonnette électrique file près de moi. Les visites guidées des studios ont commencé, les touristes de tous horizons se pressent, caméras au poing, pour arpenter dans ces véhicules à rallonge les studios où les futurs plus grands K-dramas, films et émissions de télévision seront produits.

Alors que je sors de cette zone inspirée d'une autre époque, je tombe sur un parking bondé de véhicules de toutes sortes ; des berlines, des sportives et deux chars de guerre me cachent la vue d'un temple taoïste colossal. La magie de ces lieux me redonne le sourire. Mon rêve est à portée de main. J'ai déjà un pied dans l'univers dans lequel je veux évoluer. Il ne tient qu'à moi d'atteindre mes objectifs.

Pourtant l'angoisse forme une boule dans ma gorge. Je n'ai pas de plan tout tracé pour atteindre mes objectifs, tous disent que je suis crédule et rêveuse. Mais je crois au destin, comme Roméo et Juliette étaient faits pour s'aimer, moi, je suis faite pour ce monde. Et je ne laisserai pas ma famille se mettre en travers de mon chemin.

J'inspire de nouveau, je lève les yeux vers le ciel et j'entends les oiseaux chanter dans le lointain.

— OK, Juliette. Droit devant ! dis-je en apercevant enfin le bâtiment des costumes et accessoires.

SCÈNE 3

Juliette

— Je lui ai lâché que je me rongeais les ongles des pieds alors que c'était notre premier rencard ! Quelle débile ! Tu vois, je m'ouvre trop ! Je suis une passoire ! Elle va tout connaître de moi, et moi je ne saurai absolument rien d'elle.

La voix de Seulgi, ma seule et unique collègue, résonne dans l'immensité du hangar. Avec elle, ça a été d'une évidence cinglante. Un seul regard, puis un *salut* niais, et je savais qu'on était faites de la même matière. Angoissées pour un rien ? Peut-être. Candides face à ce monde cruel ? Sans doute. Traumatisées plus qu'on ne le pense ? Sûrement. Et pourtant il y a ce gouffre qui nous sépare. Avec sa personnalité ouverte et son intrépide sociabilité, tout le monde apprécie Seulgi. Elle brille de mille feux avec son caractère solaire. Elle ne manque pas de m'inviter à chaque fois que des collègues la convient à une soirée un peu trop arrosée. Depuis deux semaines, elle a dû participer à six soirées entre employés des studios KTV. Bien que je ne réponde jamais présente pour ces beuveries, elle me supplie à chaque fois de l'accompagner. D'autres auraient déjà cédé depuis longtemps. Je suppose que l'éducation stricte que j'ai reçue a la vie dure. Ou bien est-ce que je m'en accommode ?

— Ohé ! La Terre appelle Juliette ! Tu me reçois ? T'es encore partie dans ton monde…

Je bafouille un « désolée ». Elle est en train de me raconter son rencard de la veille, accompagnant son discours d'une gestuelle affolée, tout en faisant les cent pas dans l'immense allée. D'après elle, c'était pitoyable. Ça me paraît improbable, personne ne résiste au charme de Seulgi. Même moi, l'introvertie de service, je n'ai mis que deux jours avant de la considérer comme la meilleure amie que je n'ai jamais eue. Mais je ne peux pas lui avouer. Qui donc se lie d'amitié aussi facilement et si rapidement ?

Moi. Est-ce que j'idéalise notre relation ? Il y a de grandes chances. Est-ce que je suis désillusionnée autant en amour qu'en amitié ? C'est une vérité dont je viens de prendre conscience.

Elle est anxieuse. Je ne sais pas comment la réconforter. Cela dit, lorsqu'elle est contrariée, mieux vaut l'écouter ronchonner. Je commente tout de même :

— Tu arrives à te ronger les ongles des pieds ? T'es vachement souple…

Elle ne relève pas et enchaîne :

— En à peine deux rendez-vous, me voilà déjà complètement amoureuse. Je sais… ça craint. Vive la dépendance affective. (Elle lève les yeux vers le plafond.) Mais je sais pourquoi : c'est juste parce qu'elle *fait* lesbienne, ça se voit, elle le montre fièrement. Alors ouais, ça me rassure et même ça m'émoustille, de voir quelqu'un assumer son identité.

— Ah bon ? Comment ça, elle *fait* lesbienne ? je m'entends demander.

— Je me suis mal exprimée. Évidemment qu'il n'y a pas de traits physiques propres aux lesbiennes. C'est plutôt qu'entre femmes qui aiment les femmes, on lance des signaux, on affiche des indices. Elle c'est une *masc*, alors elle porte une brassière, des Doc Martens, elle a un *undercut* et des cheveux décolorés. C'est une caractéristique des femmes gays, à Séoul, les cheveux colorés.

— Toutes les femmes qui possèdent ces caractéristiques ne sont pas forcément gay, je rajoute circonspecte.

— Évidemment ! Mais tous ces indices cumulés, plus des regards insistants… On utilise notre gaydar… Entre nous, on sait, c'est notre sixième sens. Plus on passe de temps dans le milieu lesbien, à côtoyer des *butchs*, des *fems* ou des *chapsticks lesb*…

— Hein ? Des qui et des quoi ?

— Oh, ce sont des termes qui définissent, étiquettent et enferment chacune d'entre nous dans des petites boîtes bien stéréotypées et un peu trop genrées socialement parlant. Si tu veux mon avis, on s'en sort très bien sans ce charabia moderne.

— D'accord. Mais toi… Tu ne portes aucun signe distinctif de ton… ta… tes… je bafouille en essayant de choisir le terme adéquat.

Mes joues s'empourprent. Je me sens bête. Elle me sourit, désamorçant le malaise naissant. Elle s'approche et fait danser juste sous mon regard le pendentif au bout de la chaîne à son cou. Je distingue deux symboles féminins entrelacés l'un dans l'autre. Elle ajoute :

— Je porte souvent des bagues aux pouces, j'ai toujours un mousqueton avec des clés à la ceinture et je fais des allusions à mes personnages queers préférés, dit-elle en montrant son tee-shirt sur lequel est imprimé un visage qui m'est inconnu. C'est Shane de *The L Word*, ajoute-t-elle, le fard lui montant aux joues.

Je prends un instant de réflexion, je sens que les pensées tournoient dans mon esprit. J'en ai le tournis. Maintenant que l'évidence me saute aux yeux, je me demande comment j'ai fait pour louper ce détail si évident.

— Eh bien, me concernant, avec Sooyoung, tout roule ! je renchéris en prenant les devants, sachant pertinemment que le prochain sujet de discussion sera ma vie amoureuse déplorable.

J'ai ponctué ma phrase d'un hochement de tête, comme pour me convaincre de mes propres dires. Ce n'est pas que je viens de mentir, c'est simplement que quelque chose sonne faux dans mes mots. Et Seulgi le sait, elle l'a perçu dans mon intonation criarde et ma prosodie tremblante.

Rivant les yeux dans le carton dont je suis censée faire l'inventaire, je fuis son regard. D'habitude, il me faut au moins trois mois pour commencer à m'ouvrir aux autres. Mais avec Seulgi, mes pensées sortent facilement, je bégaie assez peu et je trouve aisément mes mots.

Alors que je hoche encore la tête, appréciant cette amitié nouvelle qui se tisse peu à peu, je me rends compte que le silence s'est de nouveau coincé entre nous.

— Ouais… Sooyoung… Ton mec…

Elle ne prononce pas ces mots sur un ton sceptique. Elle lance plutôt ça comme un inspecteur reprendrait des indices un par un et tomberait sur une faille dans l'alibi du tueur.

— Oui… Il, euh… Enfin, on… Tu sais, ce n'est peut-être pas une histoire comme une autre mais… euh… je le sens bien. Non ?

J'ai posé la question comme pour que Seulgi abonde dans mon sens. Elle n'en fait rien et affiche une moue crispée.

— Mouais… Le plus important pour le moment, c'est ton scénario ! Travaille dessus, ne te laisse pas déconcentrer par des histoires de cœur ! m'ordonne-t-elle. Tu vas à tes cours du soir aujourd'hui ?

J'acquiesce comme un bon petit soldat. Après toutes ces péripéties, je peux finalement reprendre mon train-train habituel. Je retrouve le sourire, car ce soir je vais travailler ma prose avec une sommité du monde du cinéma.

La silhouette de Seulgi se dessine en contre-jour. La seule lumière naturelle vient d'une enfilade d'ouvertures dans le toit de notre hangar. Le bâtiment est sombre et immense, les allées sont si hautes, que leur sommet est inaccessible sans une échelle de plus de trois mètres. Le bazar jonche les innombrables étagères qui s'élèvent au-dessus de nos têtes. Le département des costumes et accessoires est notre royaume. Nous sommes deux pour gérer ce capharnaüm organisé dont il reste encore tant d'objets à classer. Rapatriés de nombreux tournages, achetés à d'autres productions, attendant sagement d'être inventoriés, refaçonnés ou parfois jetés, les *props*[1] s'amoncellent tout autour de nous. Et à l'autre bout de ce même hangar, les étagères laissent place à une succession sans fin de penderies, où se côtoient armures de la période Joseon et costumes modernes de policiers.

À mon niveau se trouvent des piles de faux billets. Dans mon dos trônent des jarres remplies de membres coupés, des mains et des têtes, à côté de prothèses sanguinolentes

1. Accessoire de cinéma utilisé par un acteur à l'écran. [Toutes les notes sont de l'autrice.]

de morceaux de corps humains plus vraies que nature. Utilisé, usé et réutilisé, tout ici a déjà eu et aura encore plusieurs vies.

On me tapote l'épaule. Mon visage pivote à peine, qu'apparaît dans mon champ de vision un doigt énorme et crochu, d'un noir crasseux imitant une gangrène bien trop avancée.

— T'as l'air ailleurs, Juliette. Tu penses à quoi ?

Un cri étouffé se coince dans ma gorge. Je sursaute et m'éloigne avec un frisson de dégoût. Seulgi est morte de rire, puis elle se gratte la tête avec cette main crochue et monstrueuse.

— T'es ailleurs depuis ce matin… souffle-t-elle, curieuse.

Je parie que Jaemin aussi adore ce genre de truc dégueulasse.

Jaemin…

— À rien, je réponds, une boule dans la gorge alors que le souvenir du rictus satisfait du jeune acteur me serre encore l'estomac.

— Ohé ! Qu'est-ce qui te chagrine ? C'est la patronne ? Elle a menacé de te virer pour être allée aux studios A ? Et alors ? C'est une grande gueule, c'est tout. Elle a une flémingite aiguë. Si tu crois qu'elle va se casser le cul à éplucher des CV et à faire passer des entretiens d'embauche… Arrête de stresser pour ça. C'étaient des paroles en l'air. Juliette ?

Je hoche la tête. Je ne veux pas que Seulgi sache que j'ai discuté avec l'acteur du drama le plus en vogue du moment. Ma collègue est un amour autant qu'elle peut être têtue. Et la dernière chose que je souhaite, c'est qu'elle se mette de nouveau dans le crâne de me pousser hors de ma zone de confort.

Décidément, qu'est-ce qu'ils ont tous à vouloir me pousser dans le grand bain ? D'abord mes parents, et maintenant Seulgi. Je suis une petite bête sensible, il me faut du temps pour prendre mes marques.

C'est en effet à cause d'elle si j'ai osé quitter mon poste ce matin et poser un pied sur le plateau de *Gods in Hell*. À cause d'elle ? Je devrais plutôt dire *grâce* à elle. J'ai chopé un bout de son courage et je me suis lancée. Je devrais la remercier.

« Allez, Juliette, la chance, ça se provoque ! Alors fonce. Sinon, tu vas le regretter. Sarah Kang n'attend que toi ! Imagine, tu pourras peut-être lui parler de ton scénario ! »

Il ne lui en a pas fallu dire plus. Trois shots d'espresso et un mocaccino renversé, j'étais en route vers le bloc A en me faufilant à travers l'immensité des studios grâce à un semblant de plan dessiné à la main.

Ses mots résonnent encore dans mon esprit. Seulement j'ai tout foiré. Je me suis fait jeter par la sécurité comme une fan obsessionnelle. Je suis certaine que Sarah Kang m'a prise pour une timbrée.

Non, la prochaine fois, je n'écouterai pas Seulgi.

On est aux antipodes, toutes les deux. Je suis réservée, elle est extravertie. Elle fonce tête baissée alors que je passe longuement en revue chaque possibilité qui s'offre à moi. Mais je la connais depuis deux semaines et elle m'a cernée comme si on avait grandi ensemble.

— Juliette ?

— Ouais…

— La boss t'a demandé de faire un inventaire des foulards en soie, pas des couteaux en plastique. Qu'est-ce qu'il t'arrive ?

Jaemin. Mais pourquoi je pense à lui ! Merde. Je ne parviens pas à me remettre de ses moqueries. Juliette, Juliette, Juliette… ce n'est pourtant pas la première fois qu'on te prend de haut. Il faut passer à autre chose, maintenant.

— C'est parce que j'ai rencontré Sarah Kang… J'en suis encore toute retournée…

Je mens mal, mais comme c'est en partie la vérité, ça fera l'affaire.

— Aaah… souffle Seulgi en posant ses poings sur les hanches, doutant clairement de ma réponse.

Elle hésite un court instant. Elle est perspicace et me jauge discrètement avec pourtant un regard transperçant. Finalement, elle s'approche et me tend une petite carte d'une main tremblante.

— Une photocard de Sarah Kang. C'est pour toi… me dit-elle, l'air désolée.

Je l'observe, décontenancée, et j'attrape la carte avec mille précautions. Je ne lui ai jamais parlé de ma collection. Je n'ai même jamais mentionné ma passion dévorante pour Sarah Kang. De ce que j'ai partagé avec Seulgi, je n'ai pas mentionné les détails qui pourraient me faire passer pour une douce névrosée. J'ai du mal à dissimuler la joie qui m'anime à cet instant, mon excitation, alors que la carte collector, glissée dans l'édition numérotée de la première version du parfum de mon idole sorti en 2021 réfléchit les quelques rayons du soleil qui pénètrent dans le hangar.

Si je laissais libre cours à ce que je ressens, je sauterais de joie, je bondirais dans tous les sens. C'est dur de me retenir mais j'y mets toutes mes forces. Je ne veux pas capter ce regard que je ne connais que trop. Celui empreint de surprise retenue et de mépris à peine refoulé que me renvoient nombre de personnes lorsque j'exprime mes émotions.

Pendant une seconde, j'ai de nouveau dix ans. Je suis de retour au fond de la classe, à l'école élémentaire Aimé-Césaire. J'ai crié et applaudis lorsque la maîtresse nous a annoncé que nous allions au cinéma pour une sortie pédagogique. C'était l'explosion de joie de trop. Mes camarades me fustigent du regard – « elle est bizarre celle-là », « elle a jamais été au cinéma ou quoi ? » – les messes basses sont moqueuses et Marjorie, ma seule amie, changera de place pour ne plus jamais être vue en ma compagnie. Puis il y aura les chewing-gums collés sur mon sac, les boulettes de papier mâché projetées dans mes cheveux, les cruels sobriquets qui fusaient sur mon passage.

Je suis restée la fille seule, au fond de la salle, pour le restant de ma scolarité. Alors pour contrer ma solitude imposée, j'ai commencé à écrire des histoires dans les marges de mes cahiers.

Le silence qui se glisse entre nous est doux. Pour la première fois, je me sens bien entre ces murs. Ça ne m'était pas arrivé depuis longtemps, de trouver un certain confort en dehors des quatre murs de ma chambre. Bon, je ne suis pas complètement à l'aise, hein, il ne faut pas exagérer, mes angoisses sont toujours présentes.

Je remets en place la boîte de couteaux factices et me lève pour aller rapidement caser ma nouvelle acquisition dans mon porte-monnaie. J'ai hâte d'être à ce soir pour l'examiner tranquillement et la ranger avec le reste de ma collection.

Je m'aperçois que je n'ai pas remercié Seulgi. Quelle idiote ! Je vais passer pour une fille rude et malpolie.

— C'est vraiment gentil, Seulgi. Merci beaucoup… Je… J'ai…

Ça y est, ça recommence. Je perds mes mots. Voilà ce qu'il se passe dès que je suis submergée par mes émotions. Mes pensées se transforment en une bouillie infâme qu'il m'est impossible de formuler intelligiblement.

Seulgi devine où je veux en venir et m'offre son plus beau sourire. Elle me ferait presque rougir.

De nouveau, le silence s'installe entre nous. Cela ne me dérange aucunement, ce qui est ô combien inhabituel. Je suis plutôt mal à l'aise dès que des blancs s'immiscent dans les conversations. Sans doute parce que je crains qu'ils ne soient la manifestation de sentiments négatifs à mon encontre ? Est-ce qu'elle aussi me trouve bizarre ?

— Où est-il ? Oh, vous m'entendez ?! Où est le Codex des dieux damnés ! hurle une voix masculine dans l'immensité du hangar.

Seulgi sursaute, je me crispe. Comme crié par une horde de fantômes, l'écho résonne, lugubre. Ma collègue et moi, on se jette un regard paniqué. Ni moi ni elle ne sommes censées nous occuper des demandes intempestives. Or, bien évidemment, la patronne n'est pas là.

— Hé oh ! Vous m'entendez ? insiste la voix sur un ton encore moins aimable.

Seulgi se glisse sans bruit dans l'espace réduit de notre bureau avec la grâce d'un félin et la discrétion d'une plume. Je n'ai pas bougé d'un poil, et je retiens ma respiration. Elle roule des yeux vers moi et me fait signe de me lever. Je réponds par la négative d'un mouvement sec de la tête.

Hors de question. Je suis bien dans mon trou. Je n'aime pas les gens. Je n'ai pas signé pour m'occuper des mélodrames entre employés. Nous, nous numérotons les objets, avant de les emballer, d'annoter la fiche de suivi et de les rentrer dans le logiciel pour ensuite les envoyer sur le plateau pour l'équipe d'accessoiristes chargée de la mise en place.

Mais Seulgi ne lâche pas l'affaire, elle m'agrippe le bras et me force à me redresser. Je couine alors que mes articulations grincent.

— Hé ! Je vous entends ! Je sais qu'il y a quelqu'un ! enrage l'inconnu dans le lointain.

Je jure intérieurement. Je déteste Seulgi sur l'instant. Pourquoi veut-elle que je gère ça ? C'est elle la nana sociable avec des amis à la pelle et une aisance à en faire pâlir le plus cool des hippies. Elle le sait, en plus, que je souffre de phobie sociale. Je m'apprête à protester, quand elle brandit un doigt devant ma bouche.

— Tu le fais patienter et j'appelle la cheffe, chuchote-t-elle. Où est-ce que tu as mis le talkie ?

Je voudrais lui expliquer que ça me tord le ventre de devoir faire face à un gars remonté à bloc et prêt à passer ses nerfs sur moi. Mais elle m'a déjà tourné le dos. Et sur le seuil de notre cagibi, j'aperçois la silhouette de l'intrus. J'imagine déjà le regard assassin de son visage en contre-jour se fixer sur moi.

Bon, je n'ai plus le choix. À contrecœur, je rassemble le peu de courage dont je dispose, j'inspire profondément et je bombe le torse. Allez, cherchons le positif dans cette situation : ça me fera un peu d'expérience en gestion de crise. Oui, je pourrai ajouter ça sur mon futur CV. J'en aurai besoin lorsque je me serai fait virer pour incompétence.

— Vous ! m'alpague l'homme en braquant un doigt accusateur sur moi.

— Bonjour, monsieur ! je glapis.

— Le Codex des dieux damnés ! Où est-ce qu'il est ?

— Euh… Je… n'ai pas l'autorisation de délivrer les accessoires d'une série en tournage, monsieur.

Il se rapproche d'un pas rapide, ses semelles claquent sur le sol bétonné. Il a l'air étonné de me voir douée de parole.

— Est-ce que vous savez qui je suis ? aboie-t-il.

Je discerne désormais nettement les traits de son visage. Je n'ai jamais vu cet homme de toute ma vie. Je n'ai pas à formuler cette évidence puisque mon propre faciès se déforme dans une grimace penaude.

— Je suis Cho Eunhwa ! Le *manhwaga*[2], le producteur exécutif et aussi le scénariste de *Gods in Hell* ! tonne-t-il en redressant le menton comme pour gagner quelques centimètres de haut.

Oh ! Ce gars fait le boulot de mes rêves ! De plus, il est dessinateur *et* scénariste, quel talent ! Quelle imagination ! Mais oui, je connais son nom ! Je ne lis pas de bandes dessinées coréennes, mais on les voit partout en librairie. Il a dû toucher un sacré pactole pour céder ses droits à KTV.

C'est une célébrité. Son badge rouge signale qu'il détient tous les passe-droits dans les studios. Je retiens ma respiration, il ne faut pas que je me plante avec lui. Il pourrait me donner des conseils d'écriture, m'indiquer les noms d'agents littéraires, parler de moi aux bonnes personnes, me prendre comme assistante…

2. Dessinateur de *manhwas*, BD sud-coréenne.

— Ohé ! Je vous ai posé une question ! aboie-t-il de nouveau en claquant des doigts pile devant mon nez.

Je reprends conscience de la réalité. Son air acariâtre balaie mon euphorie. Cet homme ne m'aidera jamais. Il n'est pas là pour ça et il n'en a absolument rien à fiche de moi.

— Euh… Le… Codex des dieux damnés… je souffle, pantoise, en tâchant de soutenir son regard.

— Exactement. Où est-il ?

— Je… euh… ne sais pas…

— Vous ne savez pas ? Vous travaillez ici, pourtant. Vous êtes accessoiriste, non ? lance-t-il en lisant mon badge avec mépris.

— Oh, mais euh… On est en… personnel réduit… Les recrutements sont au point mort… Il manque des aides de l'État pour…

— Qu'est-ce que j'en ai à foutre de ces conneries ? Je vous demande un des accessoires majeurs du drama, donc vous me le donnez. Point à la ligne. J'attends !

Je sens la peur m'envahir. Non, en réalité, elle m'a déjà complètement terrassée, je tremble devant ce rageux qui pourrait briser à jamais mes espoirs d'être un jour scénariste. Je l'imagine déjà souffler à tous les producteurs de Séoul : « Oh, Juliette Park ? Oui, je la connais. Surtout, n'engagez pas cette incompétente. »

— Mais euh… Je dois demander l'accord de la cheffe accessoiriste, sans ce…

— Est-ce que je demande le Codex à votre cheffe ? Non ! C'est à vous que je le demande, alors apportez-moi ce bouquin ! Sur-le-champ !

La sueur me coule dans les yeux. J'aurais dû m'attacher les cheveux, ils me chatouillent la nuque. Je sens le poids de mon tee-shirt mal repassé et mon pantalon qui me serre l'estomac. Je suis tellement gênée par mes vêtements que j'ai envie de les ôter.

Juliette, stop ! Ce n'est pas le moment d'être bizarre. Il faut que je fasse attention à ce que je vais dire maintenant. C'est dans ce genre de situation stressante que je raconte n'importe quoi. J'ai envie de balancer que ma culotte me rentre dans la raie des fesses. Ne dis pas ça Juliette, tais-toi !

— Je ne... Il... en réparation ! Il est en réparation ! je m'exclame, manquant de m'étrangler.

— En réparation...

M. Cho me regarde de travers. On ne lui fait pas ce coup-là, il est bien trop intelligent pour se laisser avoir par mes mensonges. C'est un artiste qui se nourrit de la vie pour forger un art qui traversera le temps, il connaît la nature humaine par cœur. Je sens que lui et moi ne sommes pas de la même trempe.

— Vous voulez dire en préparation... lâche-t-il en inspectant des yeux les tables sur lesquelles sont exposées des centaines d'accessoires.

Un rayon de soleil traverse le clair-obscur environnant et éclaire doucement le Codex, ouvert en grand au milieu d'une table. Les enluminures brillent d'un éclat hypnotique, comme si les dieux eux-mêmes montraient la voie à M. Cho. Ce dernier lâche un râle et se précipite vers l'ouvrage.

Les ordres sont clairs : si quelqu'un dégrade ces objets, je suis virée. Ou même : si quelqu'un touche à ces objets, je suis virée. J'entends encore la voix criarde de ma cheffe dès la première heure de mon premier jour : « Virée. »

Mon réflexe initial est de faire un croche-patte à l'intrus. Mais l'intrus en question étant un personnage important, je retiens mon geste au dernier moment. Il ne m'a pas vue faire, tant ses yeux sont fixés sur le Codex. Le livre est imposant, il pèse au moins six kilos, il vient du Royaume-Uni, où il a été créé par un artisan relieur-doreur très renommé dans sa profession. Cet accessoire est un véritable trésor. Il n'en existe qu'un exemplaire. Autant dire que s'il lui arrive quoi que ce soit, on m'arrachera la peau des fesses sans sourciller pour refaire la couverture en cuir.

— Vous ne pouvez pas y toucher ! Monsieur Cho ! Non !

— Est-ce que vous savez qui je suis ? Je suis le créateur de *Gods in Hell* ! Je suis en charge du scénario ! Or, ce Codex, ce n'est pas comme ça que je l'ai dessiné dans mon *manhwa* ! Ça ne va pas, il faut changer ça absolument !

Je vois ses gros doigts poisseux fondre sur le précieux objet. Il ne doit pas y toucher, c'est une question de vie ou de mort ! Je me jette à sa ceinture, mes mains agrippent ce qu'elles trouvent en premier, je ferme les yeux, et je m'accroche énergiquement. J'entends un cri strident sortir de la bouche du producteur.

— La cheffe accessoiriste arrive ! tonne Seulgi. Elle est en chemin !

Ouf ! J'ai réussi à stopper ce fou furieux. Le Codex est hors de sa portée, je l'ai arrêté en plein élan. J'entrouvre les yeux sur ce que je tiens : l'élastique du caleçon de M. Cho.

— Oh, pardon ! je souffle.

CLAC ! Je lâche le sous-vêtement, qui lui fouette la peau des reins. Le visage du bonhomme est déformé par une grimace affreuse. Il est rouge comme une tomate. Je jurerais voir de la fumée lui sortir par les oreilles.

J'entends une porte grincer puis des pas empressés claquer sur le sol du hangar. M. Cho me dévisage avec des yeux exorbités. Il s'apprête à hurler lorsqu'une voix chantante lui coupe l'herbe sous le pied.

Quant à moi je dissocie complètement. Tout se fait noir et je me recroqueville sur moi-même.

Je ne sais pas combien de temps a passé. Des secondes, ou des minutes ? C'est comme si je m'éveillais d'un cauchemar.

— Évidemment, monsieur. Avec toutes nos plus plates excuses… Bien sûr, bien sûr… Mais oui, c'est évident. Je suis complètement de votre avis. Je note bien toutes vos requêtes et les transmettrai aux concepteurs dans les plus brefs délais.

Notre cheffe gère la crise avec le plus grand calme. Jamais je ne l'avais vue ainsi posée et souriante. Elle lui propose même un café glacé. J'ai l'impression d'avoir rencontré une tout autre personne.

Quant à moi, je suis cachée dans un recoin. Je suis assise sur les marches de l'énorme échelle métallique à roues, haute d'au moins quatre mètres, que l'on déplace dans toutes les allées du hangar.

Je ressasse avec une honte croissante chaque bribe de la scène qui vient de se dérouler avec M. Cho. Jusqu'au souvenir, désormais douloureux de honte, de mes doigts agrippant ses sous-vêtements. J'entends le clac strident en boucle dans mes pensées tourmentées.

Je jette un coup d'œil furtif entre les étagères chargées de vases de toutes sortes, et aperçois M. Cho tout sourire. Il papote comme si rien n'était arrivé, répond avec légèreté, toute fureur dans ses yeux s'est effacée.

Je me sens idiote. Je laisse échapper un soupir bruyant alors que le producteur exécutif vient de lâcher un gloussement sonore. On dirait bien qu'il dévore des yeux la cheffe accessoiriste. Je n'ai vraiment pas été à la hauteur. La honte m'accable. J'ai l'impression d'être une gosse dans un monde où même les gamins seraient plus matures que moi.

J'attrape ma tête entre mes paumes, mes yeux me démangent et cela à cause de la fatigue qui s'accumule depuis des jours. J'ai beau évoluer dans les coulisses du monde merveilleux du septième art, il faut admettre que c'est loin d'être un métier de tout repos. Je comptabilise plus de dix heures de travail par jour, atteignant facilement les douze mille pas entre les allées de ce hangar, et je vois flou à force de loucher sur l'écran de l'iPad au beau milieu de cette pénombre ambiante.

— Hé… Ça va ? souffle Seulgi, que je n'ai pas entendue approcher.

Je hoche la tête, ravalant mon air dépité et forçant un sourire tremblant.

— T'as fait des longues journées depuis le début de la semaine, continue-t-elle à voix basse. Je ne t'ai pas remerciée assez pour avoir pris mon *shift* de la soirée d'hier. Je t'en dois une. Je n'oublierai pas, Juliette. Merci…

Je soupire de nouveau. Mon sourire s'est rapetissé. Je n'aurais pas pu dire non, de toute façon : je ne sais pas refuser ni poser des limites avec autrui. Je commence tout juste à en prendre conscience alors que la fatigue fait sauter les œillères de mon besoin de plaire à n'importe qui.

— Je te paierai un verre, un de ces soirs. Dès que l'inventaire des casques des gardes impériaux de la dynastie Tang sera terminé et qu'on aura classé tous les accessoires de la série *The Good Doctor*. Ce sera plus calme, tu verras.

Elle tâche de me réconforter. Mais je lui en veux encore de m'avoir jetée dans la gueule du loup, je sais qu'elle aurait bien mieux géré que moi la crise existentielle de cet artiste enragé. Elle aurait pu m'éviter cette honte monumentale. Je vais devoir vivre avec ce souvenir toute ma vie. Je sens que je ne vais pas en dormir de la nuit.

— T'inquiète pas, elle ne va pas te virer, la vieille bique, ajoute-t-elle en lisant l'angoisse sur mon visage. On est en sous-effectif, elle a besoin de toi. Et ça arrive à tout le monde de faire des bêtises.

— T'aurais pu… je commence d'un timbre chevrotant.

J'inspire profondément. Est-ce que je vais trouver la force de lui faire part de ma rancœur envers elle ?

— Je suis désolée de t'avoir laissée avec ce taré. J'ai… Mon père me criait dessus quand j'étais gosse. Ça m'a traumatisée. Dès que j'entends quelqu'un hausser la voix, je ne le supporte… Merci d'avoir géré le truc, Juliette… Ça aussi, je te le revaudrai… Je te le promets.

Je ravale douloureusement ma salive. Je l'imagine prostrée dans un coin à attendre que notre mégère de cheffe vienne nous sauver les miches. Mon ressentiment à son égard s'évapore aussitôt. Je l'imagine petite fille prise dans la tempête de cris d'un père autoritaire. J'en suis désolée pour elle. Le mien n'est pas non plus un exemple de bienveillance.

Je ressens soudain l'envie de faire de mon mieux pour lui éviter les énergumènes dans le genre de M. Cho.

— Juliette ! crie ma cheffe.

C'est de mauvais augure. Je n'avais même pas remarqué que la discussion entre elle et M. Cho était terminée. Il n'y a plus trace de ce dernier dans le hangar. Je me crispe sur-le-champ, de même que Seulgi. On échange un regard paniqué mais je sais que cette fois, elle va rester à mes côtés.

— Ça va aller, murmure-t-elle. T'as fait ce qu'il fallait.

Je me relève d'une traite, prête à faire face, la tête haute, à ce qui m'attend.

— C'était répréhensible et imbécile de votre part ! Juliette, je vous mets un deuxième avertissement pour votre comportement. Il était tout à fait déplacé.

Tandis que ma boss pointe son doigt sur moi, ses ongles longs me paraissent crochus et la lumière sépulcrale lui donne l'allure d'une sorcière jetant un sort. Je hais cette vieille bourrique.

— C'est pas sa faute ! Il allait sauter sur le Codex et l'abîmer ! Juliette a fait son travail : elle a sauvé ce précieux accessoire. Imaginez le retard qu'aurait pris le tournage si elle l'avait laissé entre les mains de ce gars ? Ce n'est pas juste de lui mettre un avertissement ! plaide Seulgi.

— Encore un mot, Seulgi, et vous aussi je vous colle une mise en garde ! Vous m'avez bien comprise ?

Je suis figée, tête baissée et bras croisés contre mon torse. Ça ne sert à rien de répondre. Voilà comment elle gère le stress que lui impose sa fonction de cheffe, en déversant sa colère sur ses subalternes. Cette façon de se défouler est totalement immorale et injuste, mais si je rétorque quoi que ce soit, elle aboie de plus belle.

Je croise le regard de Seulgi. On étouffe chacune un rictus moqueur. En une seconde seulement, sa présence a soufflé le tumulte de cette engueulade. Elle vient de prendre ma défense, Seulgi s'est jetée sous le feu de cette vieille harpie pour moi. Je me sens étrangement apaisée, car c'est ce que font les amies lorsque les événements tournent mal.

La cheffe tourne les talons et ajoute sans un regard :

— L'inventaire n'est pas terminé ! Pas de pause tant que vous ne m'avez pas étiqueté, rangé et répertorié tous les cadres et tableaux de la section G3.

Sans dire un mot, on l'observe s'éloigner.

— Ah oui, j'oubliais, lance la voix de notre cheffe sans qu'on distingue sa silhouette. Encore un avertissement, mademoiselle Park, et vous êtes virée.

Une porte grince, et le silence retombe enfin.

— Son lifting est complètement loupé. Ça lui fait une tête de rat, lâche tout à coup Seulgi.

J'explose de rire. J'en ai les larmes aux yeux. Les nerfs sûrement. Je n'ai pas l'habitude de gérer autant de chamboulements. Pourtant, toutes ces tribulations en valaient la peine, car on dirait bien que je me suis enfin fait une amie, une vraie.

SCÈNE 4

Jaemin

L'appréhension se transforme en angoisse. Je dois garder la tête haute, même si je sens les muscles de mon visage sur le point de défaillir. Ça va se voir à l'écran. Je serre les mâchoires. Le harnais m'écrabouille les couilles, je retiens de toutes mes forces l'envie de passer ma main sur mon entrejambe…

SCHLAAAASHHH !

Tout, autour de moi, disparaît dans un mouvement brusque. Le décor est emporté par mon accélération soudaine. Les sangles de mon accoutrement de sécurité me coupent la circulation sanguine. Je suis projeté contre un mur en mousse vert. Ma tête tourne. Je vais vomir, je le sens. Pourquoi est-ce que je me suis enfilé deux bols de nouilles à midi ?

J'aurais dû accepter que la doublure fasse cette scène. Qu'est-ce qui m'a pris ? À force de vouloir jouer aux gros durs, je me fous dans la merde.

— Coupez ! C'était pas mal. On en fait une dernière pour être sûrs ! indique le réalisateur, debout près du caméraman.

Oh, nooooon… C'est la douzième prise. Je ne vais pas pouvoir retenir mon déjeuner une treizième fois. Je ne vais quand même pas me gerber dessus ? L'ingé son se marre. Je parie que j'ai encore beuglé.

Les machinistes qui me maintiennent en hauteur relâchent leur prise sur le câble. Je m'écrase comme une crêpe sur le matelas d'air qui recouvre le sol. Une chute de près de trois mètres tout de même. Les chiffres n'ont plus la même valeur lorsqu'on effectue la plupart des cascades soi-même. Être tiré sur vingt mètres me fait l'effet d'être envoyé sur la lune. Tomber de quelques mètres ressemble à une descente en enfer.

Il faut que j'encaisse. Je rêve qu'on me compare à Tom Cruise. Je serai une star de *blockbusters*. Tiens-toi prêt, Hollywood : j'arrive !

— Jaemin ! Reprends tes marques ! ordonne le réal.

Je me relève laborieusement. Je crois que le bouillon des ramens me remonte par le nez. Quelqu'un me fourre une bouteille d'eau sous les yeux.

— On dirait que tu prends cher, cousin… me souffle Yerim avec un air narquois.

Elle aime me voir en baver. Ce n'est pas très pro de la part d'une manager. Je vois exactement quelle vengeance personnelle elle assouvit, mais je n'ai plus la force de lui renvoyer une pique.

Elle s'appelait Marina. Yerim n'avait d'yeux que pour cette jolie journaliste. Mais lorsque je suis entré en scène, avortant leur flirt avec ma gueule d'éphèbe et la carte de l'acteur engagé dans la dernière grosse production des studios KTV, la guerre froide a commencé.

« Ne jamais travailler en famille, Jaemin ! », voilà ce que ma mère me répète tout le temps, utilisant cette excuse pour me refuser toute aide financière, gardant ses connaissances et tuyaux pour son propre réseau, dont je suis lamentablement exclu. Puis elle repart dans un monologue à propos de son deuxième divorce loupé, à cause d'un scripte qui était tombé follement amoureux d'elle. D'ailleurs, comment est-ce qu'on peut louper son divorce ? Je veux bien accepter l'idée d'un mariage foiré, par exemple son troisième, avec mon père, mais un divorce raté ? Ma mère me sort parfois par les yeux.

— Au fait, j'ai huit appels en absence de la matronne. Elle veut que tu dînes avec elle ce soir.

— Non. Je dois apprendre mon texte pour demain.

— Ah, parce que tu penses que tu as le choix ? renchérit Yerim en m'aidant à me relever.

Elle a raison, et je ne le sais que trop bien. Pour toute réponse je soupire bruyamment. Un tête-à-tête avec ma génitrice est bien la dernière chose dont j'aie envie.

— Jaemin ! Repères ! crie cette fois-ci l'assistant réal.

Je hoche la tête, esquisse mon sourire le plus professionnel et me dirige promptement vers les marques de scotch collées au sol. Ma cousine me suit d'un pas guilleret. Elle est bien la seule à s'éclater. Je lui tends la bouteille d'eau, dont j'ai bu à peine une gorgée.

— Je sais que ce n'est pas le moment idéal, mais tu penses qu'on pourrait parler augmentation de salaire, cousin ?

— Effectivement, ce n'est pas le moment, Yerim !

Elle lève les paumes en signe d'apaisement. Je n'ai pourtant pas l'impression de m'être emporté. J'ajoute d'un ton que je veux le plus neutre possible :

— Écoute, t'as encore des points à améliorer. Ton anglais, par exemple, est à travailler. Et tu as oublié ma veste Dior au pressing. Dans mon café, je ne veux pas de sucre, et encore moins de lait. En plus, t'es tout le temps en retard !

— Oh ! Ce sont des détails ! Je te promets que je vais faire un effort ! Allez, cousin ! Jaemin ! Des tickets repas alors ?

— Sur vos marques ! Tous en place ! Ohé, quittez le champ, vous ! s'exclame l'assistant réalisateur en s'adressant à Yerim.

Elle lève nonchalamment deux doigts, formant le symbole *Peace*. Tout en quittant la zone de vert, elle m'adresse un dernier regard et me lance :

— Te laisse pas déconcentrer, cousin… C'est toi qui paies mes factures, alors bosse correctement.

Je lui tire la langue tandis que les techniciens vérifient mon harnais et serrent encore plus mes sangles. Je grogne malgré moi sous la pression qui s'exerce entre mes cuisses. Aucun d'entre eux n'est précautionneux, j'ai l'impression d'être une vulgaire marionnette.

« Et vous savez quoi ? Je n'ai pas besoin d'aide, ni de votre part ni de qui que ce soit. Ma réussite, je ne la devrai qu'à moi-même. » Mon estomac se tord. Jamais des mots ne m'avaient affecté à ce point, ils me font l'effet d'un coup de poing dans le ventre. Cette fille a vu clair en moi : elle sait que je suis un imposteur.

J'entends le réalisateur hurler « Action » et j'ai à peine le temps de me remettre dans la scène que je sens la machinerie trembler autour de moi.

Juliette. Son visage m'apparaît nettement en pensée. Mon cœur bat la chamade. J'ai peur et je pense à elle. Mais pourquoi ? Oh, non… Je sens que je vais…

SCHLAAAACKKK !

Je me prends l'arrière du crâne dans le mur de mousse. C'est allé trop vite, je n'ai rien vu, rien prévu, rien joué et j'ai encore moins incarné mon personnage.

— Parfait ! C'était parfait ! Ton regard était incroyable. L'attitude parfaite ! Effet de surprise naturel, bien joué, Jaemin ! C'est la meilleure prise de la journée ! *And that's a wrap !* s'égosille le réalisateur.

Je m'écrase comme une crêpe sur le matelas, encore, et je sens qu'on me libère de mes harnais. J'entends des félicitations, quelqu'un me tapote l'épaule. Le réalisateur vient me serrer la main.

— Je ne sais pas à quoi tu pensais pour cette dernière prise, mais c'était parfait, tu étais vraiment dans le personnage, tu m'as embarqué dans ton jeu avec un regard hypnotique, à la fois sombre et brillant, une lueur d'espoir dans une mer de désespoir. C'est ça que je veux, Jaemin, je veux cette étincelle en toi tous les jours ! Tu m'entends ?

J'ai encore le tournis et une impression de vertige alors que mes pieds touchent le sol. Pourtant, je hoche la tête, captant la satisfaction dans les yeux de Bak Chanwoo. Mon cœur se réchauffe. C'est le début de la consécration d'années de travail acharné, mon rêve prend enfin forme. Un grand nom du cinéma vient de valider mon travail.

Est-ce que je viens enfin de trouver la clé ? Ma muse ? L'élément moteur de mon art ? J'ai fouillé dans ma fragilité intérieure, dans ma plus grande sincérité, et ça a payé !

Le crépuscule teinte le ciel de nuances orangées, je n'ai pas vu le temps passer. Yerim est à mes côtés, elle me sourit avec cet étrange rictus que je ne connais que trop bien. C'est fini pour aujourd'hui, le plateau se vide peu à peu, les lumières s'éteignent, les assistants apposent la touche finale à cette journée de tournage.

Le second assistant caméra, assigné à la sauvegarde des rushs tournés dans la journée, emporte entre ses bras le paquet, le plus précieux des trésors. Après l'étape du stockage de sécurité, qui prend des heures tant les fichiers générés par les caméras *full* HD sont volumineux, il foncera apporter les disques durs au laboratoire, un recoin sombre et secret dans un immeuble à l'accès ultra limité. Là, les techniciens, qui sont souvent des noctambules, s'activeront à transcoder les rushs en des fichiers plus légers, pour ensuite permettre aux monteurs de les travailler. Aussitôt tourné, aussitôt monté ! Ainsi, l'épisode pourra être diffusé d'ici deux mois à peine.

J'observe les derniers opérateurs dans le silence empreint de fatigue de la fin de journée. J'appose ma signature sur un contrat pour un énième prestataire de service en *catering*, une location de serveurs et des achats de cartouches informatiques. Alors qu'une assistante de production me tanne pour que je vérifie le budget prévisionnel du troisième épisode de *Gods in Hell*, je lui souffle qu'habituellement c'est ma manager qui valide tout ce qui touche à l'administratif. Je suis épuisé, mais fier de signer de mon nom toute cette paperasse. Pour la première fois de ma vie, je ne suis plus un petit garçon qui exécute ce qu'on attend de lui, mais le donneur d'ordre en personne. Lee Jaemin est un producteur exécutif et un acteur.

— J'ai vérifié le budget alloué aux animatroniques. Il est effarant, on ne peut pas se permettre de telles dépenses sachant qu'on a doublé le cachet de notre chère tête d'affiche. Sarah Kang nous coûte trop cher, commente Yerim en exhalant sous mon nez la fumée de sa vapoteuse.

Je lève les yeux vers elle, m'extirpant de cette stupeur euphorique qui ne m'a pas quitté depuis que je suis sorti du plateau. Voyant que je ne réponds pas, elle enchaîne :

— Jaemin ! Je suis manager, pas productrice exécutive. Je suis en train de faire ton boulot ! J'ai signé quatre bons à tirer, relancé une demi-douzaine de prestataires et recruté deux doublures à ta place aujourd'hui. Je te rappelle que c'est toi que KTV a mandaté pour veiller au bon…

— Ouais, ouais, ouais… Est-ce que tu as entendu ce que le réal m'a dit ? J'ai été incroyable ! je la coupe d'un ton enfiévré.

Et cela suffit pour qu'elle en oublie les remontrances. Elle se jette sur la perche tendue, préférant se moquer de moi.

— Pousse pas trop… ricane-t-elle en tirant une nouvelle latte.

Je grince des dents. Une manager ne devrait-elle pas partager avec son poulain les petites victoires de ce genre ?

— Je sais ce que tu te dis, c'était la chance du débutant. Mais tu te trompes, cousine : c'était du talent à l'état brut. Tu veux savoir comment j'ai fait ?

Elle hausse les épaules et me projette un autre nuage de fumée dans la figure.

— Cette nana, Juliette, c'est grâce à elle.

— Ah ! s'exclame-t-elle en se redressant, les poings sur les hanches.

— Attends avant de te moquer.

— Je n'oserais jamais.

— Elle a mis le doigt sur la vérité. Et j'avais besoin de ça pour jouer à fond mon rôle. Il faut que je la revoie.

Cette fois, Yerim lâche un rire sardonique.

— La petite accessoiriste de ce matin ? Ouais, elle est mignonne. Mais c'est pas du tout ton genre.

En lui assénant mon regard le plus mordant, je rétorque :

— Il ne s'agit pas du tout de ça ! Je te parle d'art, de mon jeu d'acteur, d'émotions à vif et de…

— Ouais, ouais, ouais… Je te connais, Jaemin, me coupe-t-elle en agitant la main comme si les paroles que je venais de prononcer sentaient mauvais. Tu recommences avec tes obsessions bizarres. Ça va partir dans tous les sens et je vais me retrouver à gérer tout ton bordel.

— De quoi tu parles ?

— L'œuf de Fabergé de Mme Bong, balance-t-elle froidement.

— OK, ça n'a rien à voir, il fallait que je m'assure qu'il n'y avait pas de poussin à l'intérieur.

Elle soupire.

— J'avais huit ans ! je m'exclame sur la défensive.

— Anna Chan et sa fête d'anniversaire, siffle-t-elle d'un air triomphant.

Je me fige sur place. Là, elle marque un point. J'ai peut-être abusé en essayant de kidnapper le matou bien-aimé d'une camarade de classe. Cela dit, il est hors de question que je lui donne raison.

— Mais c'est pour ça que je te paie, Yerim, je riposte avec une mine faussement boudeuse.

— Alors c'est le moment de discuter de mon augmen…

Oh ! Il est temps de lâcher du lest et d'abonder dans son sens. J'ai vu le budget prévisionnel du prochain épisode, j'ai vérifié mes propres liquidités, le verdict est sans appel, je ne peux pas parler salaire avec elle.

— OK. Très bien. Je le reconnais : je fais des fixations sur des choses bizarres. Et quand bien même ! On a tous le droit d'avoir des hobbies, non ?

— Il y a une nette différence entre avoir des hobbies et être obsédé par les poules ou les races de chats à poils courts.

— J'avais douze ans !

— Eh bien, je ne vois guère de changement. Ressaisis-toi, Jaemin. Je ne sais pas ce que tu as vu dans cette Juliette, mais je connais cette lueur dans ton regard. Et c'est à ce moment-là que j'interviens pour te dire de lever le pied. Inspire avec moi ! m'ordonne-t-elle en m'attrapant par les épaules.

Elle exagère pour un rien. Je n'ai plus douze ans, je ne vais pas entrer par effraction chez quelqu'un pour vérifier le contenu de son œuf Fabergé, ou me faire passer pour le meilleur ami d'une autre simplement pour lui subtiliser son chat. J'ai grandi, je suis devenu quelqu'un de mature et de sensé. Tout va bien, j'ai juste proposé de revoir une nana que je viens de rencontrer. J'ai certes souvent une vision des choses différente du commun des mortels, or à cet instant ma cousine me scrute comme si j'étais bon à enfermer. Elle va jusqu'à ressortir toutes ces histoires qui n'ont rien à voir avec le schmilblick.

Néanmoins, je me laisse sermonner et j'inspire bruyamment par le nez. Au moins, elle en a oublié son histoire d'augmentation de salaire. Alors je la laisse penser qu'elle a raison et je me plie à ses simagrées.

— Et expire par la bouche… Voilà. On n'est pas bien, là ? On respire, on prend son temps, on ne fonce pas tête baissée dans… je ne sais quoi. Juliette, c'est juste une accessoiriste qui t'a fait une remarque déplacée. Point à la ligne, rien de plus. Ne va pas t'imaginer que c'est la femme de ta vie, ta muse ou ton gourou. Oh ! Jaemin ! Tu m'écoutes ?

Elle n'a rien compris. Ce qui m'importe le plus, c'est mon jeu d'acteur. La voilà mon unique obsession. J'ai essayé de lui expliquer que j'ai trouvé l'élément déclencheur à mon talent. Et, comme toujours, elle ne veut rien entendre. Comme toujours, personne ne m'écoute vraiment et personne ne me comprend.

— J'ai besoin que quelqu'un me rentre dedans, je réexplique. J'ai besoin d'être tiré vers le haut ! Qu'on me dise mes quatre vérités. Et cette Juliette a réussi !

— Moi aussi, je sais le faire, te rentrer dedans, te tirer vers le haut ! argue Yerim en me pinçant les lobes d'oreille.

— AÏE ! Mais non ! Arrête !

Je me défais de sa prise, reculant de quelques pas. Elle m'infantilise, tout comme le fait ma mère. Tout comme me traite mon père. Personne ne réalise que je ne suis plus un gamin incapable de faire ses propres choix.

— T'es un gosse, Jaemin. Pense à grandir un jour.

J'ai envie de casser la gueule à Yerim. De hurler. De tout envoyer valser autour de moi. Mais je reste là, stoïque, à la regarder avec un air de poisson crevé. Comment est-ce possible de détester et d'aimer quelqu'un à la fois ? Cela m'est incompréhensible.

— Ta mère t'attend pour dîner. En fin de soirée. Elle travaille tard, ce soir, lâche-t-elle, éreintée.

Je pousse un soupir las. Il va encore falloir que j'encaisse les sempiternelles remarques de ma génitrice. Et moi qui pensais que cette journée s'achevait sur une belle note…

— Je t'ai réservé un VTC et une table pour deux au Mosu. Tu lui passeras mon bonjour, assène ma cousine.

SCÈNE 5

Juliette

Le soleil descend à l'horizon de ce crépuscule encore solaire, et le ciel s'orne de nuances chatoyantes. Pourtant, les projecteurs sont déjà allumés et ils font danser sur la façade de l'immeuble leurs lueurs blanches. Ce vieux bâtiment possède un charme fou. C'est un cinéma des années 1960, entièrement retapé et qui me rappelle le Grand Rex, à Paris. Il est localisé au cœur d'un des quartiers les plus festifs de la ville, Itaewon, qui s'est déjà paré de ses habits de soirée pour accueillir les fêtards invétérés. Un tapis rouge recouvre les marches qui mènent aux hautes portes d'entrée, dans un style Art déco bien moins grandiloquent que son parent français. Le lieu est à l'image de sa directrice : fastueux et voyant, excentrique et iconique. Le nom de l'édifice est souligné par un bas-relief doré.

École d'art De Valmy.

Cet établissement est loin d'être une école ordinaire. Les deux salles de cinéma qu'il renferme sont utilisées en soirée pour les projections des dernières sorties, et en journée par les apprentis réalisateurs. Et surtout, il est dirigé par une star du cinéma indépendant français, une femme de caractère qui peut se vanter d'avoir une carrière encore florissante malgré son âge mûr : Nanette de Valmy.

Mon Dieu, si jamais je sors ce genre de remarque devant elle, je vais me faire renvoyer sur-le-champ. OK, Juliette, on se concentre, cette journée est la pire que tu aies jamais affrontée, mais cette soirée peut tout rattraper. Les cours du soir dispensés deux fois par mois par la scénariste et réalisatrice française Nanette de Valmy en personne sont mon moment. J'ai économisé toute ma vie pour me payer cette école. Et quasiment la moitié de mon salaire passe tous les mois dans le remboursement du crédit que j'ai contracté. Heureusement que je n'ai pas de loyer à payer.

Il n'y a pas d'école à proprement parler pour devenir scénariste. Les plus grands de ce monde le sont devenus à force de travail. Et puis il faut un peu de génie, et pas mal de chance. Moi, Juliette Park, je n'ai pas de chance, et je cherche encore mon génie, alors tout ce qu'il me reste, c'est le travail acharné et le prestige que ces quelques cours dispensés par une grande réalisatrice peuvent apporter à mon embryon de carrière.

Et le destin m'a soufflé au creux de l'oreille que j'étais dans la bonne direction. Tout le monde sait que Nanette de Valmy, désormais talentueuse et renommée dans le monde du septième art, a commencé en bas de l'échelle, en tant qu'accessoiriste sur une petite production cinématographique. Sans compter que sa famille lui avait tourné le dos et qu'elle se refusait à la soutenir dans son rêve. Tout comme moi. Coïncidence ? Je ne pense pas !

En bas de l'escalier, je m'imagine en réalisatrice débutante, celle dont tout le monde parle et qui s'apprête à monter les marches pour assister à la projection de son film, qui fait l'ouverture du festival de Cannes. Une réalisatrice si talentueuse que, d'après les rumeurs, on sait déjà que l'année prochaine elle figurera parmi les membres du jury, aux côtés d'autres personnalités renommées du septième art.

— T'as rendu le devoir dans le temps imparti ? lance une voix derrière moi.

Je me retourne brusquement. Cette question ne m'était pas adressée. Deux jeunes femmes me passent sous le nez, discutant entre elles sans même me jeter un regard. J'ai levé la main pour les saluer, mais elles ne m'ont pas vue.

— Oui, largement ! C'était tellement facile. Trente mille mots sur le sentiment amoureux, une histoire courte et contemplative sur des amants maudits. C'est trop facile, la romance, renchérit la deuxième.

Elles grimpent les marches au bras l'une de l'autre comme le feraient des stars sous les flashs des paparazzis. Avec grâce et légèreté, filant comme si leur destin les attendait derrière ces portes. Je ne peux m'empêcher de lorgner leurs sacs à main de marque, leurs chaussures à talon d'une hauteur démesurée avec lesquelles elles donnent l'impression de planer au-dessus du sol.

J'ai toujours le sentiment déstabilisant de ne pas être à ma place dans ces cours. La plupart des élèves sont des héritières *chaebol*[3], des rentiers s'ennuyant dans leur vie dorée et des artistes déjà expérimentés qui ne participent que pour le prestige de voir leur nom associé à celui de Nanette de Valmy. L'ambiance est décontractée, tous finissent autour d'un verre en fin de soirée. J'ai l'impression qu'il n'y a que moi qui aie la pression de la réussite sur le dos. Évidemment,

3. Conglomérat d'entreprises familiales sud-coréennes.

ces cours ne sont pas accessibles au commun des mortels. Mais dans la vie, il faut faire les sacrifices nécessaires pour réaliser ses rêves. Alors même si mon vieux jean et ma paire de Doc font tache dans le paysage, j'entame à mon tour l'ascension des marches.

Je me suis mis la pression pour rédiger le travail qu'évoquaient les deux filles. Car le thème de ce soir n'est rien d'autre que mon genre préféré : la romance ! Je trépigne d'excitation et pourtant je ne peux pas m'empêcher d'avoir peur. Comme chaque fois que je participe à un événement social. J'ai hâte de faire mes preuves, dans l'espoir de sortir du lot et d'entendre les compliments d'une de mes idoles.

Nanette de Valmy… Qu'est-ce que je l'admire, cette femme !

Je sais bien que ces cours ne seront sanctionnés d'aucun diplôme officiel, mais le jeu en vaut la chandelle. Peut-être vais-je briller de mille feux et être remarquée par la bonne personne ? Elle est connue pour inviter les plus grands noms du cinéma lors de la cérémonie qui clôture l'année de cours. Ou même être repérée par Nanette en personne ! Je l'imagine déjà me prendre sous son aile et me présenter à tous ses collaborateurs alors qu'elle me fera visiter les locaux de sa société de production. « Mesdames et messieurs, voici Juliette Park ! Une étoile montante du septième art, que j'ai eu la chance de découvrir. Nous avons hâte de travailler avec vous, Juliette ! »

OK. Je rêve éveillée. Pourtant c'est ainsi qu'on fait ses premiers pas dans le monde du cinéma. Malheureusement, je n'ai pas la chance d'être « la fille de » ou de connaître quelqu'un de célèbre. Je soupire bruyamment.

Je me suis arrêtée en haut des marches, la main figée sur la poignée de la grande porte de l'école. Je n'arrive pas à entrer, pétrifiée par mon réflexe de dévalorisation constante. Pour le faire refluer, je me répète en boucle des mots rassurants, et ces derniers prennent la voix de mon grand-père : « Tu as le droit d'être là, Juliette. Ta place est parmi ces gens. »

Des élèves de mon cours entrent par l'autre porte, un salut fuse, je souris maladroitement. Je serre mon ordinateur contre ma poitrine et je laisse passer un groupe volubile qui pénètre dans le bâtiment. Il n'y a pas d'âge pour suivre des cours d'écriture créative. Certains sont des retraités tandis que d'autres sortent tout juste de l'adolescence.

J'ai une pensée pour mamie et papy. Alors que mon ventre gargouille, je les imagine à table, la télé allumée, en train de regarder le *Late Night Show* avec le présentateur vedette préféré de papy. J'ai encore inventé une excuse pour justifier mon absence de ce soir.

Je fais un pas en avant. Il est temps d'entrer. Les cours ont lieu dans une large salle à l'arrière du bâtiment. L'atelier des peintres se trouve sous une grande verrière donnant sur une cour intérieure. L'ambiance est tamisée et la source de lumière principale est un néon géant suspendu au-dessus d'une fresque gigantesque représentant un tigre, emblème de la Corée, dans un paysage montagneux. J'aime cet endroit de tout mon cœur, la beauté des lieux se mêle au symbolisme du lieu. Ici naît mon destin de grande scénariste, je n'en doute pas. Bien que ce ne soit que le troisième cours auquel j'assiste, et malgré l'appréhension qui grandit dans ma poitrine, de voir mes écrits jugés par la grande

Nanette de Valmy, je chéris chaque moment passé entre ces murs.

Tous les élèves ont déjà pris place. Je referme la porte dans un grincement sonore. Les regards se tournent vers moi. Je ne suis pas en retard, mais je ne suis pas pour autant à l'heure. Je fonce m'installer dans une large assise planquée dans un recoin. Les fauteuils sont de tous les styles : il y a des canapés, des coussins au sol, des chaises longues ou des méridiennes.

Une sensation étrange me picote l'échine. Je me sens observée. Je capte le regard d'un jeune homme, caché dans l'ombre de cette ambiance diffuse. Aussitôt, je baisse les yeux et me fonds dans mon siège.

— Bien. Nous pouvons commencer, tonne la voix rauque de notre bien-aimée professeure.

Je ne l'avais même pas aperçue. J'en ai des frissons. Je l'admire avec de grands yeux ronds. Un projecteur éclaire Nanette de Valmy, qui trône sur un fauteuil de cuir, disposé sur une estrade haute de quelques marches au beau milieu de l'atelier. La pièce entière regorge d'œuvres d'art de tous genres. Entre les statues, les esquisses inachevées et les outils pour la sculpture et la peinture, c'est un désordre ordonné qui sort des ombres.

Elle arbore une expression triomphante face à l'assistance, d'ores et déjà pendue à ses lèvres. Les écrans d'ordinateur projettent une lueur bleutée sur les visages de certains étudiants alors que d'autres, plongés dans une pénombre diaphane, préfèrent prendre des notes à l'aide d'un bon vieux stylo.

— Mesdames et messieurs, je suis ravie de vous retrouver ce soir pour un nouveau cours d'écriture créative ! clame

Mme de Valmy, se levant avec grâce et attendant la salve d'applaudissements, qui retentit aussitôt.

J'applaudis bruyamment, retenant hululements et sifflements pour exprimer mon admiration. Comme chaque fois, mon cœur bat la chamade dans ma poitrine, et j'ai les yeux brillants tant je suis à la fois intimidée et conquise.

J'aperçois les deux filles qui me sont passées devant dans l'escalier. Elles échangent des messes basses et gloussent discrètement en lançant des regards moqueurs dans ma direction. Instantanément, je me renfrogne, cesse d'applaudir et me renfonce dans mon fauteuil.

D'un pas royal, Nanette descend de l'estrade et fait le tour de la salle en passant derrière les étudiants du premier rang. Elle semble jouer un rôle. Elle a capté l'attention de tous. Puis elle ouvre la bouche et déclame avec grandiloquence ce qui ressemble à une réplique apprise par cœur :

— J'ai lu vos textes. C'est bon dans l'ensemble. C'est même très bon ! dit-elle en parcourant le public du regard.

Les sourires se dessinent sur les visages, des chuchotements sont échangés en des bruissements à peine perceptibles. Je sors mon ordinateur avec précaution, tâchant de ne pas faire de bruit. Je suis plus tendue que d'habitude. Et ce n'est pas parce que je suis en présence d'une icône du cinéma, pas seulement. J'ai conscience du poids d'un regard qui pèse sur moi, celui du jeune homme assis nonchalamment sur un entassement de coussins. Il se tient pile face à moi.

Nanette de Valmy continue son petit tour, salue avec plus de chaleur certains étudiants plus que d'autres, gratifie les deux pimbêches d'un sourire éclatant. Lorsqu'elle passe près de moi, je sens sa main effleurer mon épaule. C'est assez pour me faire frissonner de gratitude. Les secondes qui suivent voient un véritable chaos emplir mes pensées. Après la joie de ce contact viennent les questions : pourquoi est-ce qu'elle m'a touchée ? Est-ce que c'est lié à mon devoir ? J'ai géré ? Ou c'était de la pitié à mon égard ? Juliette ! Tu as tout déchiré ! Non, tu as merdé ! Et chiotte…

Puis la diva s'avance vers celui dont je fuis le regard.

Son sourire s'allonge de langueur et ses yeux se réchauffent d'une lueur enfiévrée. Nanette se transforme en matou ronronnant. Je serre les dents. Mon cœur s'emballe de jalousie. Je sais qu'elle a ses chouchous, des petits privilégiés qui ont le droit aux conseils particuliers et aux débriefings en tête-à-tête. Malheureusement, je ne fais pas partie des élus.

— L'exercice d'aujourd'hui se focalisera sur le portrait. Peignez-moi ! Non ! Dépeignez-moi avec la plus grande sincérité. Trouvez mes failles, décrivez-moi avec une honnêteté violente ! Je veux de la mise à nu, de la sincérité, de l'authenticité. À vos claviers et vos stylos, lance-t-elle sur un ton théâtral.

Aussitôt, j'entends les tapotements sur les claviers, le froissement des carnets qu'on ouvre et le cliquetis des stylos. Chacun des étudiants se met au travail, suivant les directives que la professeure vient d'énoncer.

Quant à moi, je reste bloquée, empêtrée dans mes pensées.

Je suis face à une page blanche. L'écran de mon ordinateur m'aveugle presque. Mes doigts sont figés au-dessus du clavier. Les mots de Nanette de Valmy résonnent dans ma tête. Je bute sur chacun d'eux.

« Authentique. » « Violent. » « Sincère. »

Pendant ce temps, notre professeure rend à chacun de ses élèves les travaux rendus la semaine dernière en faisant part à voix basse de ses commentaires. Lorsqu'elle arrive près du jeune homme qui me fait face, je ne peux m'empêcher de tendre l'oreille.

— Sooyoung… Incroyable. L'écriture est verbale, le rythme trépidant, comme les battements d'un cœur. Ton personnage féminin est fort. Son antagoniste masculin est pétillant. J'aime beaucoup l'idée d'un Roméo torturé qui survit à son amante et retrouve l'amour avec une prostituée.

Hein ? Mais ça me rappelle vaguement un truc ça…

— J'aime le climax imprévu. C'est très bon. Néanmoins, il faut doser les métaphores. On peut en reparler après le cours si tu es disponible.

L'intéressé répond par un sourire discret, et le rose lui monte aux joues. Nanette passe d'un élève à l'autre.

Je n'arrive pas à me concentrer. Mes doigts tremblent sans réussir à se poser sur les touches. De toute façon, aucune phrase ne se forme dans mon esprit.

— Juliette… soupire soudain Nanette à mon oreille.

Oh, mon Dieu ! Je ne l'avais pas entendue approcher. Je panique et me crispe au fond de mon siège. La silhouette de la professeure s'approche avec une démarche langoureuse. Elle se faufile jusqu'à moi et pose une hanche contre mon fauteuil.

— Juliette… Juliette… Tu n'as pas encore trouvé ton Roméo… siffle-t-elle d'une voix railleuse.

Je rabats aussitôt mon ordinateur et vire un minois désespéré vers elle.

— L'amour est quelque chose de si complexe, de si insaisissable, continue Nanette de Valmy. Je comprends que ce soit difficile pour certains d'entre vous d'en capter l'essence. Votre histoire était bancale à plus d'un égard, Juliette. Vous n'avez aucun parti pris. Vos personnages sont d'une platitude navrante. Et votre protagoniste, qu'est-ce qu'elle est niaise ! Je n'ai jamais lu un développement de personnage aussi bateau. Sans parler des portraits de vos *sidekicks*. Sans vouloir être méchante, Juliette, on sent que vous n'avez aucune expérience de vie. Il n'y a aucune prise de risque ni de position. Vous manquez cruellement de voix. C'est évident que vous ne vous êtes jamais vraiment immergée dans le monde. Vos personnages sonnent faux, les interactions sont mauvaises et forcées. Et le but de votre histoire ? Je n'en vois aucun. Certes, la consigne était de créer une romance contemplative, mais encore faut-il posséder la beauté des mots et la douceur des décors. Je ne trouve rien de tout ça dans vos textes.

C'est comme si tous mes organes s'effondraient à l'intérieur de moi. J'ai le cœur dans les pieds et le cerveau dans les mollets. Je n'arrive pas à y croire. Malaise… rage… déni… Je n'arrive plus à déterminer quelles émotions je ressens.

Je capte le regard de Sooyoung. J'y perçois un rictus moqueur, une sorte de satisfaction malsaine. Je détourne les yeux et reluque le sol avec désespoir, avant qu'il ne voie les larmes s'amonceler dans mon regard.

Nanette pose alors une main sur mon épaule. Il n'y a rien de réconfortant dans ce geste, je me sens au contraire agressée par cette intrusion dans mon espace intime. Le silence de mort qui règne dans la salle m'agresse. Tous entendent clairement les mots qu'elle m'adresse, et l'attention de tous est rivée sur moi.

Je suis de nouveau la petite Juliette au fond de la salle de classe. J'ai dix ans et tous mes espoirs volent en éclats.

— Voulez-vous un conseil ? me demande-t-elle sans me laisser le choix. Vous devriez vous ouvrir aux autres. Je le sens, Juliette, vous êtes quelqu'un de renfermé. Regardez-vous : vous vous faites toute petite, on ne vous entend jamais en cours, et lorsque vous donnez votre avis, c'est toujours pour vous ranger du côté d'une opinion déjà donnée.

Je retiens maladroitement un sanglot, qui termine en une sorte de gémissement.

— Vous êtes trop gentille. Vous avez une vision bien trop naïve des relations humaines. Il va falloir vous mouiller un peu pour ajouter un minimum de crédit à vos récits. Vous devriez vous confronter aux autres, chercher l'expérience qui vous fera grandir. Juliette ?

Elle a lancé mon prénom comme on pique un gâteau avec un couteau aiguisé pour voir s'il est bien cuit. Je me dégonfle sur place.

— Est-ce que vous avez déjà eu une relation amoureuse ?

Les deux pimbêches à l'autre bout de la salle explosent de rire. Ma respiration se bloque. À bout de souffle, je lâche un grognement et tarde à trouver quoi répondre qui la détromperait. De toute façon, elle pense m'avoir déjà cernée.

— C'est bien ce que je pensais, reprend-elle. Comment pouvez-vous écrire sur l'amour si vous n'avez jamais vécu le grand amour ? C'est impossible. Je fais souvent le parallèle entre le *method acting* pour un acteur et l'implication émotionnelle d'un auteur. Il faut se mouiller pour écrire le vrai, et essorer ses ressentis dans l'écriture. Retenez bien cela, Juliette.

Évidemment que je sais ce qu'est l'amour, évidemment que je connais la passion. Elle est si familière à la folie que procure le sentiment amoureux, la dévotion et l'envie impérable de ne faire qu'un avec l'être aimé.

Je bouillonne intérieurement. Je ne sais plus si ce sont des larmes qui me coulent sur les joues, de la sueur ou de la morve.

Nanette de Valmy me tend les feuillets annotés d'encre rouge, semblable à du sang. Quelques-uns se détachent et tombent par terre. Je me rue dessus et les rattrape, tremblante. Puis je fourre mon ordinateur dans mon sac et me lève.

— Excusez-moi, je ne me sens pas bien…

Et je fiche le camp en courant.

SCÈNE 6

Juliette

J'observe mes larmes tomber sur le tapis rouge. Les gouttes imbibent le carmin comme une pluie localisée entre mes pieds. Je ne sais plus depuis combien de temps je me tiens là. Cachée dans l'ombre, je ressasse les mots qui m'ont tailladé le cœur. Mon avenir tout entier semble compromis : la star qui peut se targuer d'avoir gagné huit Césars et trois Oscars vient de me dire que je ne suis qu'une grosse merde dépourvue de talent. Je me suis saignée corps et âme pendant des semaines pour pondre ce scénario et voilà ce que je récolte.

Je trouve cela injuste, ces mots tranchants et d'une infinie cruauté. Je n'ai absolument rien fait pour mériter ce traitement.

Lorsque soudain, j'ai une illumination. Roméo qui survit à Juliette et termine avec une fille de joie ! Mais c'est mon texte, ça ! Mon premier jet que j'ai fait lire à Sooyoung la semaine dernière. Ce même texte qu'il a trouvé extrêmement mauvais, et qu'il a certainement substitué tout en me roulant des pelles enflammées.

Mais quelle idiote, Juliette ! La tristesse laisse place à la colère. Tu t'es fait avoir par un idiot à la belle gueule. Cette triple buse n'a même pas de talent pour l'écriture. J'ai déjà lu ses travaux, et je n'ai jamais été renversée par sa créativité ni même émue par sa plume.

Mamie avait raison. Mamie a toujours raison, me dis-je, profondément déprimée, affalée contre le mur dans la ruelle attenante au bâtiment. Prochaine étape, la fac de droit.

Nanette de Valmy m'a fait passer pour une inadaptée sociale devant toute la classe. Ah oui, très chère Nanette… C'est comme ça que tu me vois ? Tu me prends pour une pauvre gosse apeurée et incapable de gérer des interactions humaines ? Pourtant tu l'as trouvé bon, le devoir de Sooyoung… Bref… Ce n'est peut-être pas totalement faux… Mais tu n'avais pas le droit de me rabaisser devant tout le monde.

Vieille bique.

Je ne sais pas si c'est à cause de l'adrénaline ou bien de la colère qui gronde en moi, mais je prends une décision : je vais refaire ce devoir, me mettre en situation et interagir avec le monde… Au lieu de m'enfermer dans ma bulle, je vais l'exploser et créer le meilleur de…

— Ha, ha, ha !

C'est Sooyoung. Il émet le rire forcé et le ton aigu qu'il emprunte lorsqu'il est mal à l'aise. Je me déteste de savoir tout ça à son sujet. Je m'enfonce dans la ruelle et me retrouve près de la grille qui donne sur la cour arrière de l'école.

Dans un coin sombre, j'aperçois la silhouette de Sooyoung. Et il n'est pas seul.

— Oui, j'ai beaucoup apprécié le double sens que tu as donné aux illusions d'optique dans le magasin de jouets. C'était très bien trouvé… souffle une voix langoureuse.

Il est avec Nanette de Valmy ! Elle pose ses doigts sur l'épaule du jeune homme et joue avec le tissu de son tee-shirt. Elle exhale un nuage de nicotine et, pendant un court moment, les traits de Sooyoung sont noyés par la vapeur de la cigarette électronique. Je remarque qu'ils sont proches, très proches.

— Nanette, je voulais te demander… une petite faveur, susurre alors Sooyoung.

— Tout ce que tu veux, mon chaton… ronronne la sexagénaire sans gêne.

Oh la vache, voilà que tout s'explique ! Je retiens un grognement en me collant la paume contre la bouche.

Sooyoung tourne soudain son regard dans ma direction, je me réfugie aussitôt derrière l'angle du mur. J'ai bien failli me faire griller ! Le sang pulse dans mes tempes, j'ai les paumes trempées et le front dégoulinant de sueur. Quelques secondes s'écoulent avant que les voix ne retentissent de nouveau.

— J'ai écrit un scénario, je travaille le script en ce moment. J'aurais aimé avoir ton avis…

La mâchoire m'en tombe. Ne me dites pas qu'il se passe ce que je crois qu'il est en train de se passer ? Je retiens un gloussement de surprise et de dégoût mêlés. Alors oui, je suis naïve, mais là, c'est un peu trop gros, même pour moi.

Est-ce que la prof a vu en moi une rivale ? Voulait-elle ce jeune poulain rien que pour elle ? Est-ce que son discours cinglant n'était fait que pour m'évincer aux yeux de Sooyoung ? Je dois écouter la suite. Je me cale dos au mur, renonçant à voir la scène pour mieux entendre leur discussion, et je reste figée pendant un long moment. Plus un mot ne me parvient aux oreilles, mais j'entends d'étranges bruissements que je n'arrive pas à identifier. Je rassemble un peu de courage et glisse un œil à travers la grille. J'aperçois les deux silhouettes échangeant un baiser torride.

Sooyoung, mon vieil ami Sooyoung, celui avec qui j'ai… À vrai dire, entre nous, tout est encore plus flou. Ou plutôt, tout vient de s'éclaircir brutalement. C'est fini entre lui et moi ! Quoique je doute désormais qu'il y ait eu quoi que ce soit. Je suis d'une crédulité sans pareille. Je le vois enfin tel qu'il est, un opportuniste qui m'a sauté dessus il y a deux semaines. Lors des présentations durant notre premier cours d'écriture créative, j'ai simplement soufflé que je travaillais aux studios KTV, il a voulu me placer ce scénario dont il est en train de parler. Lorsqu'il a su que je n'y étais que simple accessoiriste, il s'est mis à répondre aléatoirement à mes messages, après avoir plagié le premier jet de mon travail pour l'école d'art.

Cette vision m'écœure. Les bruits buccaux que font ces deux-là me hérissent le poil. Entre deux succions trop moites à mes oreilles, je file au pas de course. Encore une image qui va me hanter pendant des jours. Je m'ébroue et peste en quittant la ruelle mal éclairée. Je suis encore toute retournée par ce baiser auquel je n'aurais pas dû assister.

Est-ce que c'est ce que font les gens habituellement ? Foncer tête baissée dans des situations compliquées sans réfléchir aux conséquences ? Sooyoung est complètement idiot, et Nanette n'est pas plus sensée que lui. Il pourrait être son fils !

C'est bizarre comme je ne les vois plus du tout du même œil, tous les deux. Comment ai-je pu admirer cette vieille pimbêche et être attirée par ce grand dadais arriviste ?

Le regard rivé au sol, comme à mon habitude, j'avance en soupirant vers l'arrêt de bus lorsque brusquement quelqu'un me rentre dedans.

— Pardon ! Désolée ! j'ânonne par automatisme. Je ne vous avais pas vu. Pardon…

Celui qui me fait face est habillé de noir, les cheveux gominés et la chemise ouverte sur un torse glabre qui lui donnent des airs de gangster. De plus, il arbore un air rogue comme s'il avait l'intention d'en découdre.

Il me faut quelques longues secondes pour prendre conscience que je le connais.

— Jaemin ! je m'exclame.

— Juliette ? s'écrie-t-il, surpris.

Je sens les muscles de mon visage se détendre en un émoi confus. Est-ce que ça me fait plaisir de le croiser ? De revoir son visage pour la deuxième fois de la journée ? Sans compter toutes les fois où il m'est apparu en pensée…

— Qu'est-ce que tu fais là ? je lance sèchement alors même qu'une douce joie réchauffe mon cœur.

Est-ce que c'est un rêve ? Suis-je en train de fantasmer des retrouvailles avec lui ? Il m'aurait retrouvée pour m'avouer avoir eu un coup de foudre pour moi ? Oh, mon Dieu, Juliette ! C'est trop beau pour être vrai ! Exactement… c'est trop beau pour être vrai. Je suis encore sous le coup de l'émotion. Il faut que je redescende. Je ne l'ai jamais vu comme un potentiel prétendant, je viens simplement de prendre un coup au moral après avoir réalisé la fausseté des sentiments de Sooyoung.

Jaemin est prétentieux, mais je peux lui accorder le bénéfice du doute : je ne peux pas me baser sur une seule interaction pour juger de sa personnalité.

Respire, Juliette. Il faut que tu gères ça comme une adulte. Il ne faut pas non plus avoir l'air désespérée. Elle disait quoi, Seulgi, « dépendance affective » ? Non, je ne suis pas dépendante affectivement. Mon bonheur ne doit pas dépendre d'autrui. Mon cœur est bien fragile pourtant, je dois me barricader face à ce trop-plein de sentiments. Alors j'enfile un masque renfrogné.

— Toi ! Ici ? rétorque-t-il d'un air plus revêche que le mien.

J'en reste bouche bée, mon masque de nonchalance éclate en morceaux. OK, j'ai mal appréhendé la situation. Il n'est pas là pour moi. Je vais bafouiller, je le sens. Je redescends sur terre. La chute me fait l'effet d'une baffe cinglante. L'évidence est douloureuse. Bien sûr qu'il n'est pas là pour moi. Juliette, quelle idiote naïve tu fais.

— Mon chéri ! clame tout à coup Nanette de Valmy en haut de l'escalier.

Pas de doute, l'icône *frenchy* du cinéma s'adresse à Jaemin. Nimbée des lueurs de l'enseigne de son école, elle pose comme si les appareils d'une horde de photographes étaient braqués sur elle, comme si une foule d'admirateurs se tenait en bas des marches. Seule une poignée de passants capture cet instant. Ils la montrent du doigt, quelques-uns la saluent avec de petits gestes circonspects. Je lis la confusion dans leurs regards. Il est loin, le temps des autographes et des fans qui s'agglutinent autour de la grande Nanette de Valmy. Elle descend les marches, renfrognée, et je discerne désormais la frustration qui remplace son assurance.

Je pose à nouveau les yeux sur la future star des écrans. Jaemin l'observe, statufié dans une grimace de malaise. Les épaules basses, le regard tombant, il croise les bras sur son torse et essaie de cacher son visage en baissant soudain la tête.

Je ne sais pas trop quoi en penser. Elle l'a tout de même appelé « chéri » et elle sort tout juste d'une séance de bouche-à-bouche saliveuse avec celui que je croyais pouvoir qualifier de petit copain. Elle les aime jeunes. Très bien, même si je ne suis pas à l'aise avec cette idée, ça ne me regarde pas.

Sooyoung, mon ex-pas-petit-copain, surgit à son tour de l'école. Il descend les marches en trombe, avant de filer comme un voleur, sans m'avoir manifesté aucune marque d'attention. Lui aussi semble mal à l'aise à l'idée d'être vu en public avec Mme de Valmy.

Nanette arrive prestement aux côtés de Jaemin et, comme à son habitude, elle joue ce rôle habituel de l'élégante dame.

Je roule des yeux, complètement effarée. J'observe ces deux-là interagir juste devant moi comme si je n'existais pas. Habituellement, je masque la plupart de mes expressions. Mais en cet instant, je n'ai pas la présence d'esprit de nuancer mon air ahuri. Je ne sais plus où me mettre. J'ai l'impression même de me tenir pile entre eux.

— Jaemin ! Mon chou, ça fait longtemps que tu n'es pas venu me voir, le gronde-t-elle gentiment.

Jaemin est redevenu maître de lui et, impassible, il attrape délicatement sa main, la porte à ses lèvres pour y déposer un baiser léger. Puis il offre à Nanette son plus beau sourire.

OK, il aime les dames plus âgées. Bon, ça explique l'échec de ma tentative de drague. Quoique, ai-je vraiment tenté ma chance ? Mon blabla était maladroit, Jaemin n'a certainement rien capté et il a dû prendre ça pour une vanne. Zut ! Non mais c'est un prétentieux, tant mieux ! Oh, Juliette !

Tu t'embrouilles toi-même. Est-ce que je veux lui plaire ou lui rabattre le caquet ? Est-ce que je le considère comme un connard ou bien est-ce que je l'apprécie un petit peu ?

Bon, on s'en fout. Il fait dans le troisième âge, de toute façon.

Jaemin capte mon regard médusé. Je le vois alors passer d'une expression placide à un air horrifié, et il bégaie :

— Oh là ! Oh, non ! Mon Dieu ! Pas ça ! Ce n'est pas ce que tu penses, Juliette ! C'est… Merde ! C'est ma mère !

J'ai un mouvement de recul. Le choc m'extirpe un hoquet de stupeur. Je ne sais pas ce qui est pire : l'idée que je me suis faite, imaginant Jaemin avec une femme d'âge mûr, ou la révélation de leur lien de parenté ?

SCÈNE 7

Jaemin

— Vous vous connaissez ? siffle ma mère, étonnée.

— Euh… Mlle Park est la… une costumière aux studios qui… je bégaie, décontenancé.

Je me passe une main sur la nuque, là où la chair de poule me crispe l'échine. J'ai bien vu la façon dont je me suis adressé à Juliette à l'instant : pris de court, je me suis montré glacial et méprisant. La culpabilité me ronge peu à peu.

Donc ma mère connaît Juliette. Et vu la façon dont elle la toise, elle ne l'apprécie pas énormément. Cela dit, elle n'aime pas grand monde.

« Les gens doivent mériter notre compagnie. Tout un chacun ne peut se targuer de connaître le fils de Nanette de Valmy. Retiens bien ça, Jaemin, ta présence est un don et tu ne peux pas l'offrir au premier quidam venu. » Voilà le genre de tirade qui a ponctué mon adolescence. Comment ne pas avoir le boulard avec une mère pareille ? Et c'est sans compter sur mon père trop perfectionniste et autoritaire.

Juliette doit être l'une des étudiantes du cours d'écriture créative. Évidemment ! Ça me paraît cohérent, elle parlait cet après-midi de sa passion dévorante pour la scénarisation. L'école De Valmy n'est pas à la portée de toutes les bourses. Ou, du moins, pas de celle d'une simple costumière-accessoiriste qui gagne certainement à peine plus que le salaire minimum.

J'ai toujours eu beaucoup de respect pour les petites gens, ceux d'une condition bien plus humble que la mienne. La combativité dont ils font preuve m'impressionne, et leur acharnement à travailler malgré un métier barbant m'épate. Je sais ce que les gens pensent, que je suis né avec une cuillère en argent dans la bouche, que je ne connais rien au travail. C'est faux, et je compte bien prouver au monde entier que je suis assez talentueux pour être reconnu par mes propres moyens.

Mes yeux se rivent à ceux de Juliette. Elle a ce je ne sais quoi de désarmant, il émane d'elle une grande sincérité. Elle ne joue pas la comédie, elle n'essaie pas de paraître *camera ready* comme la plupart des gens que je côtoie. Elle est naturelle et candide. J'ai besoin de ça, de sincérité.

— Jaemin, mon chéri ! Tiens-toi droit. Ce n'est pas comme ça que je t'ai élevé. Voyons, tête haute, buste aligné avec le cou et aspire ta langue pour cacher ce double menton.

En même temps qu'elle souffle ses directives, ma mère corrige ma posture du bout des doigts. J'obtempère sans piper mot et je me recompose cet air impassible que je travaille depuis si longtemps. Je me racle la gorge, faisant craquer ma nuque dans un geste brusque, un peu mal à l'aise de me faire reprendre par ma mère en public. Puis je reprends les choses en main :

— Nanette, voici Juliette Park. Elle est employée aux studios KTV.

Le silence vole une réplique, et tous trois nous nous regardons tour à tour sans savoir quoi ajouter. Puis mon attention s'attarde sur Juliette, dont le regard fait des va-et-vient entre ma mère et moi. Son front s'est plissé alors que j'ai désigné ma génitrice par son prénom.

Elle n'a pas l'habitude de voir un enfant appeler sa mère de cette façon ? Je suis tenté de m'épancher sur le sujet épineux des relations que j'entretiens avec ma chère génitrice, mais comme toujours, je suis embarrassé par le regard inquisiteur de cette dernière.

— Je connais Juliette, mon grand. Cette jeune femme suit mes cours depuis quelque temps maintenant. N'est-ce pas, Juliette ?

L'intéressée n'a pas le temps d'acquiescer que ma mère continue :

— Quelle petite cachottière. Alors vous travaillez aux studios KTV ? À quel poste ? Quand avez-vous commencé ? Pourquoi une carrière…

— Nanette… je souffle, dépité.

Juliette tique de nouveau. Mon cœur s'échauffe, la honte me fait rougir. Elle va me prendre pour un fils à maman ! Je sens son regard peser sur moi, puis fondre vers ma mère. Elle doit voir dans notre relation un Œdipe tardif, un petit garçon avec de sacrées *mommy issues*. Petit Jaemin est encore dans les jupes de môman, quelle honte !

Pourquoi donc cela me touche-t-il si intensément ? En général, l'avis des autres m'importe peu. Alors que je brûle sous le regard de cette petite accessoiriste, qui m'était encore inconnue quarante-huit heures plus tôt… Évidemment qu'elle n'a rien des mannequins, des actrices ou des influenceuses qui me courent après et qui d'habitude éveillent mon intérêt. Juliette est une personne ancrée dans la réalité. Or le personnage que j'interprète dans *Gods in Hell* lui ressemble : il est paumé et seul, abandonné par tous, et il espère désespérément une intervention divine, alors qu'il est pris dans le feu d'une guerre millénaire. Bon, peut-être ne rencontre-t-elle pas les mêmes difficultés que mon personnage, mais tout de même, je suis certain qu'elle peut m'aider à perfectionner mon jeu.

Son regard passe sur moi puis sur ma mère, qui se dirige vers une large berline rouge. L'impatience de Nanette de Valmy n'aura pas épargné cette conversation, pourtant brève, qui ne tournait pas autour de sa petite personne.

Je suis tout de même venu rien que pour elle, alors je lui rappelle la raison de ma présence, dont elle ne s'est même pas enquise :

— Je t'ai attendue au restaurant pendant deux heures ! Tu voulais qu'on dîne ensemble ce soir ? Maman !

— Ne m'appelle pas comme ça ! Une prochaine fois, peut-être, Jaemin, lance-t-elle d'un ton moins sec. Contacte mon agent, il essaiera de te caler un moment dans mon emploi du temps. Je t'embrasse, mon chou. À bientôt ! dit-elle en faisant virevolter ses doigts dans les airs en guise de salut.

Je reste figé-là, comme un idiot, sans même la saluer en retour, et la regarde entrer dans la voiture qui disparaît rapidement. Je ne suis même pas en colère, juste blasé par les tendances de ma mère à me faire tourner en bourrique ou à m'oublier.

— Nanette de Valmy est ta mère… murmure-t-elle comme si elle luttait pour accepter cette idée.

— Effectivement, ma très chère mère, je chuchote, mal à l'aise.

On dirait qu'elle est en train d'assembler un puzzle dans sa tête et qu'il lui manque une pièce. Elle n'a pas l'air d'être une mauvaise fille, du genre de ces personnes qui pourraient user et abuser de ce genre d'information. J'ai même l'impression qu'elle est… désolée pour moi.

— Les cours avec elle se passent bien ? je m'enquiers maladroitement.

— Euh… Oui, évidemment. C'est incroyable…

Elle ment. Je le sais parce que, premièrement, elle grimace comme si elle venait de croquer dans un fruit pourri, et, deuxièmement, la seule chose d'incroyable avec ma mère, c'est sa capacité à retourner le cerveau des gens.

Soudain, Juliette frissonne. Pourtant, la soirée est chaude, presque trop. Une goutte de sueur dégouline sur son front, et je la vois trépigner d'un pied sur l'autre, le regard fuyant. Dans une tentative pour mettre un terme à sa gêne, je lance :

— Est-ce que ça va ?

— Ouais, ouais, tranquille. Longue soirée, longue histoire. J'ai vu des choses que je n'étais pas censée…

Elle se tait aussi rapidement qu'elle a commencé. Son silence subit éveille ma curiosité.

— Quelles choses ?

— Non, rien, c'est ta mère… Tu la connais, elle peut être d'une franchise redoutable ! s'esclaffe-t-elle d'un ton forcé.

Décidément, le mensonge n'est pas son fort. Ses yeux brillent encore de larmes qui n'ont pas tari, et je suis certain que ma génitrice y est pour quelque chose.

— Je t'offre un verre ? dit-elle à brûle-pourpoint.

— Euh… Non… je rétorque en me raclant la gorge, avec une autre idée en tête. C'est…

— OK, pas de souci, pardon. De toute façon, j'ai beaucoup de boulot. J'ai un scénario à peaufiner, donc… Pardon. C'était… Je… Faut que je rentre. Pardon. Bonne soirée, débite-t-elle frénétiquement en tournant les talons.

Elle s'éloigne d'un pas rapide, avant de repasser en trombe, l'air miné et le regard rivé à ses pieds. Dans sa précipitation, elle n'a pas pris la bonne direction.

Tout est allé si vite. Je n'ai même pas eu le temps de finir ma phrase, et la réplique que j'avais l'intention d'articuler est coincée sur le bout de ma langue. Je reste béat, un doigt en l'air et la bouche grande ouverte. Je réalise que j'ai été tranchant avec elle. Je n'ai pas répété mon texte, je suis nul en improvisation. Je n'avais pas du tout l'intention de la rembarrer, mais simplement de balancer une réplique en mode type cool. Mais, comme sur le plateau, la première prise n'est jamais la bonne, et mon texte n'est pas sorti comme il faut.

— Ohé, Juliette ! C'est moi qui t'invite ! je réussis finalement à lancer. Juliette ! Je voulais dire que c'est moi qui te paie un verre !

Malheureusement, elle s'est engagée dans une rue d'Itaewon très fréquentée. Des écouteurs dans les oreilles, elle slalome d'un pas rapide entre les silhouettes en les évitant de justesse. Je tente de la rejoindre mais elle ne m'entend pas.

Je lâche un juron, m'attrape la tête entre les mains et termine quasi assis par terre en ronchonnant après moi-même. Ma gorge se serre, je savais que j'aurais dû aller me coucher directement après le clap triomphant de ma dernière scène.

SCÈNE 8

Juliette

Hier était la pire journée de toute mon existence. Deux blâmes au boulot, une déculottée d'anthologie infligée par Nanette de Valmy et une tentative de flirt complètement ratée avec un bel acteur, qui s'est avéré être son fils. Sans compter la fin minable de mon semblant d'idylle avec Sooyoung. Quel connard, celui-là ! J'enrage à tous les niveaux. Mes joues s'empourprent encore rien que d'y penser. Et pour couronner le tout, j'ai agi comme une écervelée. Qu'est-ce qui m'a pris d'oser faire le premier pas ? On ne m'y reprendra plus jamais ; ça, je le jure.

Je n'en ai pas dormi la nuit dernière, j'ai ruminé toute la journée. Et me voilà ce soir avec des valises sous les yeux et la tronche en vrac, en train d'admirer le soleil qui baisse à l'horizon depuis le toit de l'immeuble de chez mes grands-parents. Cet endroit est mon refuge après une journée de boulot harassante. J'ai des chiffres plein la tête, ceux qui m'ont servi à cataloguer toutes les nouvelles entrées : des casques, des épées et des boucliers tout droit arrivés de Nouvelle-Zélande. J'ai les bras endoloris d'avoir transbahuté toute cette ferraille d'un bout à l'autre du hangar.

Je suis fatiguée tant mentalement que physiquement. Et je ne peux pas m'épancher sur la nullité de mon existence auprès de qui que ce soit. Si j'en touche un mot à Seulgi, elle va vouloir me coacher pour foncer dans le tas et, comme je ne sais pas dire non, je vais encore me retrouver avec la sécurité aux trousses.

Quant à mamie et papy, eh bien, je préfère ne pas trop m'étaler sur ma vie avec eux. Tout tourne autour de l'argent, comme avec mes parents. « Il te faut une bonne situation sociale, Juliette. Et tu dois trouver un mari instruit, poli et bien élevé. Il faut travailler dur et ne pas être fainéant dans la vie. Les hommes aiment les femmes serviables et consciencieuses. » C'est toujours la même rengaine. Je fais oui de la tête, je garde le silence et je baisse les yeux. Mais ce ramassis de conneries d'une autre époque me soûle au plus haut point. Il est pourtant hors de question que je me rebelle contre ceux qui me logent et me nourrissent. Mes grands-parents sont gentils dans le fond ; je sais qu'au bout du compte, tout ce qu'ils souhaitent, c'est mon bonheur.

Voilà pourquoi je garde tout pour moi. Et ça me pèse. Alors je reste là, le moral miné, assise sur une vieille chaise en plastique posée sur un tapis de pelouse synthétique, entourée des géraniums de mamie et des plants de tomates de papy. Quelques vêtements claquent avec le vent, séchant à l'air libre sur une corde tirée de part et d'autre du toit.

Le mont Namsan se dresse dans le lointain, se découpant sur le ciel qui se teinte de couleurs pastel : du rose, du violet et des bleus orangés s'étirent en un canevas magnifique.

J'ai entamé une bouteille de *soju*[4], les *Chum Churum*[5] à la pêche sont mes préférés. J'ai déjà la tête qui tourne sous l'effet de l'alcool.

Je dois fournir un effort presque intense pour me lever de mon siège et je titube sur quelques mètres avant de me poser sur un pot renversé pour contempler le paysage urbain. Quand j'étais gosse, j'avais une tout autre vue ; l'ancien immeuble qu'habitaient mamie et papy me manque. Ces souvenirs d'enfance sont gravés dans ma mémoire, mais la vieille bâtisse, elle, a été rasée. À la place s'étendent les hangars, les bureaux et les avenues des studios KTV. Bien que depuis mon piédestal tout soit beau sous ce ciel crépusculaire, la géométrie stricte qui a remplacé une partie du quartier Yeonhui de mon enfance a des allures de labyrinthe hanté.

Dans les rues, l'éclairage public clairsème peu à peu la pénombre d'halos de lumière chaude. L'enseigne géante des studios vient de s'allumer. Les lueurs de deux projecteurs illuminent les lettres qui trônent sur le plus haut bâtiment des plateaux de tournage. Pour un peu, on se croirait à Hollywood, avec le mont Lee en arrière-plan.

En baissant les yeux, j'aperçois des ouvriers tendre une affiche géante sur le pignon du hangar le plus proche, et j'entends même les consignes qu'il se crient pour peaufiner l'éclairage et les attaches du gigantesque panneau. La toile est alors déployée sous mes yeux.

— Mais non… je soupire, dégoûtée lorsque je reconnais le visage qui apparaît en énorme.

---

4. Alcool de riz populaire en Corée du Sud.

5. Marque de *soju*.

À présent, et ce pour quelques semaines, la bobine de Jaemin surplombera les passants en contrebas. La mine sombre et déterminée, du sang dégoulinant de ses tempes et les yeux rivés vers un horizon lointain, il semble avoir traversé l'enfer ; autour de lui s'étend un paysage de feu et de lave sur lequel se hérisse un chaos de ruines. C'est beau, il faut le reconnaître. L'affiche titre : « *Gods in Hell, starring Lee Jaemin. Coming soon.* »

Mouais. J'aurais préféré Sarah Kang.

Merde ! Cette chose donne pile sur la fenêtre de ma chambre ! Oh, non ! Il n'y a qu'à moi que ça arrive. J'ai déjà du mal à dormir avec les lumières de la rue, si en plus ils ajoutent un éclairage publicitaire !

Je suis maudite. C'est plutôt *Juliette in Hell*... Pendant un court instant, je visualise ma grosse tête à la place de celle de Jaemin. J'éclate de rire et tends ma bouteille de soju à moitié vide vers l'affiche.

— À la tienne, débile ! T'as pas voulu que je te paie un verre, et pourtant me voilà à trinquer avec toi ! Connard... je souffle entre deux gorgées.

— C'est qui, le connard ? lance une voix juste derrière moi.

— Oh, papy ! Je ne t'avais pas entendu arriver !

— Hein ?

— Je ne t'avais pas entendu arriver ! je m'égosille.

Il hoche la tête en traînant des pieds. Ses vieilles sandales sont si élimées qu'on dirait des moitiés de semelle. Je vérifie d'un coup d'œil s'il a bien enfilé ses appareils auditifs, ce qui est le cas. Il a gardé cette vieille habitude de faire sans cesse répéter les gens, alors qu'il m'a entendue à l'instant.

— Alors, on boit toute seule ? me gronde-t-il en haussant ses sourcils clairsemés de gris.

Je grimace, mal à l'aise, lorsqu'il déploie le bras qu'il cachait dans son dos, pour tendre une bouteille et trinquer avec moi. Je respire de nouveau et éclate de rire avec lui.

— Tu y as cru, hein ? Je suis bon comédien ! Je devrais aller passer des auditions ! lâche-t-il avec un rictus facétieux.

— Bien sûr, mamie sera ravie d'apprendre ça !

On se regarde d'un air entendu, et on ricane en chœur.

— D'ailleurs, tu ne lui dis pas pour ça, chuchote-t-il en désignant la bouteille entre ses doigts.

— Je ne piperai pas un mot, je réponds aussitôt.

Et on trinque de nouveau avec un air mutin comme deux gamins partageant un secret. Puis mon attention se porte vers le paysage urbain qui sombre peu à peu dans l'obscurité. Des rires nous parviennent de la rue en contrebas. J'aperçois quelques personnes se prendre en photo devant l'affiche qui vient juste d'être posée.

— Oh ! Quand ta grand-mère va voir ça ! clame papy avec un air revêche.

— C'est moche, hein ?

— Oh… Non, il a une bonne tête, le petit. Je ne le connais pas, celui-là… Tu vas accrocher un poster de lui dans ta chambre ?

— Certainement pas ! Il est affreux ! je proteste, outrée. En plus, il…

Enfin une ouverture qui va me permettre de lâcher un peu de lest. Je prends une respiration avant de continuer à me plaindre de cet être mal élevé que j'ai eu le déplaisir de rencontrer. Ça va me faire le plus grand bien. Mais papy me coupe dans mon élan :

— D'accord, d'accord… Et comment s'est passée ta journée ?

Je soupire, déçue :

— Ouais… Cool.

— Tu t'es fait des amis ?

Je hausse les épaules, faisant mine que oui. Un oui qui ressemble à une grimace gênée, je ne veux pas m'empêtrer dans une discussion à cœur ouvert. Papy comprend aussitôt.

— Ah, j'étais comme toi à ton âge, reprend-il. Dans mon monde, et…

— Ton monde ?

Je le vois rougir et se détourner avec un sourire gêné. Il pouffe en agitant l'air avec sa main comme s'il cherchait à chasser au loin les mots qu'il regrette d'avoir prononcés.

— Les Pearl Sisters… J'étais leur plus grand fan… avoue-t-il à demi-voix avec une lueur d'admiration lorsqu'il articule le nom de ce vieux groupe. On n'avait pas de photos à collectionner ou de… Comment tu appelles ça, les…

— Du *merchandising* ? Des collectors…

— On avait des vinyles…

Je hoche la tête. Je sais qu'il sifflote tout le temps ce même air lorsqu'il jardine. J'imagine qu'il repense à ses jeunes années. J'ai du mal à me représenter mon grand-père dans la fleur de l'âge, jeune et fringant, aussi charmant et insolent qu'aujourd'hui, comme le décrit souvent ma grand-mère. C'est étrange comme le temps affecte une personne. Les rares fois où j'ai essayé de me projeter à leur âge, j'en ai eu des sanglots. Non pas à cause de la hantise de la vieillesse, c'était plutôt de la tristesse sur mon propre sort. Ils ont passé toute leur vie ensemble. Ils se sont aimés au premier regard et ne se sont jamais quittés. J'ai le pressentiment décourageant que je ne connaîtrai jamais un amour aussi tendre. Par ailleurs, papy était aventureux, et mamie une grande gueule qui ne se laissait pas faire – son passé d'étudiante syndiquée et fière objectrice de conscience est souvent au centre de nos discussions. Je ne suis pas de cette trempe, et parfois je me demande si j'ai bien hérité de leurs gènes.

Ces pensées me minent quelquefois le moral. Souvent tard le soir, au fond de mon lit, quand j'ai du mal à trouver le sommeil. Il y a un trou qui se creuse dans ma poitrine. Une sensation de froid qui est toujours là et qui remonte à la surface lorsque je n'ai plus la force de le camoufler sous une gaieté forcée. Alors je me laisse aller et pleure en silence quand mes grands-parents ne m'entendent pas, pour qu'ils ne s'inquiètent pas à mon sujet.

Si ce n'est que, en ce moment même, papy m'observe. Et il décèle cette lueur de tristesse qui brille obscurément dans mon regard.

— Ça va, Juliette ?

Je hoche la tête, faisant signe que oui.

— Tu sais, avec mamie, on ne se fait pas de souci pour toi. Tu es travailleuse, sincère et honnête. Tu vas l'avoir, ton diplôme. Et tu vas rencontrer des gens sympas.

— Merci, papy. Ça me remonte le moral… je mens maladroitement.

— Ah, je t'en prie ! C'est mon rôle, ma petite fille.

Mes lèvres se coincent en un rictus crispé.

— Oui ! Évidemment que je vais l'avoir, mon diplôme !

— Bien ! Allez ! On descend, maintenant. C'est bientôt l'heure du *Late Night Show avec Cha Bongjoon*.

SCÈNE 9

Juliette

La grande pièce à vivre fait office de salon et de salle à manger. L'éclairage direct se déversant de l'ampoule nue au plafond me gêne atrocement. C'est comme si la lumière avait pris la forme de milliers d'aiguilles fines qui me percent la rétine. Ce soir, mon humeur morose couplée à cette nuisance me donne envie d'emporter mon assiette et d'aller dîner sur le toit. Lorsque j'ai émis cette suggestion, papy et mamie m'ont regardée comme si je venais d'une autre planète. Chez eux, les habitudes ont la vie dure.

Ça fait maintenant quatre semaines que j'ai posé mes valises ici. Avec l'impression de revivre un souvenir qui était enfoui dans ma mémoire. Je reconnais les meubles en bois foncé et massifs, qui rendent la décoration vieillotte, malgré la blancheur moderne des murs. Un paravent aux couleurs criardes fait office de tapisserie murale. Le vieux calendrier du Roi Dragon est coincé au début des années 2000. Les choses n'ont pas bougé, et pourtant rien n'est comme avant. Cet appartement n'est pas celui où j'ai passé les meilleures vacances de mon enfance, à manger la cuisine de ma grand-mère, cueillir les tomates avec mon grand-père et dessiner pendant des heures dans la cour intérieure au son des chants d'oiseaux.

— Oh ! Ça commence, ça commence ! lance papy tout en tapotant la place à côté de lui sur le canapé pour m'inviter à le rejoindre.

J'entends mamie dans la cuisine faire son boucan habituel. C'est une véritable cacophonie de coups de louche, du couteau s'abattant sur la planche à découper et de casseroles qui s'entrechoquent. Dès qu'elle ouvre la porte, un raz-de-marée de vapeur s'échappe hors de la pièce. J'ai l'impression qu'elle cuit elle-même tout en préparant le repas.

Quand j'étais petite, mes parents m'envoyaient en Corée pendant les deux mois d'été. Je retrouvais papy et mamie dans leur petit restaurant et je passais mon temps à jouer dans les rues en pente du quartier, essayant de faire voler mon cerf-volant dans la brise chaude de ces mois caniculaires.

Puis il s'est écoulé des années sans que je pose le pied en Corée. Mon adolescence a été marquée par des jobs d'été éreintants dans le supermarché bondé de notre quartier à Lyon. J'aurais tant aimé avoir la liberté de passer mon temps à écrire, mais hors de question pour mes parents de me voir buller devant mon écran à longueur de journée. Jamais l'écriture n'a eu de valeur à leurs yeux, il fallait ramener de l'argent pour financer mon permis.

La dernière fois que j'avais vu mes grands-parents, j'étais une ado de treize ans. Lorsque je les ai revus à l'aéroport il y a quelques semaines, le choc du temps qui avait passé nous a tous sauté à la gorge. Mamie m'a prise dans ses bras. Papy hochait la tête sans s'arrêter, des larmes plein les yeux. Je suis leur seule petite-fille. La fille unique de leur propre fille unique. Devenue une jeune femme entamant sa vingtaine.

— J'adore ce présentateur ! Tu vas voir, il est drôle ! radote papy à voix basse, craignant que mamie n'interfère de son opinion tranchée dans la conversation.

— La sauce huître ! Juliette ! Où est-ce que tu as mis la sauce huître quand tu es venue dans la cuisine ? s'affole mamie en faisant irruption sur le pas de la porte.

— Je me suis juste préparé un thé et je ne mets pas de sauce dedans ! je rétorque, calée près de mon grand-père dans le large canapé, qui a pris la forme de nos corps et qui tente de nous avaler comme une bouche de mousse affamée.

— Ah, je suis en retard ce soir ! Je suis en retard ! s'époumone-t-elle en tournant les talons pour s'enfermer de nouveau dans la cuisine.

Le tintamarre d'ustensiles reprend aussitôt.

— Elle a un nouveau client au restaurant, murmure papy dans mon oreille tout en appuyant sur une touche de la télécommande pour monter le son.

— Tu as besoin d'aide, mamie ? je hurle par-dessus le brouhaha de la télévision.

— Non ! braille-t-elle à travers la cloison.

— D'accord…

— Oh, ça y est, le voilà ! se réjouit papy en me tapotant le genou.

Alors que le générique prend fin apparaît Cha Bongjoon, un homme d'une cinquantaine d'années qui avance d'un pas sautillant sur le plateau de télé, déboutonne sa veste de costume et salue le public assis dans les gradins. Une salve d'applaudissements se fait entendre. Puis le présentateur prend place derrière un large bureau et attend patiemment que les acclamations retombent.

Tandis qu'il fait son discours de début d'émission, j'arrive plus ou moins à suivre. J'ai eu un peu de mal à me remettre au coréen. Mon accent laisse à désirer et j'ai des lacunes en vocabulaire, mais, dans l'ensemble, j'ai une bonne compréhension de l'oral. À l'écrit, par contre, c'est bien plus compliqué.

Je soupire discrètement. Ce n'est pas vraiment ma tasse de thé, ce genre d'émissions.

— Vous connaissez peut-être déjà notre invité du jour, la campagne de promotion pour *Gods in Hell* vient de commencer et les affiches sont placardées partout. Mesdames et messieurs, merci d'accueillir chaleureusement celui qui incarne le rôle de Seunghyun dans la plus grosse production drama encore jamais réalisée ! Très chers spectateurs, veuillez faire un tonnerre d'applaudissements à Lee Jaemin !

— Quoi ?! je m'exclame en manquant de m'étrangler.

Voilà ce prétentieux qui entre sur le plateau. La caméra cadre sur un plan de plein pied de lui dans un costume sombre parfaitement taillé. Avec une moue charmeuse, il prend la pose et envoie des baisers au public.

— Bienvenue, venez me rejoindre, l'invite Cha Bongjoon avec de grands gestes tout en s'inclinant encore et encore.

Ils se serrent la main, attrapant chacun l'avant-bras de l'autre, et s'inclinent une nouvelle fois.

— On est ravis de vous avoir avec nous ce soir, Jaemin ! ajoute le présentateur.

— Pas autant que moi… lance l'intéressé en adressant un clin d'œil à la caméra.

— Non mais quel connard ! je laisse échapper d'une voix grinçante.

— C'est le jeune homme de l'affiche ! dit papy, surexcité, en tendant son doigt vers l'écran.

Je grommelle dans ma barbe. C'est injuste ! La vie est injuste, le monde est injuste, cette société est injuste ! Regardez ce type se pavaner devant les caméras comme s'il était le tombeur de ces dames. C'est un enfoiré et il ne mérite pas d'être adulé. Pourquoi les gens l'applaudissent ?

Je laisse ma rancœur gronder au fond de moi. J'en ai les oreilles qui bourdonnent et je n'entends aucun mot de l'interview. Les poings serrés et la mâchoire crispée, je ne peux pas m'empêcher de fixer l'écran.

— Ah, tu l'aimes bien, ce Jaemin… souffle papy tout en me jaugeant d'un air complice. C'est un beau gars, je comprends.

Est-ce qu'il me fait marcher ? C'est du papy tout craché, je le sais et pourtant je marche à fond dans son jeu.

— Bien sûr que non ! Je le déteste !

— Ah bon ! Tu le connais ?

— Euh… Bah… Non ! M'enfin… Non…

Je ne peux pas lui dire que j'ai déjà rencontré Jaemin. Comment est-ce que je pourrais expliquer ça sans dire tout le reste ? En plus, je ne sais pas mentir, tout du moins pas avec l'aplomb nécessaire. Alors je ne dis rien, et il me regarde d'un œil torve.

Depuis qu'il m'a mis un vent, Jaemin m'insupporte. Il aurait pu refuser mon invitation avec plus de délicatesse, tout de même. Ce gars est méprisant au possible. Il me hérisse tous les poils du corps. Sa voix nasillarde retentit de nouveau :

— Les castings pour ce rôle ont été un véritable défi. Vous n'imaginez pas les épreuves que c'était. J'ai dû faire mes preuves devant une délégation constituée de directeurs de casting, de producteurs, d'assistants et de conseillers de toutes sortes. Sans parler des milliers de concurrents qui voulaient aussi le rôle. C'était l'enfer !

— Un avant-goût de l'histoire de *Gods in Hell* ! renchérit le présentateur alors que le public rit à sa réplique, sur laquelle Jaemin rebondit par une autre blague.

Je vois bien que le public est sous son charme, alors que son arrogance me fait grincer des dents. Papy me regarde bizarrement. Il n'a pas l'habitude de me voir si remontée.

— Tu es sûre que ça va, Juliette ? s'inquiète-t-il gentiment.

— Oui… je vais bien. C'est juste les… cours. C'est épuisant.

— Ça ne fait que deux semaines ! Il va falloir t'accrocher, ma petite-fille ! Hein ! On n'abandonne pas comme ça.

Je hoche la tête en rafale, répétant « Oui, oui », sans oser soutenir son regard. Avec mon père et ma mère, c'est la même chose. Il vaut mieux tout garder pour soi : la pénibilité du quotidien, ce qui me pèse sur le cœur ou quoi que ce soit qui pourrait ressembler de loin à une plainte. J'ai toujours entendu les adultes de ma famille me remettre dans le « droit chemin » dès que je tentais de leur expliquer mes craintes de me voir finir juriste, et de la tristesse d'une vie sans écrits. Alors je me suis renfermée sur moi-même.

Jaemin se pavane encore à l'écran. Il est en train de montrer sa musculature sous sa chemise trop serrée.

— Et j'effectue la plupart de mes cascades moi-même ! affirme-t-il d'une voix de stentor.

Des sifflets appréciateurs fusent dans le public.

— Quel vantard, je grogne.

L'ovation n'en finit pas, les acclamations éclatent dans l'assistance et les spectateurs finissent par scander son nom en chœur.

— Il ira loin, ce gamin, commente papy avec un air admiratif que je ne lui reconnais pas.

Je hoche la tête tristement. Mes grands-parents sont des vieux de la vieille. La seule acceptation de l'art qu'ils puissent avoir est lorsqu'elle est ratifiée par la notoriété et l'argent. Et encore. Mon grand-père apprécie le Jaemin à l'écran, mais il ne l'aurait jamais soutenu si ce dernier s'était trouvé être son petit-fils, il n'aurait jamais encouragé un jeune garçon à prendre des cours de comédie, je le sais pertinemment.

Mon ventre se tord. J'aimerais tant me trouver à la place de Jaemin, et voir dans les yeux de mon papy toute l'admiration pour le succès dont je ne fais encore que rêver. Si j'ose lui avouer mon rêve, si j'ai le malheur de lui dire la vérité, je n'aurai pas le droit à ce soutien dont j'ai tant besoin. C'est tellement dur mais je dois prendre sur moi.

Un jour, je serai fière de mon travail. Je n'aurai plus à me cacher, je n'aurai plus honte de parler de mon scénario. Un jour, je verrai l'admiration dans le regard de ma famille. Mes parents, mes grands-parents, tous, ils verront mon dur labeur et ma valeur.

— Vous êtes encore devant la télé ? Quelle heure est-il ? Raaaah, c'est cette émission débile ! Venez m'aider à mettre la table ! gronde mamie en faisant irruption dans le salon, enveloppée d'un nuage de vapeur et un plateau surchargé de plats dans les bras.

Papy se lève en trombe et je l'imite. L'ordre est à peine donné qu'on obéit craintivement, de peur de voir s'abattre sur nous la colère des dieux. Bon, j'exagère un peu, mais mamie nous fait souvent cet effet-là.

Je me retrouve à jongler avec des verres entre les doigts, des flacons de sauce dans l'autre main et des couverts sous les bras. Sous l'œil acéré de mamie, papy manque de trébucher, des bols en équilibre dans les mains, et s'excuse alors qu'il n'a rien fait de mal. En quelques instants, nous nous retrouvons tous assis solennellement autour de la table basse.

— Alors Juliette, comment s'est passée ta journée à l'université ? Qu'est-ce que tu as eu comme cours aujourd'hui ? demande mamie en picorant ses légumes.

Voilà, c'est exactement le genre de questions que je crains. En croisant son regard, j'avale mes nouilles de travers, je sens la sauce pimentée me passer par le nez. Les larmes dans mes yeux paraissent aussi piquantes que ce bouillon fumant.

— Ça va, ça va... je hoquete.

— Elle a du mal avec les cours. C'est difficile, commente papy.

Je veux le contredire, je ne veux pas passer pour la fragile de service, mais je suis trop occupée à essuyer mon nez qui se met à couler. Je suis prise d'une violente quinte de toux, j'ai l'impression d'être un dragon qui crache du feu.

— Bah alors, Juliette ? Je n'ai pas assaisonné très fort, pourtant, lance mamie en goûtant une cuillérée de mon bouillon.

Je veux rétorquer que ce n'est pas le piment, mais je n'arrive même plus à parler. J'ai l'habitude de manger épicé ; là n'est pas le problème. Mais j'enrage intérieurement. Depuis que je suis arrivée, j'ai le droit à des remarques déplaisantes à longueur de journée : « Juliette ne sait plus lire », « Juliette prononce mal certains mots », « Juliette est trop chochotte concernant la nourriture »... Je les ai même entendus dire que j'étais devenue « trop française ». Qu'est-ce que ça peut bien vouloir dire ? Cela fait à peine un mois que j'ai débarqué à Séoul que, déjà, tout le monde est sur mon dos. J'avais oublié à quel point ici le temps n'était qu'un état de stress permanent. *Palli palli...*[6]

J'inspire profondément. C'est le choc culturel des premières semaines qui se fait ressentir. Même si eux ne le sont pas, il faut que je sois patiente, cette phase de réacclimatation ne devrait pas s'éterniser.

— Tout va très bien à l'université ! Les cours de droit sont fantastiques. Vous n'avez aucun souci à vous faire pour moi, tout roule comme sur des roulettes, je m'écrie.

Mon grand-père hoche la tête, mamie ajoute que les études en Corée sont d'un autre niveau qu'en France. Je n'en dis rien, mais je ne suis pas d'accord avec elle. J'ai fait trois mois d'hypokhâgne, je sais ce que signifient l'excellence et le dépassement de soi. Mais je ne veux pas m'étendre là-dessus – je sais à quel point je suis sensible sur le sujet des études – et encore moins me mettre à dos mes grands-parents. Ça ne sert à rien d'essayer de leur faire comprendre certaines choses. À leur âge, on ne fait plus l'effort d'évoluer.

— Alors dites-nous, Jaemin : qu'est-ce que ça fait d'être une future star ? demande à la télévision Cho Bongjoon

6. « Dépêche-toi. »

d'un ton guilleret, nous fournissant une distraction ô combien bienvenue.

— Je suis prêt ! Je me suis décarcassé toute ma vie pour ça. J'ai hâte que vous puissiez admirer mon travail à l'écran.

J'ai à peine entendu la réponse de Jaemin, entre les bruits de mastication de mamie, et papy qui avale goulûment ses nouilles comme s'il les disputait avec une créature au fond de son bol.

— Quel petit prétentieux ! En plus, vous avez vu comment il s'adresse à son aîné ? Qu'est-ce qu'il est mal élevé ! On dirait un gangster… rouspète mamie en remontant ses petites lunettes sur son nez.

Je saute sur cette occasion inespérée de pouvoir évacuer toute cette rage qui bouillonne en moi.

— Absolument ! Un vrai gangster ! Tu as tout à fait raison, mamie !

— Ah, c'est bien ! Un homme comme ça, ça n'apporte que des ennuis. Il faut les fuir !

— Des idiots incapables ! Regarde-le, il n'est pas plus doué qu'un autre et il se croit le roi du monde. Il ne mérite pas d'être connu, je poursuis, plus remontée que jamais.

Jaemin fait vibrer sa voix dans les tonalités les plus rauques qu'il peut atteindre. Il joue ou plutôt surjoue, avec des airs de batifoleur amouraché de la caméra. Je voudrais détourner les yeux, un peu mal à l'aise, mais je ne peux m'empêcher de scruter ses moindres mimiques et regards.

— Exactement ! C'est bien, Juliette, tu ne te laisses pas avoir par ces inepties. Il n'y a rien de mieux qu'un homme avec un vrai métier. Pas un clown qui fait des grimaces à la télévision. Ne nous ramène jamais un garçon comme ça.

— Jamais ! j'assure avec fougue.

Papy lève les yeux au ciel et monte le son en ronchonnant qu'il aimerait écouter l'émission.

Je prends conscience que je me suis emportée. C'était hypocrite de ma part d'abonder dans le sens de ma grand-mère alors qu'il y a à peine vingt-quatre heures, j'ai invité à boire un verre le jeune clown en question. Et on ne va pas se mentir : j'aurais aimé qu'il me trouve assez attirante pour accepter.

Cependant, mamie et moi sommes pour une fois tombées d'accord, et c'est assez agréable.

— Tu n'as encore rien vu ! je lance, de nouveau remontée comme un coucou suisse.

— Quoi ? fait mamie en lâchant ses baguettes dans un son métallique.

— Oh, mon Dieu, tu vas être en colère…

— Quoi ! Quoi ? Juliette ! Dis-moi ce qu'il se passe.

Même papy m'observe avec appréhension.

— Ils ont déployé une affiche juste devant l'immeuble. Elle est immense, horrible, sans compter la pollution lumineuse qu'elle engendre. En plus, la fenêtre de ma chambre donne pile dessus.

— Pardon ? s'exclame mamie en tapant du poing sur la table, hors d'elle.

Papy sursaute, alors qu'il buvait son bouillon ; il s'en met partout sur le menton.

— Les premières affiches promotionnelles de *Gods in Hell* sont incroyables ! pérore Jaemin, fort à propos. Nous avons la chance de travailler dans des studios flambant neufs, avec des équipes travaillant 24h/24 en postproduction. C'est le crédo de KTV : réduire le temps de production grâce à des instruments à la pointe de la technologie. Ici, c'est le futur du cinéma et de la télévision. C'est un honneur que de faire mes premiers pas entouré par la crème de la crème des professionnels du secteur.

— Vos parents doivent être tellement fiers ! lance le présentateur.

Jaemin fait une petite grimace, avant de vite se ressaisir et d'évoquer le réalisateur, avec qui il est « raaaavi » de collaborer. Il a eu l'air apeuré, tout à coup. C'est bizarre. À sa place, j'aurais été fière de dire que ma mère est une grande scénariste et réalisatrice de cinéma indépendant français. Je ne le comprends vraiment pas.

— Oh, mon Dieu ! C'est pas possible ! hurle mamie depuis ma chambre.

Je ne l'ai même pas vue quitter le salon. Papy se lève en grinçant des dents. Rapidement, on se retrouve tous les trois dans ma chambre. La fenêtre est grande ouverte sur le ciel nocturne illuminé par l'éclairage urbain. Et surtout par l'immense façade du studio recouverte d'une seule et même affiche.

— C'est pas vrai ! Ils n'ont pas osé ! C'est… C'est… Non ! gémit mamie.

Elle tourne les talons et court vers l'escalier qui mène au toit. Papy s'empresse de la suivre.

— Quoi ? Mais qu'est-ce qu'il se passe ? halète-t-il. C'est le poster ? Il est bien, le poster ! Pourquoi tu cries ? Arrête de crier, tu vas encore te retrouver à l'hôpital.

Sur le toit, il fait chaud la nuit en ce mois de juin caniculaire. Heureusement, une petite brise rafraîchit la sueur qui me coule dans la nuque.

Ma grand-mère a les mains crispées sur la rambarde, le regard perdu dans le lointain. La voir emmurée dans le silence me déboussole, sachant que d'habitude, elle s'exprime par des myriades de jurons.

Je sais exactement ce qu'elle fixe d'un air accablé : un des hangars du bloc C, là où il y a encore quelques mois se trouvait l'immeuble qui abritait son petit restaurant de quartier, ainsi que l'appartement dans lequel papy et elle ont vécu plus de la moitié de leur vie. À l'endroit précis où j'ai appris à lire et à parler coréen, où je dessinais à la craie sur le bitume de l'allée et descendais la côte avec mon vélo en freinant avec les semelles de mes chaussures.

Il n'en reste plus rien. À la place se dresse désormais un cube de béton.

Le regard de ma grand-mère revient vers l'affiche démesurée suspendue sous notre nez. Je l'entends marmonner sans comprendre quoi que ce soit.

— Ils ne vont pas s'en tirer comme ça ! s'écrie alors mamie. C'est de la pollution visuelle ! Je vais aller au commissariat de quartier dès demain ! Je vais porter plainte. Ils vont m'entendre ! Et m'enlever cette horreur le plus vite possible. Hein ! Ohé ! Vous avez compris ? Vous devriez avoir honte ! lance mamie en pointant du doigt la figure immense de Jaemin.

— T'as raison, mamie. On ne va pas se laisser faire ! Bande de… de… de malfrats ! C'est moche ! je lance en brandissant mon poing.

— Les filles, on se calme. Le dîner va refroidir. Tout le monde redescend. Allez ! Hop ! Maintenant ! ordonne mon grand-père.

Papy pose sa main sur l'épaule de mamie et lui murmure des mots tendres. Au bout de quelques secondes d'inspirations et d'expirations intenses, elle s'éloigne du bord du toit.

Je les observe repartir l'un et l'autre, papy soufflant à mamie de faire attention aux marches et mamie grognant qu'elle n'est pas aveugle. J'entends mon prénom fuser dans les airs, mais je m'accorde un instant de répit avant de redescendre.

La brise tiède me caresse le visage. Je m'approche du rebord pour contempler l'affiche qui a causé ce raz-de-marée d'émotions.

Je ne vais pas pouvoir garder ce secret éternellement. Je dois dire à ma famille que je travaille pour les studios KTV. Pour ces géants de l'industrie cinématographique et leurs promoteurs qui ont rasé la maison de mes grands-parents, après les avoir mis à la porte sans vergogne.

SCÈNE 10

Jaemin

— Jaemin ? Vous m'écoutez ? lance la psychothérapeute en posant son iPad, sur lequel elle consigne chaque détail de notre séance.

Mon esprit tourne en rond, comme un serpent qui se mord la queue, mon regard se perd dans un lointain imaginaire.

— Il n'y a pas d'intimité. Pas de sincérité, pas de partage. Mon ex, c'était… Toutes mes ex étaient froides et strictes. Des maniaques du contrôle. J'ai toujours eu l'impression de n'être qu'un accessoire à leur bras. Vous voyez ce que je veux dire ?

— Et votre relation avec votre mère ? me relance-t-elle. Parlez-moi de ce que vous ressentez en sa présence.

Je n'ai pas envie de parler de ma mère. Ni des angoisses qui montent en moi jusqu'à prendre le contrôle de mon corps. Je réajuste ma posture inconsciemment. Je redresse le menton, fais craquer ma nuque et rouler mes épaules en arrière. Attention à mon double menton, il faut que j'aspire ma langue sur mon palais.

— Ma mère est spéciale. Elle a horreur que je l'appelle maman. On s'en fout de ma mère, je dis crânement. Je suis là pour parler de moi.

— Très bien. Je voudrais revenir sur ce qui a été mentionné plus tôt. Ce besoin de cacher vos ressentis. J'aimerais que vous compreniez que vous ne pouvez pas contrôler vos émotions, Jaemin. Arrêtez d'essayer, vous n'en serez que plus frustré. C'est un cercle vicieux qui vous rend tributaire de ces mêmes ressentis négatifs qui finissent par gouverner votre vie. Soyez plus à l'écoute de ce que votre corps éprouve, ne rejetez pas ces sentiments, la gêne, la peur, l'attirance... N'en ayez pas honte, habituez-vous à la culpabilité et au malaise. Vous m'écoutez ?

Elle a à peine fini sa phrase que je soupire.

— J'ai essayé ! je couine en direction de la fenêtre, comme un gosse qui ne tient pas en place. J'ai tenté de lui dire que je voulais lui payer un verre ! Je voulais juste avoir l'air cool, vous comprenez ? Lancer une petite boutade ! Ah, la honte ! Elle doit me détester, maintenant. « C'est mOUa quI tEU paIEu un veRREU... » Mais quel con !

Je me répète encore et encore, tournant en rond avec des imitations de moi-même. Je me dandine sur le fauteuil et fais crisser le cuir à chacun de mes mouvements.

— Restez avec moi, dans le présent, Jaemin. Cessez de ressasser ce qui est déjà arrivé. Pourquoi est-ce que vous vous sentez honteux ?

Le cabinet embaume toujours la lavande. J'adore ce vieux fauteuil de cuir dans lequel je suis assis, il n'y a pas plus confortable. Serait-ce non pas le fauteuil qui me met à l'aise, mais peut-être simplement le fait de me sentir écouté ?

— Rappelez-vous ce qu'on a dit la dernière fois : ne scénarisez pas votre vie. Laissez de la place à l'improvisation. Vous vous dirigez vous-même, comme un réalisateur. Bien que vous puissiez réussir dans certaines situations à gérer votre interprétation, malheureusement vous voyez que cela peut échouer. Et pire, vous êtes chaque fois déçu du jeu des autres. La vie n'est pas un film. Cessez de vouloir tout contrôler à l'extrême. Arrêtez de jouer ce rôle, de quelqu'un d'assuré et d'intouchable, que vous vous imposez.

— Mais c'est mon boulot ! Je suis acteur ! Je dois absolument me perfectionner !

— Non, la perfection n'est qu'une perception créée par votre besoin de contrôle. Soyez vous-même ! Vous venez de me le dire : l'autre après-midi, cette jeune femme vous a déstabilisé et, comme par magie, vous avez donné le meilleur de vous-même. Vous voyez où je veux en venir ?

— Ouais… je soupire.

— Non. Vous ne voyez pas.

La psychothérapeute s'efforce de capter mon attention mais je ne suis plus avec elle. Mon esprit est empli de cette hyperfixation sur ce bout de conversation avec Juliette Park. Je me rejoue encore et encore ce souvenir, comme si je manipulais une station de montage pour retoucher mes propres faits et gestes.

— J'ai eu un blocage. Je me fige dès que je dois lancer une réplique. Je ne pensais pas que ça m'arriverait aussi hors plateau. Je n'avais encore jamais bafouillé à ce point devant quelqu'un. Je suis en train de perdre tous mes moyens !

— À cause de cette jeune femme ? Juliette ?

— Non ! Bien sûr que non ! Elle n'est pas du tout mon genre de femme ! je réplique en grimaçant.

— Intéressante, cette remarque... Quel est votre genre de femme, alors ?

— Quelqu'un de charismatique, avec une forte personnalité, assurée et sérieuse ? j'avance comme s'il y avait une bonne et une mauvaise réponse, et craignant de donner la mauvaise.

— Et comment décririez-vous votre mère ?

— Euh... Forte personnalité, charismatique, chieuse... OK, je vois où vous voulez en venir.

— Jaemin, il faut que vous sachiez qu'on recherche dans nos relations sentimentales ce qu'on connaît de l'amour. Et l'amour que vos parents vous ont donné vous a appris...

— Je ne cherche pas à sortir avec un sosie de ma mère !

— L'absentéisme de votre père, le perfectionnisme de votre mère. Qu'est-ce que cela vous évoque ?

J'enfonce ma tête au creux de mes paumes, tout en lâchant un soupire sonore.

— Que je suis un demeuré !

— Vous n'êtes pas un demeuré... soupire la psy.

— Je suis un putain de demeuré ! je répète en revoyant dans mon esprit la mine boudeuse de Juliette.

Tout ce à quoi je pense, c'est ce moment raté avec elle. La scène était parfaite, le décor incroyable, la lumière douce. Je revois en pensée le tapis rouge sous cette nuit noire, percée par la pluie de l'éclairage urbain. Je fais mine de cadrer avec mes doigts dessinant les contours d'un écran imaginaire.

— Et j'ai tout gâché simplement parce que je n'ai pas su donner la réplique.

— Bon, très bien, passons à autre chose. Vous aviez des angoisses concernant votre passage en direct au *talk-show*. Comment est-ce que vous avez préparé votre interview et…

Je me redresse, colle ma langue à mon palais et corrige ma posture. J'efface toute angoisse de mon visage et affiche un large sourire. J'endosse ce rôle que je travaille depuis toujours, inaccessible et débordant d'assurance, débitant comme si je répondais à Cho Bongjoon dans son *Late Night Show* :

— Je sais, le maquillage était parfait, j'ai demandé la meilleure *make-up artist*. Et mon costume, du sur-mesure, un tailleur italien que je viens de découvrir.

— Je n'ai pas regardé l'émission, confie la thérapeute.

— Vous avez loupé quelque chose. J'ai été… génial ! Je me permets de me féliciter, pour une fois que je fais un sans-faute. J'ai appris une réponse à chaque question susceptible de m'être posée, Yerim et moi avons répété tout l'après-midi et, sincèrement, pour un direct, j'ai été incroyable.

— C'est bien, Jaemin. C'est une bonne chose de vous trouver vous-même à la hauteur. C'est encourageant. Il y a quelques mois, vous n'auriez pas dit ça, vous en êtes conscient ?

— Et vous ? Comment m'avez-vous trouvé ?

— Je viens de vous dire que…

— Mystérieux, n'est-ce pas ? Je sais. N'en dites pas plus, j'ajoute en adressant un clin d'œil mutin à ma psychothérapeute.

Elle rétorque d'un air las :

— Vous n'êtes pas mystérieux, Jaemin. Vous êtes émotionnellement indisponible.

— Bref, j'arrive sur le plateau avant que l'émission commence. Je sais déjà comment je veux que tout s'enchaîne, j'ai révisé mes répliques, je revois les angles des caméras, je travaille ma pose… Et là…

— Jaemin, je voudrais qu'on parle de lâcher-prise, s'il vous plaît… souffle la doctoresse en jetant un coup d'œil à sa montre.

— Je la vois dans le public ! Marina, mon ex ! La folle ! Oh ! Je me suis mis à paniquer, je ne vous raconte pas… Si, je vous raconte.

— Jaemin, le…

— J'appelle la sécurité, je demande à Yerim ce que Marina fout là, je me dis qu'il vaudrait mieux tout annuler et… Pourtant, j'ai envoyé une fiche aux producteurs du *talk*, ils savent que j'ai blacklisté un certain nombre de personnes. Alors pourquoi l'ont-ils laissée entrer ?

— Jaemin ! Stop ! Vous me parlez de quoi ? Pourquoi cette Marina serait folle ? C'est un point de vue clinique que vous avez sur cette femme ou…

— Ah, je ne vous ai pas raconté ?

Elle a ce même soupir blasé que ma mère exhale lorsque je me lance dans un sujet qui me tient à cœur. C'est ce moment fatidique qui m'indique que je dois lever le pied. Or ça n'a pas de sens : la doctoresse me demande d'être moi-même et, lorsque c'est le cas, elle semble aussitôt fatiguée par cette version de moi que je laisse s'exprimer.

— Marina est une journaliste people très… opportuniste. Elle flirtait effrontément avec ma cousine, dans l'unique but d'avoir une entrée parmi le personnel des studios KTV. Lorsqu'elle m'a rencontré, elle a reporté toute son attention sur moi. Vous comprenez, professionnellement parlant, j'étais plus intéressant. Yerim m'en veut encore.

— Jaemin, je voudrais qu'on travaille sur votre notion de contrôle excessif. Ce que vous me dites sur vous, sur ce rôle que vous vous imposez et que vous jouez aux autres. Parlez-moi de ça.

— Eh bien… Oui, je suis obligé, c'est l'une des facettes de mon métier. Si je me montre tel que je suis, personne ne m'acceptera. Pire, personne ne m'aimera !

D'un hochement de tête, la psy m'invite à continuer.

— On va dire que… Je n'ai pas le choix : qui voudrait voir quelqu'un de mal assuré, tremblant, paniqué, prêt à chialer à l'écran ? Personne ! Ce n'est pas glamour, ce n'est pas digne du septième art.

— Vous me dites que vous n'aimez pas vos réactions face à la pression de votre métier ?

Je roule des yeux et affiche une mine déroutée comme si elle pointait une évidence qu'il était inutile de verbaliser.

— Enfin, je ne peux pas me permettre d'apparaître comme ça, timide et réservé ! J'ai une image de… de…

Je bégaie sans réussir à mettre les mots sur cette idée abstraite que j'ai d'un artiste. Je n'arrive même plus à expliquer ce que j'aimerais que les autres voient en me regardant jouer. Je me mets à taper frénétiquement du pied et à triturer le cuir des accoudoirs.

La psy note tout un tas de trucs sur sa tablette.

— Une image de quoi ? relance-t-elle après un court silence.

— Je n'en sais rien ! je m'agace.

— Le choix de vos mots est très intéressant. Une « image », un « rôle », des « répliques ». Votre vie tourne autour des tournages. Vous en avez conscience ?

Je hausse les épaules. Évidemment que j'en ai conscience : j'ai toujours été obsédé par les films, les séries et l'univers audiovisuel.

— La question que je me pose, c'est : est-ce que c'est votre choix, cette passion ? Ou bien est-ce qu'inconsciemment vous avez assimilé l'obsession de vos parents pour ce monde ?

Elle me cherche, elle va me trouver ! Hélas, un léger carillon retentit. C'est signe que notre séance est finie.

— Très bien, Jaemin, on va s'arrêter là pour aujourd'hui. C'était très intéressant et on a pas mal de pistes à explorer pour la prochaine fois. D'ici là, je voudrais que vous réfléchissiez à ce sentiment de lâcher-prise qui vous fait terriblement défaut. Jaemin, je vous donne un exercice : tâchez de vous montrer plus vulnérable, ces prochains jours. Défaites-vous de ce costume d'acteur intouchable.

— Quoi ?! Non !

— Petit à petit, avec une personne en qui vous avez confiance. Peut-être quelqu'un avec qui vous avez déjà exprimé une certaine fragilité...

Elle m'observe en chien de faïence, et peu à peu, un air de défi se dessine sur son visage.

— Je pensais à cette... Juliette, c'est ça... fait-elle en relisant ses notes.

Je secoue la tête à m'en faire craquer la nuque et je commence à avoir la tête qui tourne.

— Allez-y petit à petit. Je ne vous demande pas de mettre à nu vos sentiments et de vous...

— Je ne peux pas ! Non ! je refuse catégoriquement.

— Très bien. C’est vous qui voyez. On reparlera un peu plus en détail de ce besoin de contrôle lors de notre prochaine séance. La semaine prochaine, même jour, même heure. (Elle tend la main vers le terminal bancaire.) Vous réglez par carte ?

SCÈNE 11

Juliette

— Allez, dis oui ! m'implore Seulgi.

— On va se prendre un blâme, j'objecte. Encore un, et je vais me faire virer.

— Mais non ! On y va pendant la pause déjeuner ! Ils proposent une visite guidée qui dure pile une heure. On s'achète des onigiris[7] à la cafétéria, on mange durant le circuit et hop ! ni vu ni connu, on est de retour pour le boulot. Allez, dis oui !

Après la débâcle de la semaine dernière, je préfère faire profil bas. Je ne vais pas mettre en péril tout ce pourquoi j'ai travaillé pour une simple visite.

— Ils ont remonté les décors du film *Valentine's Night*, argue Seulgi. On peut se promener dans le loft du personnage de Sarah Kang et voir toute sa gar…

Elle n'a pas eu le temps de finir sa phrase que j'ai dit oui. Avec enthousiasme et impatience. Après tout, on ne risque rien.

---

7. Préparation culinaire japonaise composée d'une boulette de riz entourée d'une algue nori.

C'est ainsi qu'on se retrouve assises sur la large banquette du dernier wagon d'un mini-train. Seulgi croque à pleines dents dans ses boulettes tandis que je n'ai même pas encore ouvert le *kimbap*[8] végétarien qui se réchauffe entre mes mains.

Le long véhicule remonte l'avenue principale des studios KTV, en roulant lentement et sans un bruit. Après avoir laissé monter plusieurs groupes de touristes, les wagons sont pleins.

— Ça va pas, Juliette ? s'enquiert Seulgi, la bouche pleine, dissimulée derrière sa main.

— Si, si… je soupire.

Je n'ai pas l'énergie de cacher que j'ai le moral dans les chaussettes. Ça ne me ressemble pas, moi qui cherche avant tout à mettre à l'aise ceux qui sont en ma compagnie, de crainte de voir fuir les rares amis que je pourrais me faire.

Me reprenant aussitôt, j'affiche un sourire forcé et je lance :

— Si, si ! Tout va b…

— Arrête. Pas avec moi, Juliette. Dis-moi ce qui t'arrive, me coupe Seulgi, la mine froncée.

Je me fige de surprise. Pendant une seconde, je suis blessée par la vivacité de son ton, avant de me rendre compte qu'elle s'inquiète sincèrement pour moi. Je suis tiraillée entre le sentiment d'horreur que me procure l'idée d'affecter autrui et le réconfort de comprendre que quelqu'un se soucie de moi.

— Je… Je ne sais pas trop…

---

8. Encas avec du riz enroulé dans une feuille d'algue séchée, garni de légumes, de viande ou autres.

— Ne me mens pas. Je sais que tu mens parfois. Tu mens super mal, Juliette. Il se passe un truc… Je comprendrais que tu n'aies pas envie d'en parler, ou plutôt de m'en parler, parce qu'on ne se connaît que depuis quelques semaines, ajoute-t-elle d'une voix plus douce, recouverte par moments par le discours préenregistré émanant des haut-parleurs du train. Mais j'insiste : tu peux me dire ce que tu as sur le cœur.

— Mes cours avec Nanette de Valmy sont horribles… Sooyoung est un connard. J'ai menti à mes grands-parents, ils croient que je fais des études à l'université de droit.

Elle roule des yeux ronds.

— Merde ! Je pensais que tu m'en voulais encore pour ce qu'il s'est passé avec le fou furieux et son bouquin.

Elle semble rassurée, tout à coup. Puis elle grimace, le front plissé, en braquant un regard inquisiteur sur moi.

— Attends, quoi ? T'as menti à tes grands-parents ? Tu veux dire à ta mamie, celle qui hait les studios parce qu'ils ont rasé le quartier de son enfance ?

Je hoche la tête lentement.

— Merde… répète-t-elle.

— Si elle découvre le pot aux roses, je vais me faire enguirlander. Ou pire… Sans parler de mes parents qui comptent sur moi pour avoir mon diplôme.

— Je n'aimerais pas être à ta place… Et tu penses faire quoi, maintenant ?

Je hausse les épaules, laissant mon regard dévier vers le paysage qui défile. Je n'ai jamais vraiment réfléchi aux conséquences de mon mensonge. Et voilà que l'angoisse commence à me ronger les tripes. Je ne veux plus y penser, je voudrais oublier tout ça et vivre comme si de rien n'était.

— Moi qui pensais que t'étais une nana sans histoires, discrète et un peu paumée.

— Bah, merci, Seulgi ! C'est gentil ! je m'écrie, offensée.

— Non ! Pardon… Ah, tu me connais, je dis ce que je pense. Je suis sans filtre… Désolée, Ju, je ne voulais pas te blesser, lâche Seulgi.

Elle est sincèrement navrée, je le sens.

— Ravie de ne pas être la pauvre fille que tu pensais, je renchéris avec un clin d'œil.

— Désolée…

— Je te fais marcher… Je t'avoue que, en ce moment, j'aimerais bien être une fille sans histoires… C'est le comble, pour une scénariste, non ? j'ajoute avec un grand sourire.

Mon cœur est étrangement plus léger. C'est à ça que ressemble l'amitié ? Pouvoir se confier et se sentir moins seule, le temps d'un échange ? Je prends conscience que je n'ai jamais eu de vrais amis, sur qui je pouvais compter.

— Et sur votre droite, *ladies and gentlemen*, une reproduction grandeur nature du sommet de la tour Eiffel, utilisée il y a deux ans dans *La Tour infernale*, une production des studios KTV qui a connu un immense succès en France ! Environ trente pour cent des projets sont diffusés à l'étranger. Avant que les studios n'ouvrent ici, les tournages avaient lieu dans des studios excentrés et vieillissants de la capitale. On faisait appel à différents prestataires pour assurer la postproduction, s'occuper des costumes, élaborer les bandes-son. Désormais, tout est géré sur place par un personnel employé à l'année. Nous n'allons pas tarder à passer devant les locaux des scénaristes !

— Oh, mon Dieu ! je m'écrie, tout enjouée.

Les touristes assis devant nous se retournent pour me jeter un regard surpris. Une famille avec deux enfants dans la dizaine roulent des yeux circonspects, sans cesser de mâcher les chips qui maculent leur bouche d'une couleur sanguinolente. J'ai un retour aigre de mes années à l'école, de nouveau jugée et moquée par des gamins. Je suis la seule aussi excitée de voir des gens dont le boulot consiste à taper sur des claviers d'ordinateur.

— Une partie des studios est encore en construction. Pour le moment, les scénaristes ont pour bureau les décors qui serviront certainement aux productions sur lesquelles ils travaillent.

— C'est incroyable ! je souffle, les yeux brillants.

— Mais je sais ce que vous attendez toutes et tous avec impatience ! Les actrices et acteurs en chair et en os, et en pleine action. Et peut-être qu'avec un peu de chance, nous apercevrons les stars qui sont en train de tourner *Gods in Hell* !

Tous les passagers, moi comprise, se pâment de joie. Toute occasion de croiser Sarah Kang est une bénédiction. Alors que le train s'engage dans une rue aux allures de banlieue aisée américaine, un décor reproduit à l'identique jusque dans les lampadaires qui sont fonctionnels, les hourras fusent dans les airs et tout le monde applaudit.

Surprises par ces acclamations, deux jeunes femmes qui traversent la rue saluent les touristes avec des sourires ténus et des gestes discrets. Elles portent chacune un café et un ordinateur portable sous le bras, les yeux injectés de rouge et des cernes violets qui soulignent leur regard.

— Des scénaristes ! Ce sont de vraies scénaristes ! je m'exclame, émerveillée.

— Elles sont exténuées. Regarde leurs mines fatiguées. On croirait qu'elles sont maquillées pour jouer dans un film d'horreur ! commente Seulgi.

Insouciante, je secoue la main dans la direction des deux autrices, m'imaginant marcher à leurs côtés, mon portable empli des textes que je vais proposer durant les tables rondes, l'air aussi éprouvée par ce métier mais le sourire inébranlable. C'est une douce piqûre de rappel que m'offre cette vision : je ne dois jamais rien lâcher, je dois toujours y croire. Les plus belles choses arrivent à ceux qui travaillent dur.

— C'est des conneries, assène Seulgi.

— Quoi ? dis-je, interloquée, sortie de mes rêveries.

— Ce qu'ils racontent aux touristes, fait-elle en montrant du menton le haut-parleur au-dessus de nos têtes. D'après eux, ils peuvent réduire le temps de préproduction, de production et de postproduction grâce au fait que tout est fait sur place. Au lieu d'attendre un an, ils arriveraient à prévoir la sortie des dramas à grosse production trois à six mois après le tournage de ces derniers… Mais tout ça, c'est des conneries.

Je pince les lèvres tout en l'observant d'un air étonné.

— Bah oui. J'ai discuté avec un gars qui bosse à l'étalonnage. Jamais les équipes ne pourront tenir les cadences imposées. Sans compter qu'il y a beaucoup trop de facteurs aléatoires qui entrent en ligne de compte : les réécritures de dernière minute, les problèmes de rush, les acteurs qui se blessent…

— Mais ils font déjà la promo du drama, j'argue.

— Ouais, c'est pour mettre la pression aux employés ! En plus, les managers sont des salauds.

Effectivement, notre cheffe est la première que j'affublerais de ce qualificatif. C'est impressionnant comme Seulgi est au courant de tout. Elle a la discussion facile et l'air toujours abordable. J'essaie d'emprunter sa mine joviale et son air désinvolte à chaque interaction sociale. Mais je suis crispée de nature, et mon visage se tord dans des expressions incongrues. Décidément je ne suis pas aussi sociable que j'aimerais l'être.

— D'ailleurs, en parlant de drama, où en sont tes cours d'écriture créative ? renchérit Seulgi comme si j'étais en train de penser à haute voix. Qu'est-ce qui ne va pas avec ta prof ?

Je soupire bruyamment.

— Ah oui, à ce point-là ! ricane-t-elle.

— Le problème, c'est... Elle me fait des remarques... déstabilisantes, concernant mon travail. Et elle n'a pas tort : je manque de crédibilité, mes points de vue sont niais, j'ai une vision stéréotypée des gens...

— Une autre vieille conne... fait Seulgi, devinant que j'hésite à poursuivre.

— Et elle se tape Sooyoung.

— *Whaaat ?* s'étrangle Seulgi. Mais c'est ton copain !

— Non. J'ai menti, je confesse d'une petite voix.

— Je le savais. Je n'ai pas osé t'en parler, je voyais que ça te mettait mal à l'aise.

— Y a eu un truc entre nous.

— Un coup d'un soir, c'est ça ?

Je gronde en silence, stupéfaite qu'elle ait compris aussi facilement.

— Il t'a fait croire que quelque chose était possible entre vous. Et il te garde sous le coude au cas où il s'ennuie. Il ne répond jamais à tes messages, reste distant quand il y a du monde et dès que vous n'êtes plus que tous les deux, il se comporte comme si tu représentais tout pour lui ?

Je hausse les épaules, ravalant quelques larmes qui menacent de couler. Je me sens pitoyable, tellement naïve.

— Hé... Tu n'as pas à te faire de reproches... Ça m'est arrivé, à moi aussi, et ça m'arrivera hélas peut-être encore. On n'est pas à l'abri d'un connard ou d'une connasse sans cœur.

Elle a passé un bras autour de mes épaules. Je n'aime pas la sensation de nos peaux qui se touchent ; c'est un réflexe chez moi : la proximité me révulse. Et en même temps, ce geste m'émeut. Comme si Seulgi m'apportait en cet instant pile ce dont j'avais besoin : une simple marque d'attention. Je ne le réalise que maintenant car c'est une habitude que je n'ai pas prise étant gamine. Personne n'est très affectueux dans ma famille.

— Oh ! Regarde ! On voit le temple maudit du film *Les Poignards dansants*, m'indique Seulgi.

— ... car la plupart des paysages des studios KTV ont été retrouvés, reconstruits ou remis à neuf pour servir à de nouveaux projets. Ici, rien ne se perd et tout est réutilisé, explique la voix diffusée par les haut-parleurs du train.

Les touristes mitraillent la scène avec leurs appareils photos ; quant à moi, je reste plutôt insensible à ces commentaires préenregistrés, qui sont parfois entrecoupés de remarques de notre guide, installée au volant du véhicule. Je n'attends qu'une seule chose : l'arrêt prévu où les groupes sont autorisés à descendre du train et à se promener dans les décors.

— On vient de m'annoncer que notre prochain arrêt est fermé pour cause de… la guide hésite.

— Oh ! Ce serait bien à cause d'une manif des gars qui bossent en post-production. J'ai entendu parler de début de mouvement social dans certains blocs des studios… lance Seulgi, la mine froncée.

— Nous ne pourrons pas visiter les décors new-yorkais ni la reconstruction du loft de *Valentine's Night*, annonce soudain la conductrice.

Aussitôt, je tire une tête de six pieds de long, et ma comparse affiche un air désolé. Dans les wagons se propage une vague de contestations.

— Mais pour rappel, nous allons passer devant le hangar A, où les équipes de *Gods in Hell* sont en train de tourner ! Mesdames et messieurs, je vais vous demander de ne pas descendre du véhicule en marche et de respecter le silence à l'abord des plateaux de tournage. Il est interdit de filmer ou de photographier les acteurs, je vais donc vous demander aussi de ranger vos appareils. Merci de votre compréhension.

Le train accélère, retrouvant les allées larges et goudronnées serpentant entre les hangars. C'est comme si nous plongions dans un autre monde : fini, les façades exotiques ou les constructions d'un autre siècle. Nous sommes de retour dans un cadre moderne.

Je croque machinalement dans mon *kimbap*. Que l'objectif principal de la visite m'ait filé sous le nez m'a fait perdre l'appétit, mais je me force ; manger m'aide à noyer ces émotions noires qui tournoient en moi.

— J'en suis sûre à présent, elle m'a ghostée… soupire Seulgi en consultant son téléphone.

Je lui lance un regard interrogateur.

— La fille que j'aimais bien. Celle avec qui je suis allée boire un verre la semaine dernière.

— Tu es belle, intelligente et drôle. Tu vas crouler sous les rencards dans peu de temps, et tu vas te plaindre parce que tu ne sauras plus où donner de la tête ! je réplique en tentant de faire un clin d'œil, ce qui lui arrache un éclat de rire.

— Merci de garder les mains et les pieds à l'intérieur du véhicule. Je vous rappelle qu'aucun appareil d'enregistrement n'est autorisé, les photos et vidéos sont interdites dans cette zone. Nous voilà dans le bloc A, mesdames et messieurs. Sur votre droite, le premier hangar monté dans les studios KTV. En ce moment, nous tournons le drama *Gods in Hell* avec en têtes d'affiche Sarah Kang et Lee Jaemin. C'est le *spin-off* de la première saison de *Demons in Paradise*, dont la deuxième saison sera elle aussi tournée dans les studios.

Le public bout d'impatience, je sens l'effervescence contenue dans les regards et les discussions qui fourmillent à voix basse. Les passagers piaillent dès qu'une silhouette traverse l'avenue, avides d'apercevoir une célébrité.

Soudain, un détail capte mon attention alors que j'observe un groupe de techniciens dévorant leur repas du midi sur le pouce, calés sur les marches d'un hangar.

— Tiens, c'est étrange… Leurs boîtes repas ressemblent aux emballages que mamie utilise pour ses plats à emporter.

J'ai dû rêver. Rien que l'idée que ma grand-mère s'acoquinerait, commercialement parlant, avec les studios, est absurde. Je ne connais que trop bien son aversion pour tout ce qui touche de près ou de loin à KTV. Mais ses petits plats me manquent et le *kimbap* de la cafétéria n'est pas le meilleur que j'aie eu l'occasion de manger.

— Oh, mon Dieu ! Mesdames et messieurs, à votre gauche, nous avons un acteur majeur de *Gods in Hell* : Lee Jaemin en personne !

Dans le mini-train, c'est l'émoi. Comme une vague qui déferle sur le rivage, tous les passagers plongent vers la rambarde bâbord. Je sens le mouvement faire tanguer les suspensions.

— Silence, s'il vous plaît ! Veuillez garder les mains et les pieds à l'intérieur du véhicule ! Les enregistrements sont interdits. Merci de votre coopération, rappelle la guide d'une voix ferme.

Jaemin…

Je le cherche du regard avec le même empressement que les touristes. Et je l'aperçois enfin. Une tache rouge dégoulinante entourée de trois autres silhouettes. Je reconnais sa manager, vapotant avec désinvolture. Les deux autres sont visiblement des *make-up artists*, qui remettent en place ses mèches de cheveux collantes de faux sang. On dirait qu'il s'est baigné dans une rivière d'hémoglobine.

Lorsque le train s'approche, je vois qu'il semble épuisé. Le gobelet qu'il tient entre ses doigts tremble par intermittence. J'éprouve alors un élan de pitié envers lui. Il a l'air dépité, comme s'il avait réellement bravé les flammes de l'enfer pour commander son café.

C'est alors qu'il remarque tous les passagers à bord du mini-train qui le saluent avec de grands gestes. Il capte les regards admiratifs, surprend quelques sifflements fascinés et réagit par une révérence qui fait chavirer ses fans. Arborant une moue charmeuse, il envoie des baisers du bout des doigts aux spectatrices, conquises.

Le train poursuit sa route devant Jaemin, statique, qui observe passer notre convoi. Tout à coup, son regard croise le mien et ne le lâche pas. Tandis que nous nous éloignons, je le vois se tordre la nuque pour me suivre des yeux.

— Tu le connais ? s'étonne Seulgi.

— Non… je soupire comme si j'avais dit oui.

— On dirait que tu lui as tapé dans l'œil ! Regarde-moi ça… C'est presque indécent, sa façon de te fixer !

Je hausse les épaules, consciente que je fais de même, sans lâcher Jaemin des yeux une seule seconde. Je m'accoude à la rambarde arrière du wagon, à moitié retournée, pour l'observer disparaître au loin.

C'est alors que je lis sur son visage une expression bizarre : un relent de regret, un soupçon d'hésitation et finalement, un sursaut d'impétuosité.

— Mais qu'est-ce qu'il fait ! je m'écrie, interloquée.

SCÈNE 12

Jaemin

J'avais tant besoin de ça, d'applaudissements et de louanges de fans. Je pourrais vite m'y habituer, car la joie intense que cela m'a procuré a balayé sur-le-champ toutes les émotions négatives causées par la fatigue.

On a démarré ce matin à quatre heures, et c'est comme ça depuis le début de la semaine. J'ai enchaîné des journées de quatorze heures sans broncher et la fatigue commence à se faire sentir. Je ne rêve que d'une chose : aller dormir. Sans parler du fait qu'on était en train de tourner une scène de combat des plus complexe, mêlant cascades, chorégraphies de combats et maquillage encombrant. La pause entre deux plans s'éternisait quand, soudain, ce mini-train est apparu et je me suis rappelé pourquoi j'endure tout ça : pour l'amour des spectateurs, pour cet émerveillement qui fait briller leurs yeux. Pendant une minute, je suis devenu le centre du monde et il n'y avait rien de plus fabuleux sur terre.

Et alors, j'ai croisé son regard. *Juliette.*

Je l'ai reconnue aussitôt. Je ne pensais pas la recroiser dans l'immensité des studios. Encore moins après le camouflet que je lui ai infligé la semaine dernière.

Elle me fusillait de ses yeux noirs. Elle me déteste, j'en suis certain. J'ai ravalé ma salive douloureusement, je ne pouvais la lâcher du regard. Il fallait que j'en aie le cœur net, il fallait que je mette les choses au clair.

Alors je me suis élancé à la poursuite du train.

Dans mon dos, j'entends Yerim hurler de sa voix grave, s'étouffant presque avec la fumée de sa vapoteuse :

— Eh ! Tu vas où ? Tu fais quoi ? Jaemin ! La cheffe *make-up* va te tuer !

Je ne réponds pas. Le véhicule roule au pas mais il est déjà loin et il commence à accélérer. Je sens la transpiration couler sous mes vêtements. Je m'essouffle, manque de m'affaler en me prenant les pieds dans mon costume.

Les applaudissements reprennent de plus belle. Les passagers m'encouragent d'une seule et même voix. Je tends un bras et j'attrape la rambarde. Dans un ultime effort, je me hisse dans le train.

— Juliette… j'expire, hors d'haleine.

Elle et la jeune femme assise à côté me dévisagent, estomaquées. Les hourras retentissent dans le wagon, une salve d'applaudissements salue mon exploit. Juliette, elle, s'est collée à l'autre bout de la banquette, et son amie roule des yeux, une main sur la bouche.

Je suis en train de coller du faux sang partout. Tous les regards sont rivés sur moi. Je comprends tout juste l'erreur que je viens de commettre. Encore une fois, je me suis emballé et j'ai foncé tête baissée. Je ne sais même pas quoi dire.

— J'effectue toutes mes cascades en personne ! je lâche.

Au bout d'une éternité, Juliette hoche la tête.

— D'accord ! Waouh… bredouille-t-elle.

Son regard se déporte vers les passagers alentour qui nous fixent avec insistance. Personne ne veut perdre une miette de ce qui se trame. Mince, encore une idée de génie que je viens d'avoir. Juliette semble être quelqu'un de discret et moi je la projette sur le devant de la scène avec mes singeries. Tout à coup, son amie lance joyeusement :

— C'est génial, vous êtes génial. On voit votre tête partout en ce moment dans les studios. Vous êtes Lee Jaemin, n'est-ce pas ? Je m'appelle Seulgi.

— Oh, je connais Juliette ! Je voulais justement lui parler ! je réplique, à bout de souffle.

La dénommée Seulgi jette un regard de biais à celle que j'ai poursuivie chevaleresquement. Je me dois d'éclaircir le contexte ainsi que mes motivations :

— Je voulais m'excuser... Pour l'autre jour, concernant ton invitation, il y a eu un... malentendu. Je voulais accepter, avec plaisir ! Bref, Juliette, on va boire un verre ?

— Oh, je... ne m'attendais pas à ça ! rétorque-t-elle, l'air confuse, son regard allant et venant entre moi et Seulgi.

— Je m'excuse. Je m'impose, peut-être vaudrait-il mieux en parler à un autre moment, avec moins de... public... dis-je en captant les saluts incessants qui se propagent entre les différents wagons.

Juliette hoche la tête, pétrifiée, jouant nerveusement avec l'ourlet de son tee-shirt.

Tout à coup, le train freine, mes vêtements crissent sur le cuir de la banquette et je manque d'être projeté hors du train. Juliette m'attrape d'une main pour me retenir, avant de grimacer, dégoûtée par la texture poisseuse du faux sang qui reste collée sur sa paume.

— À quoi tu joues, Jaemin ? tonne Yerim, qui a fini par nous rattraper. Descends de là tout… Oh…

Son regard furibond s'efface lorsqu'elle aperçoit la jeune femme assise près de Juliette.

— Oh… soupire Seulgi en retour. Salut.

— Salut.

Un drôle de silence s'éternise.

— Lee Jaemin, je t'aime ! s'exclame une voix stridente à l'autre bout du train.

— OK ! Descends de là ! On a du boulot. Allez, allez ! me lance Yerim d'un ton infantilisant.

Je n'ai pas toutes les cartes en main, mais je sens qu'il se trame quelque chose car elle fuit le regard de Seulgi. Ma cousine m'agrippe par le col et me tire hors du véhicule avant que j'aie pu enquêter. Puis elle m'assomme de remontrances comme si j'étais un gosse pris en flagrant délit de vol.

— Juliette ! je m'écrie en me retournant vers le train qui a redémarré. On se capte un de ces quatre ! Et c'est moi qui paie ! Le verre, c'est ce que je voulais dire, hein ! Je t'invite ! C'est ce que je n'ai pas eu le temps de dire avant que… La dernière fois…

— OK, elle a compris. Allez, allez ! On y va.

SCÈNE 13

Juliette

— On dirait bien que la fille qui n'avait plus de secrets a encore des secrets… N'est-ce pas ? murmure Seulgi à mon intention avec un sourire en coin.

Elle ouvre la porte du hangar des costumes et accessoires dans un grincement sonore. L'écho se répercute à l'intérieur, entre les allées.

Les mains couvertes de sang factice, je tends les paumes en l'air pour éviter de salir ce que je touche. Seulgi me donne un vieux chiffon qui nous sert à faire les poussières, et elle renchérit :

— Allez, avoue ! Tu fais du gringue à un jeune acteur plein de charme et de…

— Arrête… Je t'ai déjà dit que ce gars me fait marcher. Il a un problème, c'est sûr.

— Le seul problème qu'il a, c'est qu'il n'a pas ton numéro de téléphone ! Pourquoi est-ce que tu ne le lui as pas donné ?! s'enflamme Seulgi.

J'ai beau répéter ça depuis dix minutes, elle ne lâche pas l'affaire. Moi non plus, je ne comprends toujours pas ce qu'il vient de se passer : pourquoi Lee Jaemin a-t-il sauté dans ce train en marche juste pour m'inviter à boire un verre ?

De toute façon, c'est trop tard. S'il y a bien une chose à laquelle je me refuse, c'est de lui donner une deuxième chance. Me prendre un vent a été trop douloureux et difficile à digérer. À présent, j'accepte le fait que je ne puisse pas plaire à tout le monde. Qu'il garde sa pitié, je n'en veux pas.

— Marylou ! Marylou ! Où est-ce que tu te caches, Marylou ? crie une voix depuis les abîmes consciencieusement agencés du hangar.

Décidément, personne ne prend au sérieux le panneau à l'entrée : « Défense d'entrer, réservé au personnel autorisé ». La voix qui nous parvient aux oreilles n'est pas celle de notre cheffe adorée. Cependant, elle ne m'est pas inconnue.

J'échange un regard ennuyé avec Seulgi. Est-ce qu'il va encore nous falloir parlementer avec un fou furieux ? Soudain, une silhouette émerge d'une allée. Élancée et gracile, elle porte un simple survêtement gris ; pourtant le rendu sur elle est incroyable.

— Mon Dieu ! Sarah Kang !

Je me suis entendue aboyer son nom, qui retentit en écho dans l'immensité du hangar. Je tremble sur place, incapable du moindre mouvement, prise de vertiges.

Elle s'approche en effectuant de grandes enjambées. Son visage est fermé en une expression acerbe, son regard est farouche. Mon cœur s'emballe, mes jambes flagellent sous le coup de la surprise.

— Avez-vous vu Marylou ? nous interroge-t-elle en se plantant devant nous.

La grande Sarah Kang me fait face. Elle me parle. Elle me voit.

— Je… Je… Je suis Juliette ! je lâche, ébaubie.

Elle me jette un coup d'œil confus. Puis ajoute :

— Marylou, un magnifique petit chihuahua, la robe beige, le poil court et le bout de la queue gris. Elle n'aboie jamais, c'est un amour. Ah oui, et elle porte un collier en diamants.

— Désolée, madame Kang, on vient tout juste de rentrer de notre pause déjeuner. On n'a pas vu de chien, répond Seulgi d'une voix suave.

Elle fait danser ses cils sur un regard de braise. Je sens le temps s'écouler différemment. Non pas plus lentement ni plus rapidement, il s'égrène plus grassement, comme si ses engrenages étaient embourbés dans de la mélasse poisseuse.

Oh, c'est une jolie formule. Je retiens l'envie de sortir mon carnet et de noter cette idée qui sinue dans mon esprit et se dirige hélas rapidement vers la porte de sortie, au risque que je l'oublie à tout jamais.

— Engrenages gras, engrenages gras… je répète à voix basse en fixant le sol.

— Pardon ? demande Sarah Kang, la mine froissée.

— Non, je…

— Elle travaille sur son scénario, elle a des idées qui lui viennent comme ça. Elle sera une grande scénariste, un jour, j'en suis certaine. J'ai le don pour détecter ça chez les autres… souffle Seulgi.

— Un scénario ? Eh bien… Bonne chance alors ! lance Sarah Kang sur un ton que je juge peu sincère.

Mon cœur se brise un peu. Juste assez pour que j'en perde un éclat dans cet instant douloureux. Sarah Kang est totalement désintéressée par ma petite personne. Je reprends conscience tout à coup. L'inverse aurait été surprenant.

Je tremblote, alors que mon esprit s'entrechoque contre les parois de mon crâne. Je me racle la gorge pour articuler d'une voix limpide :

— Marylou, vous avez dit ?

— Elle est toute ma vie ! Je la considère comme mon enfant. Je l'ai laissée dans son panier ce matin en disant à mon assistante de la surveiller. Mais cette incompétente l'a perdue de vue ! Ça fait deux heures que je la cherche. Les studios sont immenses et…

— Madame Kang ! Madame Kang, vous êtes attendue sur le plateau. Le tournage prend du retard, nous ne pouvons pas attendre plus longtemps, signale un assistant de production, affolé.

— Et moi, j'ai perdu mon trésor ! s'époumone-t-elle comme si personne ne comprenait ce qu'elle disait.

Elle paraît esseulée, loin de l'image de la superstar qu'elle renvoie habituellement. Je me retiens de la prendre dans mes bras. Moi qui ne suis pas du tout tactile, paradoxalement, pour elle, je suis prête à faire une exception.

— Elle est la prunelle de mes yeux ! Si jamais vous l'apercevez, prévenez-moi. Je vous en serai à jamais reconnaissante.

Sa voix grave est chantante, et malgré la tristesse qui perce dans ses intonations, je trouve ces sons d'une beauté hypnotique. Sarah Kang s'approche et attrape mes mains entre ses doigts. Le contact de sa peau me fait frissonner. Je m'agrippe à elle en retour.

— Comment vous appelez-vous ? me demande-t-elle avec un air éperdu.

— Juliette…

— Ah oui, Juliette la scénariste. Juliette, si vous me ramenez Marylou, je vous serai éternellement redevable.

— Madame Kang… insiste l'homme derrière nous.

— Oui, j'arrive ! peste-t-elle.

J'ai l'impression d'être en train de rêver, mes jambes chancellent et, si cela s'éternise, je vais avoir des remontées gastriques et mon haleine va commencer à sentir le rat crevé.

— « Éternellement redevable »… je répète, interloquée.

Je ne m'aperçois pas qu'elle a lâché mes doigts. Elle s'éloigne, et le bruit de ses pas s'élève dans l'atmosphère.

— Je compte sur vous, Juliette ! dit-elle encore une fois.

C'est la dernière chose que j'entends. Je reste là, les bras ballants. La porte se referme et les ombres investissent de nouveau le hangar.

Je ne sais pas combien de temps s'est écoulé. Mon corps s'est mis en mode autopilote. Seulgi me parle, je réponds. J'entends ma boss gronder, j'acquiesce et m'excuse. Mon ventre gargouille, je n'ai pas assez mangé ce midi.

— Hé, tu m'écoutes quand je te parle ? lance Seulgi depuis le sol.

Alors que je me tiens sur une plateforme à plus de deux mètres de hauteur, inventoriant une étagère de casques militaires, mon regard dégringole vers le bas. Le vertige me serre le ventre et ma vision se trouble. J'ai l'impression d'avoir le cerveau coincé dans une bulle, et je finis par m'asseoir.

— Juliette ? Ohé ! Alors, tu vas me répondre ? s'impatiente Seulgi en secouant l'escalier métallique sécurisé.

— Oui ! Non… Quoi ? Arrête, j'ai le vertige ! je gémis en m'agrippant à la rambarde.

J'ai horreur de me retrouver perchée en altitude, d'autant plus sur cette structure branlante et mouvante. Heureusement, j'ai mis le frein qui empêche les grosses roues de bouger, mais Seulgi a de la force.

— Qu'est-ce que tu veux ? je réplique un peu sèchement, angoissée qu'elle s'amuse de nouveau à faire tanguer ce navire de fortune.

— J'arrive ! dit-elle en montant les marches deux par deux.

Je m'agrippe plus fort encore, fermant les yeux et essayant de m'imaginer sur la terre ferme. Seulgi saute à pieds joints près de moi sur la plateforme, juste assez large pour accueillir deux personnes. Toutes deux juchées sur notre tour de guet, nous bénéficions d'une vue sur toutes les allées. Nous nous tenons silencieuses entre les étagères gigantesques encombrées de boîtes et d'objets disparates au beau milieu d'un capharnaüm ordonné. Un peu comme on observe la mer de la proue d'un bateau.

— Faut que je le note…

— Quoi donc ?

— La mer… Comme… Laisse tomber. Tu me demandais quoi ?

— Lee Jaemin ! Raconte-moi, je veux tout savoir. Tu ne m'as pas lâché un seul mot sur ce qu'il s'est passé entre vous !

— Il ne s'est rien passé… je soupire.

Mon regard se perd dans l'océan d'étagères. Je pose à côté de moi l'iPad qui nous sert à enregistrer les objets et à cataloguer les accessoires dans la base de données de KTV. Je n'ai plus la tête à répertorier quoi que ce soit.

— Évidemment qu'il s'est passé quelque chose. Il t'a littéralement couru après. Ou du moins après ton train.

— Il se fout de moi. Dossier classé. Passons à autre chose.

— Pourquoi est-ce que tu dis ça ? demande Seulgi, le front plissé.

Je hausse les épaules, la mine rabougrie, faisant non de la tête sans trouver comment formuler ce sentiment qui me harcèle depuis tant de temps.

— L'amour et moi, c'est… compliqué. J'ai du mal à croire que quelqu'un puisse penser de moi « Je l'aime bien » et encore plus tomber amoureux de moi… Ça me paraît inconcevable. Tu vois, l'amour, pour moi, c'est comme le père Noël : j'aimerais y croire mais… ce n'est qu'un conte de fées, une histoire qu'on raconte aux enfants.

— Quoi ? Mais c'est débile ! Et complètement faux, proteste Seulgi.

— Lee Jaemin est une future star des écrans. Qu'est-ce qu'il pourrait me trouver, à moi, une petite accessoiriste ? Je n'ai rien de spécial, même pas de talent pour écrire… je rétorque avec une boule dans la gorge.

C'est à ce moment-là que les gens veulent se montrer sympas. Ils me complimentent, disent que j'ai un joli visage, de beaux cheveux et une personnalité pétulante. Je n'en crois pas un mot, je dis merci mais j'ai juste envie de les contredire. Ils ne voient pas à quel point tout est compliqué dans ma petite tête. Et à quel point tout me terrifie, que la moindre émotion me retourne le bide.

Seulgi ne dit rien. Elle s'affale dos à la rambarde, imitant ma posture avachie, reproduisant ma mine dépitée.

— Je comprends, murmure-t-elle. J'ai souvent cette sensation… Quand je suis en couple, j'ai le sentiment bizarre d'être la seule à savoir aimer.

Je laisse une seconde passer, et soudain les mots me viennent sans que j'aie à leur courir après :

— C'est comme si les autres ressentaient les choses à travers des verres de mauvaise qualité, alors que moi je conçois les émotions en haute définition. Je vois les textures de la tristesse, la luminosité de l'amour, les contrastes de la mélancolie…

— Oui ! C'est exactement ça ! lâche Seulgi en se redressant.

Je reste un instant sans rien dire, et nous partageons ce silence comme s'il était sacré. Je sors mon calepin hors de la poche arrière de mon jean. Un vieux bloc-notes usé dont la reliure se déchire tout autant que la couverture. Ce n'est pas grave, il est bientôt terminé, j'ai noirci quasiment toutes les pages d'une encre aussi sombre que mes pensées.

Ma chère collègue m'a l'air décidément bien triste. Je remarque, pour les avoir beaucoup pratiqués, ce genre de regard fuyant et ces soupirs discrets. On ne peut pas dire que j'excelle dans l'art de cacher la mélancolie, mais quant à la reconnaître… Et pour une fois, je relie les points entre eux…

— Tu la connais… la manager de Jaemin, n'est-ce pas ?

Seulgi ne répond pas. Je l'entends souffler bruyamment, et à contrecœur elle avoue :

— Oui… Je la connais.

Comment ? Pourquoi ? Quand ? Je brûle de le savoir. Je ne veux pas me montrer trop curieuse, craignant de l'offenser. Pourtant, Seulgi, elle, n'a pas hésité à me bombarder de questions. Et même si je n'ai pas répondu à tout, je ne lui en veux absolument pas ; au contraire, son intérêt pour mes tracas m'a mis du baume au cœur.

— Tu sais, je t'ai parlé de mon rencard, poursuit finalement ma collègue. La nana qui m'a ghostée ?

Je fais oui sans articuler un son.

— Bah, c'est elle.

Je grimace, l'air aussi désolée qu'elle.

— Le pire, c'est que c'est elle qui a fait le premier pas. Je l'ai croisée à la cafétéria, on a parlé tiramisu et elle m'a laissé son numéro. On est allées boire un verre le soir même. Et on a continué à échanger pendant quelques jours. Puis du jour au lendemain, plus rien. Voilà.

— Elle te plaisait beaucoup ? Je veux dire, genre coup de foudre ?

Seulgi hésite un court instant avant de répondre :

— On s'en fout, non ? C'est exactement ce que tu disais : les gens ne savent pas aimer. Cela dit, si t'aimes pas quelqu'un, bah tu lui dis simplement que ce n'est pas réciproque et chacun repart en bons termes, comme le font les adultes.

— C'est une pauvre fille. Tu mérites mieux…

Elle soupire et détourne les yeux. Le silence tombe. Lourd et froid comme une chape de plomb. Je voudrais trouver les mots pour lui remonter le moral, mais ce n'est vraiment pas mon fort :

— C'est évident que tu vas rencontrer quelqu'un qui t'aimera passionnément. Moi je t'apprécie énormément… Enfin pas… Bref. Je voulais te remercier. D'avoir vanté mes mérites à Sarah Kang. D'avoir dit que je vais devenir une grande scénariste.

— Je le pense. Sincèrement… souffle Seulgi avant de jeter un coup d'œil à mon carnet. Mais… tu devrais prendre des notes sur ton portable. Le papier, c'est *so* XIXe siècle.

On est prises d'un éclat de rire qui explose comme un pétard mouillé dans le vaste hangar. Puis le calme retombe, plus léger, délesté de sa tristesse.

Notre tour de métal surplombe quelques allées moins hautes que d'autres, et au loin j'aperçois les derniers accessoires prêts à partir pour le plateau de tournage de *Gods in Hell.*

J'essaie d'entériner les idées noires qui fanent peu à peu dans mon esprit. Je sais que je ne suis pas de taille. Mais pourquoi est-ce que je broie du noir ? Une solution vient de s'offrir à moi. Une porte d'entrée grande ouverte dans le monde très fermé de ces fils et filles de, des artistes pistonnés du show-business.

— Je dois retrouver Marylou ! je proclame en me redressant.

— Quoi ? Oh, non… soupire Seulgi.

— Sarah Kang a dit qu'elle m'en serait éternellement reconnaissante. J'aurai à tout jamais sa bénédiction… Tu te rends compte ? Être dans les petits papiers de la superstar Sarah Kang ?

— Oui… Mais non, Juliette… Tu sais, je pense que si tu retrouves son chihuahua, elle te filera un petit billet ou un autographe… Mais de là à…

— Elle a parlé de gratitude éternelle ! Je pourrais rejoindre une équipe de scénaristes, elle doit sûrement pouvoir m'obtenir une place !

— Oui, sûrement, souffle Seulgi, loin d'être convaincue. Quelles sont les indications qu'elle a données sur son chien, alors ? Elle a un collier en diamants, c'est ça ?

— Euh, oui… Enfin, c'était une façon de parler, je pense. Ce doit être un collier qui brille, tu vois. Ça m'étonnerait qu'un chien se balade avec des pierres précieuses, même celui de Sarah Kang.

— Et moi, je te parie mon salaire qu'elle était sérieuse et que son chihuahua porte autour du cou la valeur d'une maison sur l'île de Jeju, marmonne Seulgi.

Mon regard tombe vers le sol, et le vertige se rappelle à mon bon souvenir. Je m'accroche à la rambarde en tremblant, j'enjambe Seulgi et je descends les marches comme si je n'étais pas à moitié étourdie par la hauteur.

— Juliette, tu vas où ? On doit d'abord terminer de classer les *props* de cette allée ! Juliette !

— Je dois retrouver Marylou ! je réponds une fois sur la terre ferme. Je ferai des heures sup et je resterai ce soir, voire cette nuit, s'il le faut !

— C'est insensé !

Je balaie aussitôt sa remarque.

— Comment est-ce qu'ils enquêtent dans les films ? Dresser l'emploi du temps du disparu, vérifier les alibis, et parler aux proches de la victime ? Il faut que je sache exactement où Marylou a été vue en dernier. Il faut que je parle à Sarah Kang ! Tu me couvres ? Je te revaudrai ça !

SCÈNE 14

Jaemin

J'ai entendu une voix familière percer en fond sonore. Ou plutôt un filet de voix familier, celui de quelqu'un s'efforçant de se montrer autoritaire. Je m'approche et prête l'oreille aux deux silhouettes en contrebas, depuis l'entrée surélevée du hangar.

Accoudée à la rambarde, Yerim contemple la scène en fumant sa cigarette électronique et en sirotant un café glacé. Je termine mon café d'un trait, me brûlant la langue au passage.

— Vous n'avez pas les autorisations nécessaires. Je suis désolé, mais je vais devoir vous refuser l'accès au bâtiment, marmonne le gars de la sécurité, plus gras que musclé.

— Non mais vous ne comprenez pas, je suis là pour aider Sarah Kang à retrouver son chien !

— Oh, je vous reconnais ! Vous êtes la zinzin de fan qui a pénétré sur le plateau sans autorisation la semaine dernière !

— Non ! Vous ne comprenez pas ! Je…

— Elle est avec moi !

Je me suis entendu asséner ça sur un ton froid. Même Yerim a l'air surprise. Je l'entends chuchoter une mise en garde que je balaie aussitôt. Je descends les marches et je croise le regard ahuri de Juliette. Chaque fois que je la vois, elle a la tête d'une chouette prise dans les phares d'une voiture. Il faudrait vraiment qu'elle travaille sa posture et ses expressions. Aaaah, non, je recommence à penser comme ma mère !

— Ah, Jaemin ! Justement, je te cherchais. J'ai une affaire à régler pour Sarah Kang.

Juliette a lâché ça en français, comme si nous étions des complices. Pour le coup, c'est moi qui suis bouche bée. Elle roule des yeux devant ma réponse qui se fait attendre.

— Comment ça ? Quelle « affaire » ? je glousse.

— Elle a perdu Marylou. Il faut que je la retrouve, dit-elle d'un ton pressant.

— D'aaaccoooord… je siffle d'un air narquois en sautant la dernière marche.

J'atterris près d'eux, mon regard vogue lentement du gars de la sécurité à Juliette.

— *That's okay, she's with me…* j'indique au grand balèze en jouant de ma voix la plus grave.

Un sourcil relevé, il me dévisage longtemps, jusqu'à ce que j'en ressente un certain malaise. Il ne me reconnaît pas ? Ou bien, au contraire, il sait qui je suis et il me lorgne jalousement ? Ou est-ce qu'il veut m'intimider avec ses gros muscles ? Il est vrai que je suis minuscule en comparaison.

— Juliette, Juliette… Comme on se retrouve, je raille. Je t'ai promis qu'on…

— J'ai besoin de ton aide, s'il te plaît. Je dois voir Sarah Kang. C'est pour l'aider, c'est très important.

— Mmmmh…

— Je te propose un marché : tu m'emmènes voir Sarah et on va boire un verre plus tard. *Deal ?* dit-elle en me tendant la main.

Décidément, elle est déroutante. Un vrai tourbillon d'émotions, cette nana. J'ai du mal à la suivre. Je ne comprends même pas ce qu'il se passe. Suis-je intervenu pour gérer les choses ou bien est-ce que c'est elle qui me dicte ma conduite ?

C'est excellent, cette incertitude : c'est exactement ce que mon personnage doit ressentir alors qu'il se bat contre la seule femme pour laquelle il ait jamais éprouvé des sentiments.

J'avais raison : si quelqu'un peut m'aider à améliorer mon jeu d'acteur, c'est bien Juliette. Oui, ce serait une bonne idée de répéter mon texte avec elle.

— Tu as peut-être vu Marylou, d'ailleurs ? Un chihuahua beige, poils courts avec le bout de la queue gris ? renchérit-elle.

— Maintenant que tu en parles… dis-je, pensif.

— Oh, vraiment ? Où ça ? Quand ça ? m'interroge-t-elle en faisant un pas vers moi.

— Je l'aie vue ce matin sur le plateau, je réponds en reculant en même temps. Le cabot n'arrêtait pas de gueuler pendant les prises, alors l'assistante de Sarah l'a sorti pour lui faire prendre l'air. Au fait, pourquoi tu…

— L'assistante ! Où est-elle ?

— Tu ne voulais pas voir Sarah ?

— Plus maintenant ! Je dois trouver Marylou !

— Qui ?

— Le chien.

— Okaaaaay…

— Alors ? Comment s'appelle-t-elle, d'ailleurs ? relance Juliette, impatiente.

— Euh... Marylou, si j'ai bien compris, je souffle, perplexe.

— Mais non ! L'assistante de Sarah. C'est quoi, son nom ? me tance-t-elle.

— Oh ! Aucune idée, je ne discute pas vraiment avec le personnel...

Elle affiche une mine confuse, le front plissé. Est-ce que j'ai dit une bêtise ? Est-ce que c'est pour ça qu'elle me parle comme à un chien ? Je ne suis pas son fichu chihuahua !

J'inspire une grande bouffée d'air. La voix de ma psy résonne dans mon esprit : « Prenez votre temps pour ressentir, mais aussi pour relativiser, Jaemin. Votre sensibilité se situe au-dessus de la moyenne. Vous savez que vous percevez les choses plus intensément que le commun des mortels. De ce fait, le moindre changement d'intonation d'un interlocuteur peut vous dérouter. Gardez à l'esprit que tout un chacun a ses propres soucis et qu'en conséquence, on s'adressera peut-être à vous d'une façon que vous jugerez maladroite, mais cela n'a rien à voir avec vous, alors ne réagissez pas outre mesure. »

Moi, sensible ! Je ne veux pas la croire et j'ai très mal pris cette remarque, d'ailleurs. Mais... il est possible qu'elle ait raison. Je suis en train de bouillir simplement parce que le ton qu'emploie Juliette n'est pas des plus pondéré. Respire, Jaemin, respire.

— J'ai vu Sarah l'engueuler tout à l'heure. Elle est peut-être dans sa loge ? je suggère, conciliant.

Avant même que Juliette ouvre la bouche, le vigile intervient, le doigt levé pour ponctuer ses propos :

— L'assistante de Mme Kang s'appelle Min Nayeon et je l'ai vue entrer il y a dix minutes dans le *make-up trailer*. (Un petit rictus aux lèvres, il semble savourer nos airs ahuris.) J'ai passé trois ans à Paris. Je parle très mal le français, mais je le comprends assez bien, explique-t-il.

— Quel est votre nom ? je demande dans un coréen formel, néanmoins amical.

— Im Songwa, répond-il sur le même ton.

Je le remercie et le salue d'un hochement de tête puis j'indique à Juliette la direction du camion en question. Aussitôt, elle tourne les talons ; visiblement, elle ne s'attend pas à ce que je la suive dans ses pérégrinations. Je la rattrape en sautillant d'un air enjoué. Elle me regarde, confuse. Elle a l'air surprise de me voir lui emboîter le pas, alors je lance fièrement :

— Tu vois ! Ça m'arrive de parler aux employés ! je fanfaronne. Je me suis même enquis de son nom.

SCÈNE 15

Juliette

Je les reconnais : ce sont les trois maquilleuses que nous avons croisées la semaine dernière, alors que Jaemin me raccompagnait au hangar des costumes et accessoires. Elles sont affairées à badigeonner de poudre blanche le visage de jeunes actrices. Des nonnes fantômes, je comprends – quelle est donc l'histoire de *Gods in Hell* ? La lumière est crue, des flacons et des palettes sont éparpillés devant les miroirs, ça sent le latex et la poudre parfumée. Quel drôle de mélange.

Toutes me toisent de haut en bas dans un silence glaçant.

N'obtenant pas de réponse à la requête que j'ai lancée après un bonjour rapide, je répète :

— Je veux dire, l'assistante personnelle de Sarah Kang. Est-ce que vous la connaissez ? On m'a dit qu'elle était passée ici il y a quelques minutes.

Tandis que leur silence s'éternise, je vois la stature élancée de Jaemin s'avancer. Il salue d'une moue charmeuse les trois maquilleuses et les comédiennes. Qui réagissent par les mêmes simagrées que la dernière fois : gloussements, regards brillants, mains en éventail devant la bouche…

J'observe cette scène avec l'envie de m'éloigner. En participant rarement aux conversations, je me suis inconsciemment habituée à m'éclipser.

Mais aujourd'hui est mon jour, c'est mon histoire que je dois écrire, et je ne resterai pas dans l'ombre de ce pitre.

— Mesdemoiselles, je vous serais très reconnaissante si vous pouviez m'aider à trouver Min Nayeon, je reprends en mettant un peu plus les formes qu'au début.

— Elle est passée en coup de vent, lance la maquilleuse la plus proche.

— On ne la connaît pas vraiment, ajoute la deuxième en retouchant le teint de l'actrice devant elle.

— Elle est plutôt discrète, commente la dernière sans même m'adresser un regard.

Très bien, ces nanas ne sont pas d'une grande aide.

— Et vous sauriez où elle est partie ?

Avec un soupir, la première maquilleuse se tourne vers moi, affichant une posture ennuyée, un poing sur la hanche. Je sens les poils sur mes bras se dresser.

— On a beaucoup de boulot, aujourd'hui. Au cas où tu ne l'aurais pas remarqué, on travaille sur le plus gros projet des studios et on n'a pas que ça à faire. Les deadlines sont serrées et le timing est infernal.

— Mina doit absolument être prête dans une heure. Elle joue un personnage super important dans le drama. Elle va embrasser Sarah Kang en personne !

Elles s'acclament et se complimentent à tour de rôle.

Tout à coup, Jaemin interrompt cette joyeuse spontanéité de sa voix chantante :

— Mesdames, mesdames, mesdames…

Il s'est faufilé devant moi et me bloque la vue, comme si je n'existais pas.

— Veuillez pardonner mon assistante. Elle s'enflamme dès que je lui confie une mission. Je cherche Min Nayeon, elle a peut-être en sa possession un petit chien…

— Elle est passée il y a dix minutes à peine, s'empresse de répondre la première maquilleuse.

— Un véritable coup de vent. Elle avait l'air de chercher quelque chose… Remontre-moi les photos de fin de prise, lance-t-elle à sa collègue, je ne sais plus de quel côté est la coulure de sang. La scripte va me tuer.

— La cheffe maquilleuse aura ta peau avant, rétorque la première. Replace bien la coiffe avant de… Quelqu'un a vu le kit de manucure ? J'ai besoin de la pince à épiler.

Les autres répondent non en chœur, pendant qu'elle se tourne et se retourne sur place.

Pendant ce temps, je suis un peu distraite, cachée derrière Jaemin. Il sent bon, un parfum à peine perceptible porté par la tiédeur de son corps, dont les effluves capiteux émanent à travers ses vêtements.

— Est-ce que vous auriez une idée d'où elle a pu aller ? C'est important… je souffle en réprimant l'envie de fourrer mon nez dans les plis de sa chemise.

La première maquilleuse laisse son regard planer sur moi, puis sur Jaemin, avant d'accepter l'idée, certainement saugrenue à ses yeux, que lui et moi formions une équipe. Je me retiens de préciser que ce n'est pas le cas, vu que cela ne jouerait pas en ma faveur. Même si ça me fait enrager, je ne suis pas stupide : j'ai bien remarqué que les réponses fusent lorsque c'est lui qui pose les questions.

— Mmmmh… Elle a parlé de la deuxième équipe de tournage qui partait pour la forteresse de Hwaseong… tourner la scène de bataille. Puis elle a filé par là, dit-elle en montrant du doigt la porte à l'autre bout du camion.

— Est-ce qu'elle avait un chihuahua ? je demande, pleine d'espoir.

— Non. Par contre, elle avait un sac à dos. Rempli à ras bord. On aurait dit qu'elle partait en voyage.

— Certainement les affaires de Mme Kang. Nayeon avait l'air angoissée. Les caprices de star, vous savez… piaille la troisième.

Chacune y va de son anecdote sur le sujet des caprices, et leurs voix se mêlent dans une discussion éparse et chaotique. Je ne sais plus où donner de la tête. Peut-être que j'ai tiré toutes les informations que je pouvais tirer.

— Très bien ! Merci beaucoup pour votre aide, je lance avant de foncer vers la direction indiquée.

— Attends-moi, Juliette ! me hèle Jaemin, coincé entre les doigts d'une maquilleuse qui lui a mis le grappin dessus.

SCÈNE 16

Jaemin

Après m'être extirpé, comme je le pouvais des mains de la maquilleuse, je retrouve Juliette filant sous une pluie drue de rayons de soleil. Elle marche vite malgré ses petites jambes ! Il fait chaud et si beau que mes pupilles sont attaquées par la luminosité. Je croise son regard surpris.

— Pourquoi tu me suis comme ça ? s'exclame-t-elle. T'es pas censé aller sur le plateau, faire retoucher ton maquillage, revoir ta scène ou je ne sais quoi ?

— Justement, en parlant de revoir ma scèn… je réponds.

Je suis interrompu par une voix rauque et lyrique, qui sonne comme un chant de reproches. J'observe dans les pupilles dilatées de Juliette l'arrivée de ma très chère partenaire de jeu. Grande et gracile, la nuque élancée dans un port de tête superbe, la grande Sarah Kang, qui sort du bloc A et s'approche de nous au pas de course, sous les yeux ébahis de Juliette.

— Je t'ai dit d'aller apprendre ton texte, Jaemin ! Il est hors de question que tu bégaies encore ! C'est insupportable. J'ai gâché deux prises excellentes à cause de toi ; si tu recommences, je vais faire en sorte qu'on t'enlève des répliques !

Je retiens un gloussement moqueur. Mais mon habituelle moue insolente trahit toute l'inconsidération que je porte à ses menaces.

Sarah m'avait d'abord parue sympathique et bienveillante. Contrairement à beaucoup de personnes dans l'équipe, elle avait défendu le débutant que j'étais et me donnait même gentiment des conseils. Rapidement hélas, son impatience a eu raison de sa gentillesse. À présent, elle me fait la leçon à tout bout de champ, me reprend sur mes intonations, corrige ma posture, et critique le moindre détail, de mon jeu d'acteur à ma façon de respirer.

Elle se prend pour ma mère ou quoi ? J'en ai déjà bien trop d'une.

— Je te l'ai déjà dit : travaille ton texte et fais-le avec quelqu'un qui…

— Je sais, Sarah ! Je sais ! je rétorque en affichant un sourire factice. Quelqu'un qui n'hésitera pas à me dire si je joue mal.

J'aperçois Yerim sortir du hangar en trombe ; elle sonde les alentours d'un air paniqué. Lorsque son regard croise le mien, elle galope jusqu'à nous, à bout de souffle. Je lui adresse une mine fâchée.

— Me voilà… souffle-t-elle.

— Madame Kang ! Je suis à la recherche de Marylou ! Comme vous me l'avez demandé ! s'exclame Juliette.

Sarah daigne enfin remarquer sa présence, et à ces mots, son visage s'adoucit subitement.

— Oh, mon Dieu, vous me sauvez la vie. J'ai envoyé mon assistante, mon manager et mandaté quelques techniciens pour la retrouver… Mais tout le monde est déjà débordé de travail. Il y a même un machiniste qui m'a dit d'aller me faire voir ! J'ai l'impression que tout le monde s'en fout ! Et je ne peux pas quitter le plateau de la journée. Merci… euh…

— Juliette ! Moi, c'est Juliette.

— Juliette… oui. Vous êtes un ange. J'ai fait installer une puce électronique sur le collier de mon chien. Mon assistante a essayé de la localiser avec l'application, mais il doit y avoir un souci avec cette dernière, car elle ne fonctionne plus. Ce qui est étrange, parce que c'est mon assurance qui a insisté pour mettre en place ce dispositif. C'est censé être un appareil fiable. Si seulement je savais comment fonctionne cette diablerie, j'essaierais moi-même… Comme on dit, on n'est jamais mieux servi que par soi-même.

Juliette hoche la tête, elle boit la moindre parole de cette femme avec une admiration extatique. J'ai envie de rire et, à la fois, cela m'exaspère de la voir aduler cette chipie. Non, en fait, si je suis totalement honnête, je suis jaloux de l'adoration béate que Juliette lui voue. Je mets de côté mon amertume, je m'en mords l'intérieur des joues, adoptant mon ton le plus mielleux :

— Ne t'inquiète pas, Sarah, on va la retrouver. J'ai trois heures de battement avant la prochaine scène. Je vais donner un coup de main à Juliette.

Ma collègue hésite, hausse un sourcil à l'intention de Yerim, qui ne bronche pas, jette un regard à Juliette, puis à moi.

— Je ne vais pas te mentir : pour le bien de la série, il vaudrait mieux que tu bosses ton texte, Jaemin. Mais si

Marylou disparaît, je n'aurai sans doute pas la force de… (elle marque une pause dramatique) continuer.

Je lève les yeux au ciel intérieurement. Ce n'est qu'un clébard, il ne faut pas en faire toute une histoire. Yerim me fustige du regard. Juliette, elle, acquiesce en arborant une expression compatissante.

— Ne craignez rien, je vais la retrouver, déclare-t-elle. Comptez sur moi, madame Kang, je vais ramener Marylou !

SCÈNE 17

Juliette

— Je vais retrouver Marylou… Gna gna gna… Ne craignez rien, madame Kang… Gna gna gna… Je vais vous aider… Sérieux ? Je n'ai jamais vu quelqu'un faire autant de lèche de ma vie ! grommelle Jaemin, l'air mauvais.

Je ne réponds pas, les yeux rivés sur Sarah Kang qui s'éloigne jusqu'à ce que l'ombre de mon idole se fonde dans celle de ce grand bâtiment.

— Ah, j'en ai vu des fans, mais toi, t'es exceptionnelle, ronchonne-t-il, vert de jalousie.

— Ce n'est pas étonnant, ça ne doit pas t'arriver souvent de croiser des gens qui t'admirent sincèrement… je lâche, exaspérée par ses railleries.

Sa manager me fixe, surprise. Jaemin reste bouche bée un instant avant de marmonner quelque chose que je ne fais pas l'effort de comprendre. Je l'ai mouché et il ne semble pas apprécier ça. J'en tire un sentiment de fierté intense. Je tourne les talons et me dirige je ne sais où avec l'objectif de m'éloigner d'eux deux le plus vite possible.

— Et tu vas où comme ça, Juliette ? me lance Jaemin sur un ton suffisant.

J'entends distinctement la mélodie rythmée de ses semelles claquant au sol. Il me rattrape rapidement. Il ne va donc jamais me lâcher !

— Écoute, Juliette, j'aimerais bien que tu me files un coup de main, articule-t-il d'une voix tout à coup bien plus aimable. Et en retour, je *te* donne un coup de main.

— Je n'ai pas besoin de ton aide, je réplique sèchement.

— Tu cherches la deuxième équipe de tournage qui part pour la forteresse de Hwaseong, c'est ça ? Tu sais où se trouve le quai de chargement, le point de rassemblement des techniciens ? rétorque-t-il nonchalamment.

Je m'arrête net. Il marque un point. J'ai réussi à trouver mon chemin jusque-là, mais je sens que rien que de retourner dans mon bon vieux hangar des costumes et accessoires sera un vrai parcours du combattant. Je ne savais même pas qu'il y avait des quais de chargement dans les studios.

C'est ce moment-là que choisit sa manager pour se présenter :

— Juliette, c'est ça ? Moi, c'est Yerim. Enchantée.

Tout à coup, je revois le regard empreint de tristesse de Seulgi, le cœur brisé par la connasse actuellement en face de moi.

— Je vois… ajoute-t-elle alors que je la fusille du regard.

Je me sens vite embarrassée, c'est la première fois de ma vie que je me montre froide avec un ou une inconnue. D'habitude, je suis plutôt du genre à vouloir sociabiliser à tout prix.

— On passe un marché, s'interpose Jaemin. Je t'aide à retrouver Marylou, et toi tu m'aides à répéter mon texte.

— Quoi ? j'exhale, stupéfiée par sa demande.

Je ne l'ai pas vu venir. Pourquoi aurait-il besoin de moi pour ce genre de chose ? Je n'y connais rien à l'acting ! Qu'est-ce que c'est encore que ce traquenard ?

— Je ne parle pas d'une aide quotidienne, juste un coup de main occasionnel avec les passages qui me…

Attendez un instant ! Lui faire répéter son texte, ça implique d'avoir entre les mains le scénario du drama le plus attendu de l'année, non ? D'avoir une ouverture directe sur le travail de scénaristes confirmés ?

— OK. Ça marche, je lâche.

Ils ont tous les deux l'air abasourdi. Jaemin bredouille comme s'il n'avait pas encore fini de dérouler son argumentaire, visiblement convaincu qu'il allait en baver pour me persuader.

Yerim porte un doigt à son oreille, ou plutôt à son oreillette.

— Il va y avoir encore plus de délai pour la prochaine scène. Ils ont un souci caméra, indique-t-elle.

— Très bien. Ça m'arrange. Ça *nous* arrange, dit Jaemin. Marché conclu, alors ?

Il tend une main vers moi. Mon regard va de sa paume à son visage. Puis j'attrape ses doigts avec ferveur et d'une prise ferme, je ratifie l'accord avec mon nouvel acolyte.

— Marché conclu. On retrouve Marylou et je t'aide à réviser ton texte. Alors ? Où est-ce qu'on va, maintenant ? je lance, plus déterminée que jamais.

— Direction les quais de chargement. Suivez-moi, je connais un raccourci, annonce Yerim comme si elle avait été désignée cheffe d'équipe.

Il semblerait que j'aie du renfort dans ma mission de sauvetage. J'esquisse un sourire satisfait. Dis donc, Juliette, est-ce qu'on ne serait pas en train de se faire des amis ? Alors que je m'en pensais incapable, mon petit cœur se gonfle de fierté.

SCÈNE 18

Jaemin

La voiturette électrique file à toute allure dans l'avenue entre les hangars, respectant les tracés au sol indiquant les voies de circulation. Les ombres se rapetissent tandis que le soleil monte à son zénith.

Yerim est au volant, je suis assis à côté d'elle. Sur la banquette arrière se tient Juliette. Elle est silencieuse, le regard fuyant vers l'enfilade de bâtiments. C'est un instant étrange qui s'étiole dans le temps. Passé les échanges professionnels tacites, l'étrangeté de notre quête se profile dans une gêne absurde. Juliette semble nerveuse, ce que Yerim remarque rapidement.

— Donc euh… tu es accessoiriste, c'est ça ? la questionne soudain Yerim en jetant un coup d'œil dans le rétroviseur.

— Et costumière… Enfin, les costumes sont stockés dans le même hangar. Du coup, on est aussi en charge de les classer, de les inventorier et de les envoyer aux couturières si besoin, répond Juliette dans un filet de voix.

Heureusement que le véhicule ne produit qu'un léger sifflement, sinon je n'aurais pas entendu sa réponse.

— C'est cool, comme boulot ! Horaires de bureau, pas d'imprévus, pas de…

— À vrai dire, on est en sous-effectif, Seulgi et moi accomplissons le travail d'une équipe de cinq personnes. Et notre cheffe est une grognasse. Donc ce n'est pas si cool que ça…

Yerim grimace, les lèvres pincées en une expression désolée. Elle aurait mieux fait de se taire. Au lieu de cela, elle s'enfonce :

— Et Seulgi, ça va ? Elle se plaît dans son boulot ?

— Pose-lui toi-même la question. Si tu n'as pas effacé son numéro, bien sûr… rétorque Juliette en évitant le regard de ma cousine dans le rétroviseur.

Je vois que ça lui coûte de lancer une remarque désagréable. Sa voix s'est brisée dans une déglutition sonore.

— Aouch… Je l'ai méritée, celle-là, marmonne Yerim.

— Bon, on se concentre sur notre cible ! Marylou, chihuahua beige, queue grise. Vue la dernière fois ce matin aux studios A avec l'assistante de Sarah, énumère Jaemin l'air consciencieux.

Je sens Juliette acquiescer en silence dans mon dos. Elle a sorti son téléphone portable de sa poche et semble contrariée.

— Je n'ai déjà plus de batterie… Alors que je viens tout juste de le recharger, soupire-t-elle, dépitée.

Le regard las, les épaules tombantes, elle semble porter le poids du monde. Sans parler de cette ombre au coin de ses yeux. C'est précisément l'impression que doit donner mon personnage : le supplice de devoir porter sa peau jour après jour. Un jeune prince exilé, ayant perdu le seul objet qui puisse prouver son innocence devant Yeomra, le dieu infernal. Elle cherche Marylou, le prince poursuit le Codex des Dieux Damnés.

Juliette ne le sait pas, mais d'elle dépend ma future réussite, je dois absolument m'imprégner de ses vibrations pour pouvoir jouer mon…

— Oh, merde ! C'est ma cheffe ! Si elle me voit, je suis morte ! s'écrie-t-elle en fondant sur la banquette pour se cacher.

Yerim appuie sur l'accélérateur alors qu'on passe à côté d'un groupe de machinistes affairés à charger des caisses dans un pick-up. J'imagine que la cheffe en question se trouve être la quinquagénaire écarlate avec un port de tête militaire qui nous scrute. Elle hurle « Juliette » à gorge déployée. Oui, ce doit être elle.

— Je vais me faire virer ! Je suis virée ! Oh, mon Dieu ! panique Juliette, à demi allongée sur la banquette.

— Mais non ! Tu ne vas pas te faire virer. N'est-ce pas, cousin ? On ne va pas laisser Juliette se faire virer ? la rassure Yerim, étrangement amicale.

Je ne connais que trop bien cette facette de ma cousine, son regard qui s'adoucit, le ton de sa voix qui chantonne aimablement, en bref, sa façon de flirter. D'habitude, je me contente de hausser un sourcil, étonné par sa capacité à s'enflammer pour tout type de femme, ainsi que par la vitesse avec laquelle elle enchaîne les coups de cœur. Là, j'ai une boule qui se forme au fond de la gorge. Je n'apprécie pas l'attention qu'elle porte à cette jeune femme en particulier.

— La route, Yerim ! Fais gaffe où tu roules ! je rouspète en plaquant la main sur le volant pour redresser la trajectoire de notre voiturette.

— Ne touche pas ! Je gère ! balance-t-elle en dégageant ma main.

— Oh, mon Dieu, je suis virée… gémit Juliette.

— Mais non ! Jaemin ne les laissera pas faire ! N'est-ce pas, cousin ?

Je grommelle un son sans réussir à formuler mes idées qui tourbillonnent dans le désordre. Je ne veux pas m'étendre sur l'idée de demander quoi que ce soit à mon paternel. Autour de nous, le paysage défile, les machinistes fourmillent dans tous les sens, remplissant les véhicules garés en rang d'oignon, à l'ombre des hangars, de matériel de tournage empaqueté dans une myriade de caisses roulantes, de décors en mousse et papier transportés, de costumes et d'accessoires chargés par centaines dans des remorques transformées en véritable dressing-room. Les équipes préparent le convoi qui déménagera une partie des effectifs à la forteresse Hwaseong pour une scène de bataille épique. Je vois passer des bidons de faux sang sur une plateforme poussée par un machiniste suintant.

Yerim ralentit alors que l'avenue s'étroitise pour s'achever devant un portail immense. Le mur qui entoure les studios est digne d'une place forte. Haut à certains endroits de plus de quatre mètres, il permet qu'aucun curieux ne pénètre à l'intérieur ou n'y risque un œil.

— Jaemin connaît du beau monde ; un seul mot de sa part, et il peut faire décoller ta carrière. Il est tout de même le fils du grand…

— Stop ! Yerim ! Stop ! je hurle en saturant l'air de mon cri soudain. J'ai entendu aboyer !

Ma cousine saute sur le frein, la voiturette pile en crissant des pneus. Juliette se retrouve la tête entre nous, se retenant au dossier de notre banquette.

Lorsque je lui demande si elle va bien, elle hoche la tête, groggy. Le vacarme ambiant est fait d'ordres hurlés, de fracas des machines et des caisses transbahutées depuis les hangars jusqu'aux véhicules. Je me tiens aux aguets, doutant soudain d'avoir vraiment perçu le cri aigu d'un petit chien qui aboie dans ce vacarme ambiant.

— Autant chercher une aiguille dans une botte de foin ! Excusez-moi ! lance Yerim à un technicien. Est-ce que vous auriez vu Min Nayeon, l'assistante de Sarah Kang ? Mince, cheveux courts, portant un gros sac à dos, toujours au téléphone ?

L'homme fait un signe de dénégation et continue son travail comme si de rien n'était. J'imite Yerim et descends de la voiturette. Je jette un regard en coin à Juliette, il me semble qu'elle est en train de remettre en question tous ses choix de vie. Elle observe le chaos environnant avec une mine défaite, sursaute à chaque crissement de pneus, une main posée sur le cœur comme pour vérifier qu'il lui reste encore un rythme cardiaque.

Je tends une main vers elle, qu'elle n'attrape pas. Ma psy dirait peut-être que je surréagis ou que je surinterprète, mais ça me donne l'impression que je n'existe plus. J'ai horreur de ça, d'être invisible aux yeux des autres. Comme si ma simple présence n'avait aucune valeur, poussière qu'on pousse sous le tapis.

Mais je suis capable d'aider autrui à sortir d'une mauvaise passe et pas seulement grâce à mon nom ou mes connexions ! Je vais leur prouver ce que je vaux, à Juliette et aussi à Yerim, qui m'infantilise à la moindre occasion.

— J'ai entendu un chien, je déclare d'un ton assuré. Je crois que ça vient de là-bas.

SCÈNE 19

Juliette

— Hé, vous ne pouvez pas laisser votre véhicule ici ! nous hèle un machiniste, les bras chargés.

Yerim s'excuse platement et file vers la voiturette électrique. Elle s'arrête en plein élan et jette un regard noir à son cousin.

— Tu ne t'éloignes pas ! On dispose de deux heures avant de devoir retourner sur le plateau. Je reviens tout de suite. Et ne tache pas ton costume.

Je n'arrive pas vraiment à faire la différence entre leur relation professionnelle et leurs liens personnels. Je pense qu'eux-mêmes en sont incapables. J'ai l'impression de voir deux gosses avec trop de responsabilités pour qu'on leur fasse confiance.

Alors qu'un bataillon d'électriciens déboule du hangar, faisant rouler devant eux consoles et attirail électronique, dévidoirs de câbles et projecteurs, sur un rythme militaire, j'entends dans leur dos la voix d'un chef machiniste.

— Plus vite ! Plus vite ! Je vous rappelle qu'on est déjà en retard sur le programme ! Une minute de perdue, ce sont des milliers de wons envolés ! Plus vite ! N'oubliez pas le scotch !

Je me faufile le long de cette armée de fourmis ouvrières. À l'intérieur, la chaleur du soleil est moins oppressante et je sens même un léger souffle frais provenant des entrailles de ce gouffre sans fond. Des dizaines de machinistes portent à bout de bras des échafauds démontés, des conducteurs de chariots élévateurs embarquent le matériel plus mastoc pour aller sans doute le charger dans les remorques des poids lourds que nous avons vus garés dans l'avenue. Emportée par ce raz-de-marée, j'en perds Jaemin au détour d'un chargement volumineux qui me bloque la vue.

Mais alors que je tends une main vers le ciel, comme un noyé en pleine mer chercherait la surface d'un geste désespéré, je remarque un paquetage estampillé d'un logo que je connais bien. Je dévie de ma trajectoire, virevolte entre les caisses, m'accroupis pour passer sous un pont lumière transporté par deux gros bras.

— Ohé ! Votre casque ! Il est où ? s'affole l'un d'eux en cherchant aussitôt du regard le badge autour de mon cou.

Instinctivement, je plaque ma main dessus. Je n'ai rien à faire là et ça se voit. Je sais que je risque de voir la sécurité débouler, ma cheffe me convoquer et, en moins de temps qu'il ne faudrait pour le dire, je vais terminer sur le bord de la route avec toutes mes affaires dans un petit carton.

Je me mets à courir et dévale les quelques mètres qui me séparent du camion réfrigéré que j'ai aperçu. Je ne me reconnais pas : où est passée la Juliette qui ne fait pas de vagues, reste toujours à sa place et obéit avec diligence à chaque ordre qu'on lui donne ?

Je ne quitte pas des yeux ce logo imprimé sur les boîtes empilées devant le véhicule : un bol de nouilles dans lequel se baigne une petite grenouille portant un béret. The French Frog, je lis sous le dessin coloré. Le gars qui loge les cartons dans la camionnette me jette un coup d'œil suspicieux.

— T'es qui, toi ? Bon, peu importe. Donne-moi un coup de main au lieu de me regarder travailler !

— Oh ! Désolée, on m'attend… ailleurs. C'est quoi, tous ces cartons ?

— Ce sont les repas pour les équipes qui partent à la forteresse de Hwaseong. Les studios n'ont toujours pas embauché d'équipe *catering*, du coup on a fait appel à un sous-traitant. C'est un vrai bordel ! Déjà, je suis électricien, pas manutentionnaire… En plus, y a certainement des rats dans les parages, regarde-moi ça ! Le carton a été mâchouillé !

Étrange coïncidence que de trouver le logo de l'ancien restaurant de ma grand-mère ici. Son enseigne jouissait d'une belle renommée dans le quartier et, forcé de s'adapter, *The French Frog* est devenu un traiteur avec service de livraisons à domicile. Mais je n'ai pas le temps de me pencher sur cette information, prise dans le feu de l'action. Je sens que je suis proche du but.

— Les trous sont trop grands, une dentition de rongeur n'aurait pas fait tant de dégâts… je lâche, soudain intéressée.

— Ah ouais ? Et t'es qui, toi ? Une experte en rats ?

— C'était stocké dans quel coin ?

— Près des établis des *set designers*… Bon, ce n'est pas tout mais j'ai du boulot.

Je lance un merci étourdi et je tourne aussitôt les talons. Aucune idée d'où cela se trouve mais je vais bien trouver. La chance est peut-être de mon côté.

— Juliette ! me hèle Jaemin, campé au beau milieu d'allées et venues de machinistes chargeant les camions.

Yerim fait irruption à mes côtés sans crier gare en tripotant le petit talkie pincé à sa ceinture.

— Je me suis calée sur le canal de l'équipe en départ, m'indique-t-elle en remettant en place son oreillette filaire. Y a un électricien qui vient de gueuler parce que ses câbles ont été rongés. C'est peut-être Marylou !

Je suis épatée qu'elle participe aussi activement à l'enquête Marylou. Et je m'en veux aussitôt d'avoir été aussi froide avec elle.

— J'ai cru voir passer une assistante de production, je vais lui demander si elle n'a pas vu Nayeon, lance-t-elle en m'offrant soudain son plus beau sourire.

Je lui souffle, en guise de réponse, que je m'en vais du côté des établis des *set designers* avant de l'observer s'éloigner. Le soleil haut dans le ciel m'aveugle, je place ma main en visière. Yerim se retourne, esquive en effectuant un pas de danse deux machinistes derrière une roulante et me lance d'un air enjoué :

— Qu'est-ce qu'on ne ferait pas pour passer le temps entre deux scènes ?

Sur ce, elle m'adresse un clin d'œil audacieusement séducteur. Je sens le rouge me monter aux joues tout en la suivant du regard. Je m'avance d'un pas gauche en direction de la voix qui ne cesse de m'appeler.

— Ah ouais… Et tu marches dans son petit jeu ? me sermonne de loin Jaemin, le front plissé.

— De quoi tu parles ?

— Laisse tomber… soupire-t-il en s'engageant dans une allée sans m'attendre.

Est-ce qu'il serait jaloux ? Non, c'est improbable.

Je n'ai pas l'habitude d'être ouvertement draguée. Non, je n'ai pas l'habitude d'être draguée tout court. Mais je dois dire que je pourrais y prendre goût. C'est très agréable, surtout de la part d'une personne aussi canon que Yerim. Je n'avais pas remarqué que ses cheveux sont décolorés autour des oreilles, dans un blanc quasi parfait qui met en valeur les innombrables piercings à ses lobes. Elle a tout pour plaire : des yeux de braise, une moue boudeuse qui lui donne un tantinet l'air inatteignable. Je comprends pourquoi Seulgi a craqué pour elle.

Seulgi… Ma super collègue à qui Yerim a littéralement brisé le cœur. Non, je ne vais pas tomber dans le panneau ! Hors de question de pactiser avec la manager de Jaemin. Ma loyauté est tout acquise à ma nouvelle amie. Fais gaffe, Juliette ! Ne te laisse pas avoir par de la flatterie. Les méchants sont parfois aimables, ce n'est pas une raison pour tout leur pardonner en un claquement de doigts.

— Bon, Juliette ! Je t'attends ! grommelle Jaemin un peu plus loin.

Je reprends mes esprits, retrouvant inconsciemment mes habituels traits complaisants. La culpabilité de l'avoir fait patienter m'assaille et je me précipite vers l'intérieur à moitié dépouillé du hangar.

Les premiers camions ont démarré, j'entends le portail extérieur s'ouvrir et le ballet des véhicules chargés s'avancer vers la sortie des studios. On klaxonne et crie des ordres, les retardataires se font incendier, mais peu à peu le bouchon qui s'est formé dans l'avenue se dissout au son des moteurs vrombissants.

Je m'engouffre dans cette bouche bâillant de noirceur, accueillie par la fraîcheur des ombres du hangar. J'aperçois Jaemin, bras croisés sur le torse. Je m'apprête à m'excuser, la mine penaude, lorsqu'il annonce :

— J'ai cru de nouveau entendre l'écho d'un aboiement. Elle doit être dans le coin. Marylou !

Il a braillé si fort que les quelques machinistes œuvrant encore dans les recoins sursautent.

— Marylou ! répète-t-il d'une voix plus retentissante encore.

Si j'étais un minuscule chihuahua, je serais traumatisée. Sans compter que tout est démonté avec fracas à grands coups de *clong* et *clang* et *bing* et *bang*. Si elle n'est pas dans les bras de Nayeon, je commence à craindre le pire.

— Des gens ont vu Nayeon il y a à peine dix minutes. Sans chien. Elle avait l'air pressée. Ça n'a pas de sens, tu es sûr que tu as entendu un aboiement ? lance Yerim en trottinant dans notre direction.

Je les vois commencer à se chamailler. Se clachant sur les certitudes de l'un, l'ouïe défaillante de l'autre, les hallucinations auditives, etc.

Je m'éloigne discrètement, longeant les caisses empilées, suivant les structures métalliques qui supportent les projecteurs, passant derrière des toiles de diffusion encore sur leur cadre et autres portiques attendant d'être démontés et transportés. Je chemine dans un labyrinthe de ventilateurs, de machines à brouillard, de miroirs et autres réflecteurs lorsque, grâce à un flash de lumière, j'aperçois sur un établi une petite boîte rose contenant un kit de manucure.

Il est ouvert et disposé sous une lampe, comme s'il avait été oublié là juste après avoir été utilisé.

Mon sixième sens de curieuse professionnelle me picote la nuque. Aussitôt, je m'approche de l'établi en fouillis et m'aperçois que la pince à épiler a servi, de même que les autres instruments pointus, oblongs et certains coupants, sortis de leur écrin coloré. Je porte une main vers le bazar. Aucun employé n'aurait laissé un tel désordre, pas sans ranger correctement ses nombreux tournevis numérotés et gravés au nom de leur propriétaire. C'est un travail de sagouin qui détonne avec l'impression de rigueur que renvoie l'agencement soigné de l'établi.

Je porte la main sur une touffe de poils qui traîne sur le plan de travail.

Une idée me titille l'esprit. J'entends de nouveau Sarah Kang me parler de son chihuahua comme si c'était la prunelle de ses yeux.

Un chien auquel elle tient au point qu'elle lui a offert un collier de diamants.

J'ai bien peur de savoir pourquoi Marylou a disparu malgré le chaperonnage assidu de l'assistante.

— Naeyon a volé le collier ! Elle a désactivé le GPS qui était dedans pour ne pas qu'on la retrouve ! C'est elle qui a kidnappé Marylou ! je m'écrie en cherchant mes deux comparses du regard.

Une silhouette file à l'orée de mon champ de vision. Nayeon ? Je n'ai pas eu le temps de la voir.

Ma voix est portée par un écho tonitruant, mais, avec le brouhaha ambiant, je doute que qui que ce soit m'ait entendue. Pourtant, je perçois les cris plaintifs d'un chien. Suivant mon ouïe mise à mal par les bruits ambiants, je prends ce qui me semble être un raccourci en direction des jappements, avant de me retrouver dans un enchevêtrement de câbles et de piliers métalliques qui s'avère un parcours d'obstacles digne d'une émission télévisée.

Je ronchonne injures et interjections en tentant de m'extraire de ce piège dans lequel j'ai foncé moi-même tête baissée. Et qui se referme maintenant sur moi.

De nouveau, une silhouette déguerpit entre les nombreux techniciens affairés.

Tout à coup, un craquement sonore résonne au-dessus de ma tête. Je lève les yeux vers le plafond. Une poutrelle en suspension tangue sur un trépied tremblant. Plus grand-chose ne la retient.

Craaaac !

— Juliette ! s'époumonent en chœur Jaemin et Yerim.

Dans un tintamarre métallique, une pluie de fer s'abat sur moi. Je plonge au sol dans une tentative désespérée pour m'abriter, m'égratignant les mains et la figure sur le béton.

Un truc m'a fracassé le crâne, le son résonne dans ma tête. Je perçois des voix, mais je ne comprends plus rien.

Le temps passe, peut-être des secondes, des minutes, je ne fais pas la différence.

Je suis vivante. Je n'en reviens pas. Je suis ensevelie sous un pont de métal. Un énorme projecteur gît au sol, éclaté en mille morceaux. Je suis affalée, ventre à terre, le souffle soulevant la poussière face à moi. Le paysage complètement flou commence peu à peu à reprendre des contours définis. Les pieds de Jaemin, la voix de Yerim, les exclamations des machinistes, les cris des chefs opérateurs, c'est tout ce qui me parvient. Je ne vois que des semelles face à moi alors que des bras tentent de me sortir de cet enchevêtrement de décombres.

Je respire difficilement, suis prise d'une quinte de toux.

— Juliette ! Mon Dieu, est-ce que ça va ? Juliette ? s'inquiète Jaemin.

Je ne réponds pas, mon attention est brusquement accaparée par un mouvement. À l'autre bout du hangar, à peine visibles, quatre petites pattes piétinent le sol et une petite langue rose pend d'une gueule à demi ouverte. Le cabot tremble de tout son corps, même ses oreilles tombantes sont secouées de spasmes.

— Marylou ! je m'exclame.

Je me redresse, soulevant dans un effort intense avec deux autres machinistes le pont lumière qui a bien failli m'écrabouiller. Je me faufile dans un passage étroit entre des caisses et m'en extirpe en me contorsionnant douloureusement. Je n'ai rien de cassé.

Yerim rivalise de gentillesse, Jaemin passe une main sur mon épaule pour remettre en place mon tee-shirt à moitié déchiré. Mais en cet instant, peu m'importe l'indécence de mon décolleté inopiné, je me focalise sur les gros yeux terrorisés du chihuahua.

Marylou s'est elle aussi retrouvée entravée dans un enchevêtrement de câbles électriques.

Alors que nous nous approchons d'elle, un ronronnement bruyant se fond dans le bouillonnement ambiant. Je perçois le bruit ronflant d'un camion dont on allume le moteur.

Je suis du regard l'emmêlement qui harnache grossièrement le pauvre petit chien. J'aperçois une silhouette en train de trafiquer quelque chose à l'arrière du camion, dont le moteur vient juste de démarrer. Cette personne est en train d'accrocher une laisse de malefortune au chihuahua apeuré.

— Nayeon ! je m'écrie en perdant l'équilibre, rattrapée de justesse par Jaemin.

L'assistante me jette un regard torve empli de rage, et décampe alors que je hèle de nouveau son prénom. Jaemin soutient presque tout mon poids alors qu'il se détourne pour suivre mon regard.

Je vois le camion se mettre en marche, jettant un regard au chihuahua, toujours planqué sous un meuble. Soudain, le câble auquel est attaché le chien se tend. Marylou sursaute, et brusquement elle est embarquée dans un mouvement trop violent pour sa petite taille.

— Arrêtez le camion ! Pitié, arrêtez le camion ! je m'entends hurler.

Les techniciens et les chauffeurs alentour me dévisagent comme si j'avais perdu l'esprit.

Le chihuahua essaie de freiner des quatre fers, mais elle est entraînée malgré elle par la force du monstrueux véhicule. Je me débats, Jaemin me lâche et je m'élance vers le chien, qui a déjà été traîné sur une dizaine de mètres. Yerim a foncé dès qu'elle m'a entendue.

J'attrape le câble, je tente de tirer dessus mais rien n'y fait, le camion accélère. Autour de moi, les gens ont finalement compris ce qu'il se passe. J'entends des cris, ça hurle des ordres. Je soulève Marylou du sol et dois presque courir pour suivre le rythme imposé par le camion.

Yerim est en train de sprinter, remontant près de la remorque avec une foulée digne d'une athlète olympique. Elle frappe du poing contre la portière, alors que je galope derrière, happée dans le sillage du camion.

Elle engueule le conducteur, un dernier *bang* résonne sur la tôle du véhicule et les freins crissent brusquement. Emportée par mon élan, j'évite de peu de finir ma course dans la remorque.

Je suis à bout de souffle. La sueur perle dans mes yeux, mon cœur bat la chamade. Le chien tremble dans mes bras. La pauvre petite chose est tout aussi paniquée que moi. Bercée par la douce pression de l'adrénaline qui retombe, je reste un long moment choquée avant de comprendre ce qui l'encombre. Elle a été reliée à un fouillis de câbles dont il lui aurait été impossible de se défaire.

Et il y a ce bout que je tiens entre mes doigts, celui qui nous a traînées derrière le camion sur une bonne cinquantaine de mètres. Le câble est attaché à un essieu, savamment noué.

Je me rends compte que le pire aurait pu se produire.

SCÈNE 20

Juliette

— Ça n'a pas de sens. Pourquoi vouloir se débarrasser du chien ? C'est tout bonnement cruel !

Je ne réponds pas. Yerim a les yeux rivés sur la route, derrière le volant de la voiturette. Elle roule tranquillement et semble ne pas s'adresser à quelqu'un en particulier. Jaemin est à moitié retourné sur son siège, accoudé au dossier ; d'une main passée à l'arrière, il caresse gentiment le petit chihuahua lovée au creux de mes bras. Évidemment, on n'a trouvé aucun collier sur elle.

— Donc c'était intentionnel, il n'y a pas de doute là-dessus. Mais dans quel but ? renchérit-elle.

— Je pense que c'est de la vengeance, purement et simplement, lance Jaemin. Il faut reconnaître que Sarah est quelqu'un d'assez difficile à vivre. Je la côtoie sur le plateau et je peux te dire qu'elle est intransigeante et pour le moins compliquée. Pour rien au monde je ne voudrais devenir son assistant.

— De là à tuer son chien ?! s'exclame Yerim, choquée.

Je suis encore retournée par ce qu'il vient de se passer. La conduite souple me berce. Le sifflement discret du moteur agit comme un pendule apaisant sur mon esprit. Peu à peu, je reprends conscience de mon environnement et assimile tous les faits dont j'ai été témoin. Finalement tout commence à faire sens et je tente de verbaliser ce que j'ai déduit :

— Nayeon a volé le collier, je déclare. Je suis prête à parier que ce dernier vaut une petite fortune. Elle a brouillé les pistes en cachant le chien. Pendant que tout le monde cherchait Marylou, elle a fait disparaître le bijou.

Les deux cousins se lancent un regard et hochent la tête de concert. Je sens entre eux une tension, j'ai l'impression de voir deux athlètes sur une ligne de départ, s'affrontant du regard sous la pression de la victoire.

Je voudrais sortir mon carnet et noter les idées qui me viennent, mais impossible de lâcher le petit chien. Je suis rassurée de l'avoir retrouvée avant que…

Puis les promesses de Sarah me reviennent en mémoire, je revois l'actrice promettre monts et merveilles à la personne qui retrouvera son chihuahua chéri. Et me voilà avec le précieux paquetage entre les bras. J'en frissonne, est-ce que c'est aujourd'hui que mon rêve devient réalité ? Il faut que je prépare la manière de formuler ma demande. Oh, mon Dieu, est-ce qu'une place dans l'équipe d'écriture serait trop demander ?

Je sais, je rêve. Je délire même peut-être un peu, mais les plus grands studios du pays, c'est l'endroit idéal pour rêver, non ? La magie du cinéma opère en ces lieux. Ici, je peux devenir qui je veux si j'y crois assez fort. Je m'y vois déjà : moi, Juliette Park, scénariste prodige qui s'est construite toute seule.

Je capte alors le regard attendri de Yerim dans le rétroviseur. Elle m'observe comme si j'étais une gosse qui tient dans ses bras un chiot qu'on vient de lui offrir après avoir supplié pendant des années pour avoir un animal de compagnie. Elle ne me paraît pas être la sorcière cruelle que Seulgi m'a décrite. Je la revois foncer tête baissée, hurler sur le conducteur du camion pour stopper le véhicule. Je revois l'horreur dans ses yeux alors que le pont était en train de me tomber sur le coin de la figure.

— Pourquoi n'as-tu jamais donné de nouvelles à Seulgi ? je m'enquiers.

Yerim a un léger sursaut.

— Euh… Eh bien…

Son regard oscille entre la route et le rétroviseur. Elle hésite un long moment, avant de croiser le regard de Jaemin, tout aussi interrogateur.

— Oui, pourquoi est-ce que tu as ghosté Seulgi ? intervient-il d'un ton harangueur.

Pourtant je me doute qu'il en connaît la raison, Yerim est plus qu'une manager, c'est sa cousine et certainement confidente de choix.

— Elle m'a proposé un plan à trois ! Voilà ! Vous êtes contents ? Vous voulez plus de détails ? grogne-t-elle, mal à l'aise.

Je secoue la tête, abasourdie.

J'ai du mal à imaginer Seulgi aussi aventureuse, quoique… c'est vrai qu'elle a toujours des histoires décapantes dès qu'on lance le sujet des relations amoureuses.

Je me mets à la place de Yerim, toute pomponnée, en plein rendez-vous amoureux, m'imaginant déjà un futur avec la personne en face de moi jusqu'à ce que *pouf !* une troisième personne débarque…

— Un mec, en plus ! lâche Yerim avec un air dégoûté.

Jaemin la toise d'un regard sombre.

— Oh, ne le prends pas personnellement ! Je n'ai rien contre les hommes. Je préfère les femmes… Et la plupart du temps, les femmes m'aiment, ajoute-t-elle en m'adressant dans le rétro son fameux clin d'œil mutin.

Je me sens rougir. Seulgi n'avait pas tort : Yerim assume complètement sa sexualité et ça lui donne un charme fou. Je détourne le regard, gênée de réagir aussi ostensiblement. Jaemin me jette un coup d'œil maussade.

— Et toi, Juliette ? Tu aimes les femmes ? me demande subitement Yerim.

Je suis prise de court. Je ne me suis jamais posé la question. À vrai dire, je n'ai encore jamais rencontré de femme qui me fasse l'effet déroutant que de rares hommes ont exercé sur moi. Pour toute réponse, seule une question me vient à l'esprit : est-ce que les femmes m'aimeraient en retour ? J'ai le réflexe de croire que non. Je n'ai jamais été le premier choix d'un garçon, alors d'une femme ! Ça me paraît plus improbable encore.

Pourtant elle me fixe via le reflet de ce miroir. C'est quoi ce sentiment qui me serre le ventre ? Je n'ai aucune idée de ce que je ressens, alors je tente de combler la gêne qui s'installe dans mon silence. Je bégaye :

— Oh, euh bah… Han, c'est euh… Je…

— Pas de pression, ma belle, renchérit-elle en adressant un sourire à Jaemin cette fois-ci.

Ah d'accord, j'ai servi de trophée dans l'étrange compétition qui les oppose. J'ai l'impression qu'ils se soutiennent et se défient en même temps.

— Et euh, depuis combien de temps tu travailles pour Jaemin ? je croasse, histoire de changer de sujet.

— Travailler pour lui ! *Pour* lui ? répète-t-elle, outrée. Je suis sa manager ; techniquement, il fait ce que *je* lui dis.

Jaemin soupire bruyamment. Je devine qu'ils ont déjà eu maintes discussions sur ce sujet.

— Ne soupire pas, Jaemin. Non, je ne suis pas ton assistante. Je ne suis pas censée t'apporter ton café, te lire les articles dans les médias te concernant ou te réveiller le matin quand tu n'entends pas ton réveil.

— Je sais… Je sais… Tu sais bien que ce n'est pas ma faute. Les finances sont serrées.

Il tend la main pour caresser la petite tête de Marylou. « Les finances sont serrées » ? J'aurais pensé qu'un acteur en tête d'affiche et au succès quasi garanti n'aurait pas de soucis à se faire concernant l'argent. Mais il semblerait que je me trompe.

Soudain, Yerim gronde :

— Qu'est-ce qu'il se passe là-bas ? C'est quoi, cet attroupement ?

Je lève les yeux vers la route et j'aperçois effectivement un attroupement à l'entrée du hangar où a lieu le tournage de *Gods in Hell*. Il y a bien trop de monde pour que ce soit une simple pause entre collègues.

Alors que mon regard fend la foule, je croise les yeux de la seule personne qu'il me faut éviter à tout prix. Ma cheffe lève un doigt enragé dans ma direction et hurle :

— Elle est là ! Juliette, qu'est-ce que tu as encore fait ?

SCÈNE 21

Jaemin

La vieille folle au port de tête militaire lui crie dessus. Juliette se recroqueville sur le siège arrière, aussi tremblante que le chihuahua qu'elle tient précieusement entre ses bras. C'en est trop. Je me dois d'agir, il faut bien que quelqu'un la défende.

Je m'élance, je bombe le torse, prêt à gronder aussi fort que cette *ajumma*[9] mal élevée. Qu'est-ce que ma mère dirait ? Ah oui, « inspire par le nez, souffle par la bouche, voix claire, occupe l'espace et le menton relevé ». Il ne faut pas baisser les yeux, je dois faire face dignement. Prends un air cool mais assuré, les gestes lents mais précis, aie conscience de ta posture, remets en place ton assiette, ancre tes pieds dans le sol et…

— Calmez-vous, s'il vous plaît, madame. Juliette vient de réchapper à un accident qui a failli lui coûter la vie. Elle est encore sous le choc et a besoin de calme. Je voulais l'emmener à l'infirmerie, mais elle a insisté pour ramener ce chien à sa propriétaire, Mme Kang elle-même.

---

9. Terme employé pour s'adresser à une femme d'âge mûr dans la société coréenne.

Yerim a été plus rapide que moi. Elle m'a l'air bien déterminée à impressionner Juliette. Mais alors qu'elle s'est interposée entre cette dernière et la cheffe accessoiriste, elle effectue ensuite un mouvement de recul. Un repli sans doute provoqué par l'apparition inopinée de la collègue de Juliette, la fameuse Seulgi. Elle est sacrément belle. Elle pourrait passer des castings pour des seconds rôles, je suis certain qu'elle serait retenue.

La foule s'est massée autour de la voiturette. Les agents de sécurité ont l'air d'être sur le pied de guerre. Même le réalisateur et la scripte sont sortis. Les portes immenses du hangar déversent la fraîcheur de la climatisation qui fonctionne à plein régime à l'intérieur. Dans l'ombre du bâtiment démesuré, le brouhaha des discussions nous encercle.

— C'est elle ! Je la reconnais. Je l'ai vue prendre Marylou. Elle a essayé de voler votre chien, madame Kang. J'en mettrais ma main à couper, aboie Nayeon en sueur, les pupilles dilatées et le corps tremblant.

Juliette hoquette de surprise, manquant de broyer entre ses bras le pauvre chihuahua.

— Pardon ? Voler ? Je viens de la sauver ! proteste-t-elle avec une mine aussi perplexe que choquée.

Ma très chère collègue fend la foule, apercevant pour la première fois depuis des heures son animal bien-aimé. Elle se précipite vers Juliette et, sans un mot, lui arrache quasiment le chien des mains.

— Je l'ai retrouvée, madame Kang, murmure Juliette. Je l'ai sauvée, c'est Nayeon qui voulait s'en débarrasser. Je vous le jure : jamais je n'aurais fait de mal à votre chienne. C'est votre assistante qui a essayé de s'en débarrasser. Elle a volé son collier, et elle a voulu faire disparaître les preuves en…

Sarah la fait taire d'un regard noir. Je fonce aux côtés de Juliette. Yerim, elle, a reculé d'un pas. Entre elle et Seulgi, c'est un véritable duel de regards.

— Juliette vient de sauver la vie de Marylou, j'affirme. Quelqu'un l'avait ligotée à un camion. Ce chien ne serait déjà plus de ce monde si elle n'était pas intervenue.

Sarah semble perplexe. Elle serre le chihuahua fort contre elle et, finalement rassurée, elle laisse se déverser les émotions qu'elle contenait. Mais à peine a-t-elle le temps de savourer les retrouvailles, à grands coups de langue sur le menton, que son assistante revient à la charge.

— Non ! Cette femme a volé votre chien ! Elle a essayé de se débarrasser de Marylou, s'écrie Nayeon, haletante.

— Jamais ! C'est faux ! se défend Juliette.

— Est-ce que vous savez qui je suis ? aboie tout à coup par-dessus le vacarme un homme que je reconnais avec difficulté. Je suis producteur exécutif ! Et je ne cautionne pas le tournant que prend cette série ! Je n'ai jamais signé pour ça ! C'est une honte !

Il ne manquait plus que lui : Cho Eunhwa, l'artiste à l'origine du *manhwa* dont est tiré *Gods of Hell*. Il brandit un script barré au feutre noir, rayé de lettres énormes et d'annotations qui ont presque traversé les feuillets.

Je ne sais plus où donner de la tête. Néanmoins, toute cette armada circule autour d'une seule personne : Nayeon, qui semble avoir rameuté tout ce beau monde comme comité d'accueil.

Juliette fixe avec un air penaud l'actrice qu'elle admire tant. Cette dernière ne prête plus attention à personne, elle fait des mamours à son chien et plus rien au monde ne semble l'intéresser.

— Juliette ! Vous avez dépassé les limites ! C'est inacceptable, renchérit la cheffe accessoiriste.

Juliette recule, Yerim se poste devant elle, faisant barrage avec son corps, lançant des regards assassins à ceux qui oseraient approcher. Tout cela dégénère bien trop rapidement.

C'est alors que le chaos s'élève brusquement. Tout le monde a son mot à dire, du machiniste à l'électricien, du figurant au réalisateur, chacun y va de son avis personnel sur la culpabilité de Juliette, l'incapacité de Nayeon à assurer un simple boulot, sur le comportement de diva de Sarah ou la race de Marylou, pure ou croisée ? Tout, autour de nous, se transforme en une triste débâcle.

— Du calme ! Qu'est-ce qu'il se passe ici ? gronde soudain une voix autoritaire qui me cloue sur place.

Flanqué de deux gardes du corps, l'homme en costume noir est sorti d'une berline sombre qui s'est garée juste derrière moi. Je sens une goutte de sueur dévaler le long de ma colonne vertébrale, tous les regards sont tournés vers lui.

Bak Chanwoo s'avance, s'incline le plus respectueusement possible et s'empresse d'expliquer :

— Nous étions en train de tourner quand l'assistante de Mme Kang nous a interrompus. Cette jeune femme, dit-il en désignant Juliette, aurait tenté de tuer le chien de Mme Kang.

Ces accusations arrachent à Juliette un gémissement plaintif. Yerim enroule un bras autour de ses épaules et lui glisse un mot à l'oreille. La collègue de Juliette les fusille du regard. Je fais de même.

L'homme en noir examine l'assistance, passant d'une personne à l'autre avec un temps de latence oppressant. Lorsque ses yeux tombent sur moi, je rive les yeux au sol et me fais tout petit, cachant mes mains tremblantes dans mes poches.

— C'est inadmissible. Vous gâchez l'argent des studios à chaque minute qui passe. Reprenez vos postes immédiatement.

Il tourne les talons. Le silence est comme une cape qu'il porte, le suivant partout où il va, se retirant avec lui pour laisser les discussions remonter vers la surface alors qu'il s'éloigne. Je ne sais pas s'il m'a reconnu.

— Monsieur Lee ! J'aurais aimé vous parler ! Monsieur Lee ! lance le producteur exécutif. Il y a un souci avec l'adaptation de mon œuvre. Comme vous le savez, je suis Cho Eunhwa, j'ai écrit le script original de *Gods in Hell.* Or je suis formellement opposé aux choix scénaristiques qui…

L'un des gardes du corps lève un bras. Cho se tait aussitôt, ses yeux louchant vers la main qui l'empêche d'avancer, suivant tel un pendule le mouvement de l'index qui oscille comme un métronome. Le producteur se racle la gorge, s'incline de nouveau et remercie l'homme en noir, qui s'est déjà engouffré dans la berline.

La foule s'est éclipsée. Seules quelques personnes rôdent encore pour laisser traîner leurs oreilles indiscrètes.

Sous l'égide de ma cousine, Juliette défend son point de vue avec ferveur face à l'actrice.

— Je vous jure, madame Kang, jamais je n'aurais fait de mal à votre chihuahua. Au contraire, j'ai pris sur mon temps de travail pour partir à sa recherche. Il y a des caméras de surveillance partout dans les studios, demandez aux gardiens de vérifier les abords du hangar. Vous verrez que c'est elle qui a kidnappé Marylou, explique-t-elle en montrant du doigt l'assistante postée près d'un des agents de sécurité.

— Vous avez quitté votre poste, vous avez causé un incident avec un pont lumière, dont les pertes matérielles se chiffrent à plus de deux cent vingt millions de wons, vous avez volé le chien de Mme Kang. Vous êtes virée, Juliette ! Virée ! hurle la cheffe accessoiriste sans écouter ses explications.

Juliette sursaute à chaque affirmation, les larmes s'accumulant dans ses yeux. Cela devient de plus en plus dur pour elle de répondre à ces attaques insensées. Puis c'est alors que j'aperçois l'un des gars de la sécurité s'approcher d'un pas lourd, la carrure menaçante, tendant un bras vers elle.

— Madame Park, je vais vous escorter vers la sortie.

C'est Seulgi qui s'interpose cette fois-ci. Suppliante et nerveuse, elle s'époumone :

— Ce sont des mensonges ! Vous ne pouvez pas la virer sur la base de fausses accusations. C'est un malentendu, Juliette ne ferait jamais ça !

Leur cheffe ne cille pas, elle ne leur adresse même plus un seul regard, ni à elle ni à Juliette. Yerim me lance un regard insistant, comme si j'avais le pouvoir de tout arranger, avant de me jeter une moue dégoûtée. Mais tout mon courage s'est envolé.

Soudain, l'un des gros bras les plus proches agrippe la frêle Juliette. Elle flanche sous le poids de la main massive qui s'est posée sur son épaule. Ma cousine proteste, demandant vertement au gardien de la lâcher. L'homme lève les paumes en l'air, impressionné par l'autorité émanant de ma cousine.

— Fouillez-la ! s'écrie alors Yerim sur le même ton cinglant en pointant son index accusateur sur Nayeon. Votre assistante est une voleuse ! D'après vous, où se trouve le collier de votre chien ?

Chacun se dévisage tour à tour et s'interroge en silence. Nayeon grimace et croise ses bras sur sa poitrine dans une posture défensive. Elle réagit à l'attaque avec dédain, comme si les accusations de ma cousine étaient tirées par les cheveux.

Sarah resserre l'étreinte autour de son chihuahua, et son regard croise celui, éperdu, de Juliette. La diva esquisse un mouvement du menton, observe de biais les agents de sécurité. Le plus baraqué se met en mouvement. Celui qui ne voulait pas laisser Juliette entrer dans les studios il y a quelques heures.

À mon grand étonnement, le gars de la sécurité bifurque en direction de Nayeon et l'attrape par les épaules, l'empêchant de filer.

— Videz vos poches, mademoiselle, ordonne-t-il.

— Certainement pas, proteste Nayeon d'une voix suraiguë.

— C'est un ordre ! Vide tes poches ! renchérit Sarah, la mâchoire crispée.

— Vous n'avez pas le droit, c'est illégal de…

Sarah se rue comme une furie sur son assistante. Elle arrache le sac que cette dernière porte en bandoulière. Comme si elle savait exactement où chercher, comme si elle se doutait déjà de ce qu'elle allait trouver dedans. Elle ouvre la poche avant tout en jonglant avec le chihuahua qu'elle tient dans ses bras.

— C'est quoi, ça ? lance-t-elle en brandissant un petit sachet en plastique rempli d'une substance farineuse.

Les regards sont vissés sur elles. Le gars de la sécurité resserre sa prise sur l'assistante.

— Ce n'est pas à moi. Quelqu'un a dû le mettre dans mon sac. Certainement cette fille, crache Nayeon, une moue méprisante aux lèvres.

Elle montre Juliette du menton, qui a l'air aussi scandalisée qu'horrifiée. Mais personne n'est dupe face au mensonge de Nayeon.

Sarah presse le sachet entre ses doigts et s'aperçoit que quelque chose brille à l'intérieur. Les diamants ! Un hoquet de stupéfaction parcourt l'assemblée.

— Une voleuse doublée d'une droguée ! Remballe tes affaires sur-le-champ, assène Sarah. Je ne veux plus te voir dans les parages.

Le masque d'indifférence de Nayeon se fissure. Elle se jette aux pieds de l'actrice, implorante, et laisse les larmes couler sur ses joues.

— Je vous en supplie ! Vous aviez promis… Vous me feriez passer un casting pour un rôle… Madame Kang !

La sentence est irrévocable, Sarah Kang observe son ancienne assistante avec un mépris évident.

— C'est pour ça que tu me voles ? Tu voulais vendre les diamants pour te payer tes doses ? Regarde-toi ! Tu es complètement shootée. Tu trembles et tu transpires. Estime-toi heureuse que je ne porte pas plainte contre toi. Que quelqu'un la raccompagne chez elle.

Nayeon se recroqueville sur elle-même en sanglotant. Sarah s'éloigne sans même lui adresser un dernier regard.

Je n'ai pas quitté Juliette des yeux. Yerim, qui se tient dans son ombre, me fusille silencieusement du regard.

Je m'approche du duo désemparé, percevant les murmures de ma cousine qui essaie de remonter le moral de la pauvre accessoiriste. Juliette se défait de l'emprise de l'agent de sécurité qui ne la tenait que du bout des doigts.

— Cheffe ! Je…

— Tu es virée, Juliette, la coupe-t-elle en tournant elle aussi les talons.

J'entends Seulgi grommeler mais la mégère la fait taire d'un regard assassin.

— Retourne à ton poste avant que je te mette un avertissement à toi aussi.

SCÈNE 22

Juliette

Je suis encore sous le choc des événements. Lequel m'affecte le plus, je ne sais pas. J'hésite entre l'accident mortel évité de justesse ou le licenciement devant tout un public. D'ordinaire, je suis une personne timide et renfermée, introvertie et sans histoires. Jamais ma vie n'a été si chaotique. Et pour obtenir quoi ? Absolument rien.

Seulgi est en train de ranger un cadre dans le carton qui doit contenir mes affaires. Or il n'y a rien ici qui m'appartienne, et encore moins d'effets personnels. Je n'ai rien eu le temps de ramener durant deux semaines et demie de travail pour les studios KTV.

Je ne comprends pas ce qu'elle est en train de fourrer dans ce carton.

— Tu l'aimes bien, ce cadre. Je t'ai vue l'observer pendant l'archivage. J'ai mis une photo de moi dedans, comme ça tu ne m'oublieras pas, souffle-t-elle, mélancolique. J'ai mis aussi une casquette et trois tee-shirts logotés KTV. Ça te fera des souvenirs. Je voulais te piquer un porte-clés, mais le gars de la sécurité a failli me griller. On va se boire un verre un de ces soirs, hein ?

— Je ne vais pas voler des…

— Sinon quoi ? Ils vont te virer ?

Je soupire, avachie sur ma chaise, respirant dans mes paumes déjà humides de transpiration.

— Au fait, je n'ai pas eu l'occasion de te le dire : j'ai obtenu des places pour le parc d'attractions des studios. On avait dit qu'on le visiterait toutes les deux. La semaine prochaine, tu es dispo ?

— Tu fais déjà des semaines de soixante-dix heures, Seulgi… Avec mon départ, ça m'étonnerait que la vieille t'accorde du repos de sitôt…

— Je me débrouillerai ! C'est nul que tu t'en ailles, tu es la seule qui me comprends… Je ne veux pas d'autres collègues que toi… soupire-t-elle dépitée.

Je me lève lentement, habituée à ne faire aucun bruit. Seulgi s'est affalée contre le petit bureau. Dans ce recoin sombre éclairé par la seule lumière de l'écran d'ordinateur, je l'entends à peine respirer. Une série de bips retentit, Seulgi s'est recroquevillée sur elle-même et son front appuie sur le clavier. L'écran s'illumine de messages d'erreur, de fenêtres qui s'ouvrent et se ferment, formant alentour des ombres qui dansent à un rythme enflammé.

Je décale doucement son clavier coincé sous le poids de son corps, en passant délicatement ma main sur son front. Encore un contact physique qui me dérange. Je ne veux pas poser mes doigts n'importe où et j'espère qu'elle n'est pas aussi gênée que je le suis. Je l'entends grogner, j'ai senti quelque chose de mou et humide. Oups ! Je crois que je lui ai mis un doigt dans l'œil.

— Pardon ! Je…

— Tu sais, je ne veux pas que tu partes, lance-t-elle en relevant la tête. Mais y a un truc que je me demande.

Je me recule tout à coup. J'ai senti un changement dans le ton de sa voix. Plus cinglante, irritée même. Mon cœur se serre, je repasse en vitesse tout ce que je viens de faire ou de dire, essayant de comprendre son soudain changement d'attitude.

— Tu sors avec Yerim ? m'interroge-t-elle avec un air renfrogné.

Il me faut quelques secondes pour comprendre. J'affiche un air surpris. Elle est jalouse. Jalouse de moi, la fille sans histoires, moi qui suis toujours le dernier choix, celle qu'on ne voit pas. Elle me met sous le feu des projecteurs et je suis mal à l'aise.

— Non ! Pourquoi est-ce que tu dis ça ?

Je me défends fébrilement, mes mots tremblent alors que je manque d'assurance. Comment peut-elle imaginer qu'une femme comme Yerim voudrait de moi ? Et comment peut-elle penser que je serais du genre à fricoter avec celle qui vient de lui briser le cœur ? On est amies, elle et moi, non ?!

— Les femmes ne m'intéressent pas, de toute façon, j'ajoute. Enfin, je crois pas.

Elle n'a pas l'air convaincue par ma réponse. Ou peut-être est-ce que je ne suis pas moi-même convaincue par ma réponse ?

— Désolée, j'ai cru que… Comme tu as repoussé les avances de Lee Jaemin. Et vu que tu es une grande fan de Sarah Kang…

— Quel est le rapport ? je souffle, perplexe.

— Sarah ? Elle est lesbienne… Du coup, je pensais que toi aussi, tu…

— Sarah est lesbienne ?! je m'exclame.

— Ben oui… Ce n'est pas vraiment un secret. Elle milite à Hollywood et aux studios KTV pour que les productions auxquelles elle participe représentent et engagent de plus en plus de professionnels queers, que ce soit devant ou derrière la caméra, et la moitié du casting de *Gods in Hell* fait partie de la commu.

— Je… je l'ignorais… je réplique, larguée.

— Elle a rencontré sa copine l'an dernier, sur un tournage. Lucy Williams, elle est consultante pour le cinéma, c'est une reporter de guerre. Enfin… Peut-être son ex-copine. Vu comment elles se sont pris la tête juste avant que tu ne reviennes. C'était violent…

Je me sens stupide. Mes joues ont rosi sauvagement. Je ne me doutais pas une seule seconde que mon actrice préférée, dont je suis la carrière depuis des années, était queer. S'il me fallait encore une autre preuve de ma nullité à lire autrui, c'en est une manifeste. Décidément, Nanette de Valmy a bien raison : je suis à côté de la plaque.

— Je suis trop nulle… Comment Yerim ou quiconque pourrait me trouver de l'intérêt ? je grommelle dans ma barbe.

Seulgi se lève, pose ses mains sur mes épaules et ancre son regard dans le mien en articulant :

— Si seulement tu pouvais te voir comme je te vois, comme les autres te perçoivent… Tu réaliserais à quel point tu es quelqu'un d'incroyable.

Je soupire un merci, jetant un coup d'œil dans le carton qu'elle a rempli pour moi. J'esquive le poids de son regard et je me défais subtilement de son emprise.

J'ai besoin d'écrire, de poser des mots sur les ressentis violents qui me tourmentent en cet instant même. Il n'y a que comme ça que j'arrive à me remettre de mes émotions.

Le silence s'étire sans que je trouve quoi dire. Seulgi va sincèrement me manquer. C'est étrange, ce sentiment de familiarité qui s'est tissé entre nous en à peine quelques semaines. Mon regard se perd dans le tas d'objets empilés dans le carton. Elle y a glissé de tout : une agrafeuse, des stylos, des tee-shirts, une casquette logotée et… des tongs en moumoute ? Où est-ce qu'elle a piqué ça, encore ?

— Comment tu vas faire avec tes grands-parents ? Tu vas leur dire la vérité ? lâche-t-elle.

— Non. Les vacances d'été arrivent à grands pas. Je vais m'inscrire à l'université de droit pour la rentrée. Je crois que c'est ce qu'il y a de mieux à faire.

— Je sais que tu crois au destin, et que tu pensais être sur la bonne voie, comme ta prof qui était simple accessoiriste puis qui est devenue réalisatrice. Mais il n'y a pas qu'une seule voie qui mène à ton rêve, me souffle Seulgi en m'attrapant les épaules et en me forçant à la regarder dans les yeux. Garde espoir, Juliette, tu…

Brusquement, un coup tonne dans l'immensité du hangar. Un poing a frappé contre la porte en tôle, et j'entends aussitôt une voix d'homme appeler :

— Mademoiselle Park ?

Je l'avais oublié, lui. Le gars de la sécurité m'attend à l'extérieur. Je n'ai plus le temps pour les au revoir. Seulgi saute dans mes bras. Je sens qu'elle retient des larmes.

Les effusions sentimentales me mettent mal à l'aise, pourtant je la serre fort en retour. Puis elle me fourre le carton entre les mains.

— Tu recharges ton téléphone et tu m'appelles ou tu m'envoies un texto, hein !

— Je te le promets ! Croix de bois, croix de fer, si je mens je vais en enfer ! je déclare avec sérieux.

Seulgi m'enlace, non pas de ces accolades furtives, une vraie étreinte, qui me réchauffe le cœur.

Puis elle me pousse vers la sortie. Et pour la première fois, ce contact me semble trop court. Dans la pénombre du hangar, je prends les dernières images mentales de mon séjour dans l'antre des plus grands studios du pays. J'aperçois la lumière au fond du bâtiment. La porte ouverte inonde d'un large rayon de lumière l'intérieur, et mon ombre s'étire sur mes talons alors que j'entame les derniers mètres hors du hangar des costumes et accessoires.

Adieu Seulgi, adieu monde très fermé du cinéma. Ah, si seulement j'avais été la fille cachée d'un réalisateur prestigieux !

J'entends un grésillement, et le talkie du gardien se met à crisser. Une voix articule frénétiquement :

— Urgent ! Besoin de renforts porte ouest ! Je répète : besoin de renforts porte ouest. Rassemblement inquiétant devant les bureaux de la direction !

Je fais comme si je n'entendais rien, tout comme le détenteur du talkie. Je n'arrive plus à me rappeler son prénom. C'est celui qui m'a foutue à la porte du plateau de tournage la première fois, celui qui a habité en France. Nous esquissons tous deux une grimace désolée.

Il m'invite à prendre place dans la voiturette électrique garée dans l'ombre du bâtiment. Il s'assied près de moi, mais il est si massif que la banquette paraît s'étrécir à vue d'œil, et nos cuisses se touchent – je pourrais me servir de la sienne comme d'un accoudoir. Je resserre mon étreinte autour du carton de goodies volés. Je dois avoir l'air coupable, j'espère qu'il ne va pas vérifier la provenance de ces objets.

— Sacrée journée, hein ? je lance pour couvrir le silence gênant.

Je perçois un grognement guttural remonter de sa gorge. Cet assentiment laconique correspond parfaitement au personnage bourru qu'il semble être. Je me recroqueville sur moi-même. Mes yeux plongent dans le carton sur mes genoux.

Le véhicule électrique roule tranquillement entre les hauts hangars. Les bâtiments défilent, projetant leurs ombres immenses sur l'avenue goudronnée. On croise d'autres voiturettes, certaines roulant à toute allure. Les conducteurs semblent animés par ce sentiment d'urgence qui plane au-dessus de tous.

J'aperçois le portail de sortie et le poste de sécurité, au-delà duquel s'étend la ville. Ici s'achève donc mon voyage au pays du cinéma. Malgré le sentiment d'échec qui me tenaille, la perspective de retrouver la normalité du monde extérieur a quelque chose de réconfortant. Je ne pense pas avoir les épaules pour supporter ce genre de pression jour après jour.

Soudain, mon chauffeur bifurque, alors que mon regard était rivé sur l'immense portail. Ce dernier disparaît de ma vue et nous nous engageons dans une ruelle plus étroite.

— Mais ! La sortie…

— Mme Kang a demandé à vous voir.

— Quoi ? Pourquoi ?

Le vigile pince les lèvres et hausse les épaules. Une boule se forme dans ma gorge alors qu'il accélère en direction du parc arboré qui s'étend au pied de la montagne, sur la route goudronnée qui laisse bientôt place à un chemin de cailloux. J'aperçois toute une flotte de camions loges garés à l'ombre des arbres, non loin d'un décor perdu dans les bois. L'ambiance électrisante des studios paraît bien loin.

Nous freinons finalement près du plus gros camion, un long véhicule sombre stabilisé sur de gros vérins et qui semble être installé là depuis un certain temps, puis l'agent de sécurité me signale :

— Elle vous attend.

Je glisse de la banquette avec un couinement embarrassant. Mon carton entre les bras, je parcours du regard le paysage. La loge de Sarah Kang est située à l'écart, je n'ai pas l'impression que les autres camions soient habités. Les nuits doivent être effrayantes, lorsqu'on est isolé de tout.

Je lève la main pour toquer à la porte, les bras encombrés par le carton. Une voix me crie d'entrer et j'obéis sur-le-champ. Provoqué par la climatisation ou par la peur, un frisson me picote l'échine alors que je referme la porte derrière moi. La marche qui mène au salon sur ma droite est haute. Je n'ose pas monter, j'ai encore mes chaussures aux pieds. Alors je tergiverse dans l'entrée en cherchant du regard qui s'est adressé à moi.

— Juliette… lance une silhouette dans la pénombre.

Lorsque mes yeux s'accoutument à la faible luminosité, je vois Sarah Kang assise sur un grand canapé d'angle face à un écran de télé géant. Le son est désactivé, les scènes se succèdent en silence mais je reconnais aussitôt le film : *Cupid Love*, un *blockbuster* sorti l'année dernière. Le visage de Sarah elle-même apparaît à l'écran. C'est très diva de sa part de visionner ses propres œuvres.

Nos regards se croisent. Je garde le silence, essayant de me cacher derrière mon carton.

— Viens t'asseoir près de moi, m'invite-t-elle d'une voix douce.

Elle m'a fait un sourire ! Oh, mon Dieu, je suis dans la loge de Sarah Kang et elle veut me parler ! Mais aussitôt, c'est la dégringolade des émotions. Je panique. Qu'est-ce qu'elle me veut ? Cette journée peut-elle être pire qu'elle l'est déjà ?

Je retire mes chaussures alors que Marylou déboule en me faisant la fête.

— Elle t'aime beaucoup ! C'est rare. Elle est très exigeante, comme moi, et elle a un radar pour détecter les bonnes personnes. Assieds-toi, Juliette.

Je m'approche en tâchant d'éviter de marcher sur la chihuahua, qui se faufile entre mes pieds en sautillant de joie. Je me cale dans l'assise moelleuse et m'enfonce à moitié entre les coussins.

Sarah me dévisage avec un sourire. Marylou tourne autour de mes pieds, cherchant à grimper auprès de moi. J'enserre mon carton comme pour disparaître derrière.

— Tu veux boire quelque chose ?

Je la remercie en faisant non de la tête. Pourtant, j'ai la gorge sèche. Mais je ne me sens pas à ma place. Je retiens mes mouvements, trop consciente du moindre bruissement de mon corps dans cet environnement luxueux.

— Comment vas-tu, Juliette ?

— Très bien, merci.

En réalité, j'ai mal aux côtes, le tournis et je n'ai rien avalé depuis des heures.

— Ils t'ont renvoyée, n'est-ce pas ?

Je hoche la tête tristement.

— J'ai vu les vidéos de surveillance sur l'accident et le sauvetage de Marylou. Tu es une vraie héroïne. Peu de personnes auraient pris de tels risques.

— J'ai fait ce qui me paraissait être la chose à faire.

— Bien. J'aurais besoin de quelqu'un comme toi. Comme tu le sais, je n'ai plus d'assistante. Est-ce que tu es disponible ?

Abasourdie, je bafouille un pauvre « Oui » qu'elle n'entend pas en raison de mes déglutitions à répétition, puis je répète d'une voix bizarrement aiguë :

— Oui, absolument !

— Parfait ! Je suis ravie.

— Merci ! Merci beaucoup ! Je…

Elle lève une main, et je me tais aussitôt, regrettant d'avoir laissé transparaître tout mon émoi. Elle inspire profondément, les paupières à demi closes. Puis elle ajoute :

— Mon agente te fera signer le contrat de travail, le NDA[10] et d'autres papiers. Il est bien évident que ce poste requiert la plus grande discrétion. J'ai besoin d'une personne dévouée et attentive, impliquée et de consciencieuse.

— Oh, je… C'est… Euh… Merci ! Impliquée, c'est tout moi, je… Je ne vous décevrai pas ! Je vous le promets !

10. Accord de non-divulgation.

Je me lève d'un bond. Les affaires dans mon carton s'entrechoquent bruyamment. Marylou bondit en même temps que moi. Je m'incline, secouant mes affaires dans une autre salve de cliquetis.

Sarah Kang porte ses doigts à ses tempes comme si elle avait mal à la tête, alors je recule à pas de velours, m'inclinant de nouveau et la remerciant dans un murmure. Elle m'observe m'éloigner avec un air circonspect.

— Où vas-tu, Juliette ?

— Euh, je… je bégaie en pointant du pouce la porte derrière moi.

— Non. Tu commences immédiatement. Dans la cuisine, il y a une liste de tâches à effectuer : des courses, des appels à passer, une interview à préparer. Mais d'abord, tu vas promener Marylou. Elle a le transit déréglé depuis l'incident. N'oublie pas le sac à crottes.

SCÈNE 23

Juliette

— Avez-vous le permis ? me demande froidement la femme, qui a la cinquantaine bien tassée.

— Euh… Oui. Je crois ? Oui, oui… je souffle en crispant mes doigts sur le volant.

— C'est simple : pédale d'accélération, frein, contact, volant, marche arrière, dit-elle en montrant du doigt chaque élément. Dosez bien l'accélérateur en marche arrière ; pas trop fort, sinon vous risquez de partir au quart de tour.

Je hoche la tête avec frénésie. L'agente de ma nouvelle boss vient tout juste de me faire signer les papiers sur un coin de table basse, puis pendant dix minutes j'ai eu droit à un sermon sur l'accord de non-divulgation ; elle a bien pris le temps de m'énoncer ce que j'encourais à la moindre erreur. J'ai la gorge serrée rien que de repenser aux frais juridiques que j'aurai à payer pour assurer ma défense le cas échéant. Je lui ai bien assuré que je serai muette comme une tombe.

— Ne vous séparez jamais de votre téléphone pro et de celui de Sarah. Vous devez être joignable H24 et sept jours sur sept. Même si je vous appelle à minuit, vous débarquez. Quand vous êtes dans l'enceinte des studios, gardez votre oreillette toujours sur vous, le talkie branché sur le canal correspondant à l'équipe à laquelle est assignée Sarah. Écoutez tout et conduisez-la partout où elle a besoin d'aller. Vous êtes l'intermédiaire entre Sarah et le monde extérieur. Personne ne s'adresse à elle sans passer par vous. Vous êtes ses oreilles, sa bouche et ses yeux. On demande Sarah plateau A, vous courez au plateau A. Une retouche *make-up*, vous l'escortez à la loge HMC[11]. Les assistants PA[12] vous avertiront au moindre changement de planning. Voilà. Je vous laisse, je dois aller négocier une exclusivité avec un grand magazine et ruiner une réputation. Si vous avez des questions… débrouillez-vous.

Marylou, assise à mes côtés sur la banquette avant de la voiturette électrique, se met à aboyer. Moi non plus, je n'apprécie pas cette femme.

— Qu'est-ce que vous entendez par « ruiner une réputation » ? je demande, intriguée.

— Celle de Nayeon, l'ancienne assistante… Madaaame veut une lettre de recommandation pour ses futurs employeurs ! Quel culot ! Hors de question qu'elle s'en sorte aussi facilement. On n'a même pas remis la main sur tous les diamants qu'elle a volés. Je serais elle, je m'assurerais d'avoir de bons avocats.

L'agente tourne les talons sans me dire au revoir. J'ai les mains moites et l'appréhension qui grimpe en flèche. Je ne sais pas si je vais y parvenir. J'ai déjà du mal à prendre soin de moi, alors m'occuper d'une star internationale !

---

11. Habillage, maquillage et coiffure.
12. Assistant de production.

— L'oreillette, Juliette ! Enfile l'oreillette ! lâche la femme en se retournant pour me lancer un dernier regard noir.

Aussitôt, j'attrape le petit objet pour l'insérer dans mon conduit auditif comme me l'a ordonné… Comment s'appelle-t-elle, déjà ? Minha ? Mingwah ? Moonhwa ? Je n'ai vraiment pas de mémoire. Ça va me jouer des tours, je le sens. Cela dit, la masse d'informations dont elle vient de me submerger dépasse l'entendement. Or, je n'ai rien noté.

Tout à coup, dans mon oreille, j'entends :

— Ohé ! L'assistante de Sarah ! Allô ! Y a-t-il quelqu'un au bout de la ligne ? C'est urgent !

— Oui ! Oui ! Je vous entends ! Je…

J'ai répondu alors que le micro était éteint. Je tripote mon talkie coincé à la ceinture de mon jean et réussis à appuyer sur la touche adéquate. Mais je n'ai pas le temps de paniquer à l'idée d'avoir déjà failli à ma tâche qu'on me crie dessus :

— Vous êtes en retard ! On attend Sarah en HMC ! Grouille-toi !

Je balance à l'arrière le carton de mes effets pas tout à fait personnels et m'apprête à descendre de la voiturette pour courir vers la loge de Sarah et tambouriner à sa porte, mais, lorsque je relève le nez, je vois ma nouvelle boss s'installer tranquillement à côté de moi en prenant son chihuahua sur les genoux.

— Bon… On y va ? souffle-t-elle, impatiente.

Demi-tour à fond ! J'enfonce la pédale d'accélération et la voiturette tourne en rond en faisant quasiment du deux-roues. Sarah laisse échapper un cri et se cramponne à la poignée au-dessus de sa tête. Pied au plancher, j'agrippe le volant comme si je voulais l'arracher. Les cheveux qui me fouettent la figure, j'aperçois du coin de l'œil Sarah se contracter, la mine angoissée.

— Doucement, Juliette ! Doucement ! Un accident, ça suffit, ne va pas nous encastrer dans un mur.

— Pardon ! Désolée ! je réplique en levant immédiatement le pied.

La voiture se met à rouler au pas. Je suis complètement crispée, mon dos voûté me donne l'air d'une grand-mère qui n'a pas pensé à prendre ses lunettes de vue.

— Plus vite quand même, Juliette ! À ce rythme-là, on sera au plateau demain soir !

Qu'est-ce qu'elle veut de moi, à la fin ? Je ne sais jamais comment interpréter correctement des directions, je me perds dans les instructions les plus basiques, alors si elle commence à me demander tout et son contraire, ça va mal finir.

C'est alors que j'entends la voix crisser dans mon oreillette :

— L'assistante de Sarah ? Allô ? Où êtes-vous ? Pourquoi est-ce que vous n'êtes pas encore arrivées ? Ce n'est pas possible… Je crois qu'elle ne sait pas utiliser un talkie… Encore une incompétente qui va tout faire foirer. Pourquoi est-ce qu'on ne peut pas engager de vrais pros ? On a déjà assez de problèmes comme ça…

Cette fois-ci, je ne prends pas la peine de répondre. J'extirpe l'oreillette, j'appuie sur l'accélérateur ni trop fort ni pas assez, et le véhicule prend de la vitesse. Les ombres défilent, les rayons du soleil m'aveuglent par intermittence.

— À gauche ! crie Sarah, agrippée à sa poignée.

J'ai envie de hurler « Quelle gauche ? » tout en sachant pertinemment que je risque quand même de prendre la mauvaise direction.

La ruelle est encombrée de machinistes qui roulent des caisses, déplacent du matériel. Soudain, une grue qui traverse d'un hangar à l'autre me barre le chemin.

— Urgent ! Urgent ! Dégagez le passage ! je hurle à m'en déchirer les cordes vocales.

Les manutentionnaires s'écartent, les jurons fusent, ça crie et ça m'insulte dans différentes langues. Je crois reconnaître du mandarin, un peu d'hindi et pas mal de japonais. Tiens, la main-d'œuvre des studios est multiculturelle, je ne l'avais jamais remarqué, moi qui passais mon temps dans le grand hangar des accessoires.

Je me glisse *in extremis* dans le passage tout juste dégagé par les roues énormes de la grue, alertée par un retentissant carillon. C'est Sarah qui s'est jetée sur le klaxon. Elle répond à un juron en affichant un sourire de star. Le machiniste qui a osé fulminer contre nous prend conscience de son erreur et s'incline aussitôt plus bas que terre.

J'enfonce la pédale d'accélération. Je réussis finalement à nous sortir de là et à rejoindre l'avenue principale, qui mène droit au plateau où toute l'équipe nous attend.

Une berline sombre surgit de nulle part, les freins crissent et je saute sur ceux de la voiturette électrique. Je pile à quelques centimètres du nez de la grosse voiture. Le chauffeur me dévisage avec un regard assassin. Je m'excuse en faisant une grimace penaude, avant de redémarrer et de contourner le véhicule. Alors que la voiturette glisse à côté de la berline dans un sifflement électrique, la vitre teintée se baisse et j'aperçois le visage terriblement fermé de l'homme en noir.

Celui-là même qui, d'une phrase, a dispersé toute une foule, mettant un terme au spectacle humiliant pour la pauvre, mais néanmoins cruelle Nayeon. Il m'observe d'un regard terrifiant. Je vois Sarah lever une main devant mon nez et dessiner un salut, accompagné d'un grand sourire et d'un :

— Bonne journée, monsieur Lee ! Veuillez nous excuser, je suis attendue en plateau !

J'appuie à fond sur l'accélérateur. Dans un sursaut du moteur, nous vacillons toutes les deux en arrière. Sur les cuisses de sa maîtresse, Marylou, la langue pendante et les oreilles dans le vent, semble aux anges.

Sarah me paraît étrangement tendue. Et le silence qui tombe entre nous devient pesant.

— Tu connais M. Lee, bien évidemment. N'est-ce pas, Juliette ?

Le nom qu'elle vient de citer me dit quelque chose. D'après mon instinct, certes peu développé, je dirais qu'il est un des gros bonnets de KTV, certainement un producteur exécutif, voire un membre du conseil administratif.

— M. Lee est le propriétaire de la chaîne KTV, des studios et aussi de plusieurs multinationales dans le domaine des technologies, ajoute-t-elle.

Je viens de croiser ni plus ni moins qu'un héritier chaebol, l'un des pères fondateurs de la nation sud-coréenne, ou tout du moins un descendant d'une des familles prestigieuses qui ont permis à la Corée du Sud de s'élever au niveau d'une puissance économique mondiale. M. Lee, ce nom est effectivement dans toutes les bouches depuis mon arrivée.

— Il garde un œil sur son très cher bébé. De toutes les entreprises qu'il possède, ces studios représentent l'aboutissement d'un rêve d'enfant, tout le monde le sait. Il a toujours été fasciné par Hollywood. Il est même marié avec une grande réalisatrice, ce qui lui a valu pas mal de reproches de la part de sa famille, qui est très conservatrice.

Je hoche la tête. Je n'étais pas au courant de tout ça. Le problème, c'est que je ne prête pas attention à ce genre de détails. Ces informations me paraissent inutiles. Or, c'est comme ça qu'on fait bonne impression : en rencontrant les bonnes personnes au bon moment, en sachant remettre un nom sur un visage et se présenter formellement. Je suppose que c'est ce que fait le commun des mortels pour évoluer en société. Personnellement, je préfère faire mes preuves avec un bon scénario bien ficelé et original plutôt que d'identifier la tante au troisième degré du fils du patron.

— Fichu monde de merde… je songe à haute voix.

— Pardon ? s'étonne Sarah.

Je ne pensais pas avoir lâché ça à haute voix. Je me reprends :

— Non, je disais… Décidément, la culture du népotisme est forte dans ce milieu. Vous savez, si on n'est pas fils ou fille de, on galère sans jamais vraiment réussir à percer. Enfin… Sauf vous ! Vous y êtes arrivée ! Sans l'aide de personne. C'est pour ça que je vous admire : vous êtes partie de rien, vous avez enchaîné les boulots de misère et vous avez fait vos preuves toute seule. Vous êtes incroyable !

Je l'entends soupirer. Elle fixe la route qui défile tout en caressant du bout des doigts le crâne de son chihuahua. Elle m'observe du coin de l'œil et m'adresse un sourire de biais.

— Je n'ai jamais compris pourquoi les gens courent après la gloire. Si je pouvais retrouver mon anonymat, je serais la femme la plus heureuse du monde. N'est-ce pas, Marylou ? gazouille-t-elle. On serait les plus heureuses du monde si on nous foutait la paix !

Ma bouche se plisse dans un trait. Je ne sais pas quoi répondre. Malgré le sourire et l'émoi pétillant qui perce dans sa voix, son regard est d'une tristesse sans fin. Elle garde les yeux rivés sur un horizon lointain et j'ai l'impression de disparaître de ce moment. Comme si elle s'adressait à un public invisible, elle poursuit :

— Si tu savais ce que la célébrité m'a coûté, tu tirerais aussitôt un trait sur tes envies de gloire. Le revers du succès est bien cruel. J'ai perdu des personnes que j'aimais plus que tout au monde à cause de ma popularité. Et je crois bien que je vais de nouveau perdre quelqu'un que j'aime énormément…

— Oh… Je… Désolée… Je n'ai pas vraiment envie d'être célèbre. Je voudrais juste que quelqu'un lise mon scénario. Et l'aime. C'est tout.

Elle éclate de rire. Je glousse une espèce de rire en tentant de l'imiter, sans comprendre ce que j'ai dit de drôle.

— Tu veux juste qu'on aime ton scénario ? répète-t-elle d'un air un peu hautain, presque moqueur.

Je hausse les épaules. Je me sens bête.

— Si tu veux un conseil, ma petite Juliette, ne compte pas sur des étrangers dépourvus de bon sens pour remplir ce vide en toi.

Je ne sais pas si c'est un conseil bienveillant ou une suggestion fondée sur des années d'expérience, mais je note ça dans un coin de mon esprit.

— Ma grand-mère ne sait pas que je bosse pour vous, je lâche, histoire de changer de sujet.

— Oh ! Eh bien, tu vas lui faire la surprise. Elle va être fière, dit-elle sans enthousiasme.

— Je ne pense pas. J'ai peur de sa réaction. J'espère qu'elle ne va pas me mettre à la porte.

Sarah se tourne vers moi. Je voudrais voir l'expression sur son visage. Mais je reste focalisée sur la route devant moi, un peu frustrée de ne pas capter toute l'intensité de cet instant.

C'est comme si je n'existais plus, comme si le monde autour d'elle s'était évanoui. Je me fais petite, je me concentre sur ma conduite.

Finalement, le hangar de *Gods in Hell* apparaît devant nous. J'ai réussi !

SCÈNE 24

Jaemin

Tout, autour de nous, est d'un vert pétant. Le décor est fait de toiles tendues, de cubes et de piliers dans ce monochrome parfait. La machinerie immense est censée tourner sur un rail de travelling qui se déplace en demi-cercle autour de cet amphithéâtre. Les nombreux figurants sont harnachés et câblés. D'autres sont en tenue moulante, incrustée de capteurs.

Le réalisateur est assis sur une nacelle motorisée, dont le bras le portera bientôt jusqu'aux hauteurs du plateau. Cependant, tout est à l'arrêt.

Bak Chanwoo est bloqué au sol, embarqué dans une conversation houleuse avec l'artiste à l'origine du drama.

— Est-ce que vous savez qui je suis ? hurle ce dernier.

Tout le monde se tourne vers ceux qui volent la vedette aux acteurs en train de répéter sur la scène.

Moi aussi, même si, d'où je me tiens, je n'entends pas leur conversation. Je suis assis sur mon fauteuil dédié, sur lequel mon nom est brodé en lettres dorées. La seule à ne pas leur prêter attention est Juliette, qui traîne maladroitement un siège à sa suite, Marylou sous un bras. Elle s'arrête pile à côté de moi, repose le siège sur ses quatre pieds et grimpe dessus. Marylou sur les genoux, elle a l'air exténuée.

— Ça va ? je m'inquiète.

— Je suis crevée. Je ne suis pas rentrée chez moi depuis deux jours. Je n'ai jamais autant couru de ma vie. Et, en même temps, il y a des moments où je n'ai absolument rien à faire ! Comme maintenant.

— Alors on répète mes répliques ?

Elle inspire profondément et jette un coup d'œil au scénario que j'ai entre les mains. Je lui laisse le temps de lire mes lignes, elle joue le personnage de Sarah.

Elle s'est inclinée vers moi, la douce pression de son épaule contre la mienne me donne des frissons. Je me racle la gorge, feignant de m'intéresser à la discussion houleuse entre le réalisateur et Cho Eunhwa.

— Très bien, hum ! Dans cette scène, je dois subtiliser le Codex des dieux damnés à Sarah, dans un flirt manipulateur…

Juliette me fixe, les bras repliés sur le carnet faisant office de Codex. Elle semble impatiente. Alors je me lève, faisant mine de lui tourner autour, bombant le torse et… Elle se met à rire.

— Ton personnage est plus subtil que ça. Il détourne son attention de ce qu'il désire le plus au monde pour le voler discrètement. C'est un menteur dans sa façon d'être, pas dans ses mots. Attends, je vais te montrer.

Elle me colle le feuillet du scénario entre les mains et se poste à ma place. Instinctivement je retourne m'asseoir, affichant une moue sceptique.

— Il n'y a plus de vie ou de mort qui tienne.

Sa voix tombe dans les graves, ses yeux roulent sur moi, me détaillant avec une langueur que je ne lui aurais jamais imaginée.

— Entre toi et l'au-delà ne se tient que moi.

Elle se penche sur moi, son regard se déverse dans le mien. Ses mains ont agrippé les accoudoirs de mon fauteuil. Je resserre mon étreinte autour du scénario qui se froisse dans les plis de mon costume. Elle se tient debout, entre mes cuisses grandes ouvertes, me surplombant sans même me frôler. L'intensité de ce moment fait bondir mon cœur dans ma poitrine. Une demi-seconde plus tard, le feuillet entre les doigts, je réalise qu'elle a subtilisé le scénario que j'enserrais entre mes bras.

— Eh bien… Juliette… Qui es-tu ? D'où ça sort ce…

— C'est un excellent scénario. Les bons mots font les bons jeux, dit-elle en feuilletant négligemment le script de l'épisode.

Je suis époustouflé. Elle retrouve aussitôt son air débonnaire et sa gestuelle simple, un peu avachie et le regard tombant vers le sol. On dirait une gamine dans un corps d'adulte : elle débarque sans aucune idée de ce qui l'attend et fonce tête baissée sans jamais rien remettre en question. Elle m'impressionne. Je donnerais tout pour avoir son assurance. Elle est mon exacte inverse ; derrière un masque de timidité, elle cache un tempérament de feu.

Quant à moi, je joue le rôle stérile du gars assuré, alors qu'en réalité je ne suis qu'un couard.

Il faut que je lui dise. Il faut que je lui dise qui je suis vraiment. Elle mérite de connaître la vérité. Je ne peux pas lui mentir plus longtemps. Dans un soupir, je souffle :

— Juliette, je…

— Est-ce que vous savez qui je suis ?! s'époumone de nouveau Cho Eunhwa au loin. Le personnage principal amoureux de la déesse des Enfers, je n'ai jamais écrit ça ! Et il a une scène de baiser ? Certainement pas ! Ce n'est pas ce que le public attend !

Juliette a l'air outrée, alors que la plupart des machinistes commencent à grommeler chacun dans leur coin. Je perçois des bribes de discussion aux alentours.

— On ne va jamais y arriver, bougonne un ingé son en enroulant des mètres de câbles.

— Ce tournage est maudit, commente un assistant de production dans son talkie.

— Ils ont intérêt à nous payer en temps et en heure, ce mois-ci ! grogne un machiniste en décollant un repère en scotch.

Bak Chanwoo se détache et descend de sa nacelle, puis attrape le producteur exécutif par les épaules. Il l'emmène dans un coin éloigné à l'abri des regards et des oreilles.

— On continue les répètes ! ordonne l'assistant réal en braillant dans son mégaphone. Sarah, en place ! Sarah ?

Je vois Juliette se crisper sur place et parcourir le plateau du regard. Elle saute sur ses pieds, chahutant malencontreusement le chihuahua entre ses bras.

— Où est-elle passée ? Elle était censée juste passer un appel vite fait. Oh, non ! Je vais encore me faire engueuler ! gémit-elle en fouillant dans le bazar de son sac banane, certainement à la recherche de son téléphone.

Alors qu'on appelle de vive voix l'actrice et qu'aucune réponse ne se fait entendre, l'attention se tourne machinalement vers celle qui est chargée de l'intéressée. Les messes basses bourdonnent sur le plateau, les regards sont braqués sur Juliette qui s'est figée, tétanisée par ce public loin d'être bienveillant.

— Je suis là ! J'arrive ! grommelle Sarah.

Elle fait une entrée magistrale, les techniciens s'écartant sur son passage. Son costume volète dans la brise de cette fin de journée. Une véritable veuve noire, dont la cape, aussi sombre qu'une nuit sans lune, se déploie sur plusieurs mètres derrière elle. Les assistantes *make-up* se précipitent vers elle pour effectuer quelques retouches sur son visage, surtout autour de ses yeux, tandis qu'un ingénieur du son planque son micro dans ses vêtements.

Juliette et elle échangent quelques mots, et la jeune femme nouvellement intronisée assistante prend un air penaud. Sarah hausse la voix et adopte un ton moralisateur. L'actrice est du genre à passer ses nerfs sur la première personne venue. Je glisse sur mes pieds, prêt à foncer prendre sa défense ; peu importe de quoi on l'accuse, elle ne mérite pas d'être traitée de cette façon.

— Tiens, garde ça, lance Sarah en lui fourrant son téléphone entre les doigts.

Juliette le plaque contre sa poitrine comme si c'était le trésor le plus précieux du monde. Elle jongle avec le chien, le téléphone et un gobelet vide dont Sarah vient de se débarrasser. Je me poste à ses côtés avec l'intention de la décharger, mais alors que je tends les mains pour attraper Marylou, j'entends la cheffe costumière rugir :

— Monsieur Lee Jaemiiiiin ! Ne mettez pas de poils de chien sur votre costume !

À force d'avoir passé des heures à poireauter, j'en ai oublié que je suis prêt à tourner.

La costumière en chef tente de retenir un ton cinglant, sa voix perce dans les aigus, mais je ne suis pas dupe, je l'ai déjà vue partir au quart de tour avec Juliette lorsque cette dernière était encore sous ses ordres. D'ailleurs elle ne lui adresse pas un regard, comme si cette dernière n'était qu'un fantôme. La vieille bique l'évite, passe un coup de vapeur sur la traîne de ma collègue et s'écarte pour examiner le vêtement dans son ensemble.

La procession de techniciens et d'assistants qui entourent Sarah l'escorte jusqu'à son repère devant les caméras. Les mains s'activent à sa préparation, les pinceaux volètent sur son visage, on lui fait des retouches maquillage et coiffure, la poudre et la laque se mélangent dans un nuage au-dessus de sa tête, alors qu'une assistante costumière met en place le vêtement au sol, juste devant un grand ventilateur éteint.

Bien qu'elle garde la tête haute, tout le monde a remarqué que Sarah avait pleuré, non pas quelques larmes mais bien un torrent de pleurs, qui a ruiné son maquillage. Personne ne pose de questions et personne ne fait allusion à la tristesse qui dégorge de son regard. C'est le monde du cinéma : on range ses émotions au placard pour en jouer d'autres face caméra.

— Très bien, en place ! s'écrie le réalisateur en se dirigeant vers le combo.

— Je n'ai pas dit mon dernier mot ! beugle le producteur exécutif derrière lui. Vous aurez de mes nouvelles !

Il exprime sa rage dans un dernier râle, frustré de ne plus être considéré par qui que ce soit. Puis il disparaît en claquant violemment des talons.

Je regagne mon siège, suivi de près par Juliette, qui essuie des gouttes de sueur avec sa manche, ballottant le pauvre chihuahua entre ses bras. Le plateau se met en place, le bras mécanique où se trouve la caméra se déplie, la nacelle fend les airs tout en suivant le rail ancré dans le sol.

— Mais ? Où est mon fauteuil ? s'exclame Bak Chanwoo, surpris devant la place vide face aux écrans du combo.

Il tourne la tête et roule des yeux en voyant Juliette, les bras toujours encombrés, tirer le fauteuil qu'elle avait subtilisé.

— Excusez-moi, je n'avais pas vu que c'était le vôtre… Pardon, monsieur… murmure-t-elle en s'inclinant bas.

Elle replace l'assise là où elle l'a prise, époussette un semblant de saleté sur la housse et s'incline de nouveau. La scripte étouffe un éclat de rire alors que le réalisateur fusille Juliette du regard. Il ne la quitte pas des yeux, l'observant s'éloigner à pas feutrés, le regard rivé au sol et la mine embarrassée.

Enfin, Bak Chanwoo donne quelques directives, et le silence tombe sur le plateau. Je cherche discrètement Juliette du regard. Je l'aperçois assise sur une caisse de matériel, la mine défaite, tâchant de se cacher dans l'ombre. Mon cœur se serre devant sa mélancolie teintée de fatigue.

Le clap retentit, la machinerie se met en branle. La caméra oscille sur le bras mécanique, la nacelle file sur le travelling, les figurants fusent dans les airs alors que des jets de feu s'embrasent autour de l'actrice, qui déclame son texte juste après que le décor de mousse verte s'effondre.

— Et… coupez ! Bien, on la refait ! lance le réalisateur.

Tout le monde reprend ses marques, les machinistes remontent le décor, les assistants coiffure et maquillage se pressent autour de Sarah, qui observe avec attention les images tout juste tournées pour calibrer son jeu.

Dans ce chaos, je passe inaperçu. Même Yerim, occupée à flirter avec une assistante de production, a oublié de me faire ses remontrances quotidiennes concernant ma ponctualité. Je trottine vers la cachette de Juliette. Elle m'aperçoit et me suit des yeux jusqu'à ce que je m'arrête près d'elle.

— Alors ? On vole les affaires du réalisateur ? je la taquine.

Elle bégaie une excuse, noyée par deux soudaines déflagrations déclenchées par les artificiers. Je sursaute, le chef artilleur est déjà en train d'engueuler son subalterne. Juliette s'est réfugiée à mon bras, serrant ce dernier d'une poigne tremblante.

— Je… mmmh… Je vais devoir passer en retouche maquillage… Juliette…

— Oh pardon ! lâche-t-elle tout en se défaisant de cette étreinte.

Je vais pour lui assurer qu'elle n'a rien à se reprocher, que c'est juste une étape planifiée avant mon passage devant les caméras. Mais je n'en ai pas le temps.

Soudain, une vibration résonne entre nous.

L'écran du téléphone personnel de Sarah s'illumine. La photo d'une jolie blonde aux cheveux courts s'affiche. C'est un appel entrant d'une certaine Lucy. Aucun de nous deux ne bouge, nos regards restent rivés sur l'appareil jusqu'à ce que la sonnerie se taise.

— Sarah est en plein tournage… Je ne vais pas la déranger pour un appel. Tu crois que je devrais aller la déranger ? me demande Juliette, l'air décontenancée.

Avant que je réponde, l'écran se rallume, signalant la réception d'un message.

C'est fini entre nous ! Je t'avais prévenue, Sarah. Je ne veux plus te voir. Ne me rappelle JAMAIS !

SCÈNE 25

Jaemin

Ce fauteuil est toujours aussi confortable. Je suis assis depuis quelques minutes maintenant, mais je n'arrive pas à me sortir de la tête le regard qu'a fait Juliette juste après m'avoir quitté ce soir. Pour tout salut, elle a lancé un « Bisou, à plus ! » qui lui a échappé. Puis elle a grimacé, pour ensuite se rattraper au moyen d'un « Non, ce n'est pas ce que je voulais dire ! » suivi d'un « Bonne nuit, monsieur Lee Jaemin… » guindé. Enfin, elle est partie quasi en courant.

— Vous semblez heureux, ce soir, commente ma psy. Alors, il y a quelques séances de cela, je vous avais conseillé de vous rendre plus vulnérable auprès de vos proches. Avez-vous progressé dans ce sens ?

— Je me trouve déjà beaucoup trop vulnérable, docteure, je soupire bruyamment.

— Vous avez à ce point honte devant votre famille ?

— Non ! Ce n'est pas ça… C'est juste que, vous savez, en ce moment, les débats avec les *nepo babies* et le culte du travail… On ne pardonne pas aux artistes d'être pistonnés dans ce milieu.

— Vous avez été pistonné ?

— Non… Oui… Peut-être ?

— Vous pensez que vous ne méritez pas votre réussite ?

— Pas plus qu'un autre. Pourtant, c'est moi qu'on a choisi.

— Et vous trouvez ça injuste ?

Je hoche la tête, le regard perdu.

— Alors abandonnez, lâche-t-elle le plus simplement du monde.

— Quoi ! Non !

Elle acquiesce à son tour et prend des notes sur son iPad. Lorsqu'elle relève les yeux, je perçois sur son visage une certaine satisfaction.

— Vraiment, vous avez l'air différent. Il s'est passé quelque chose… dit-elle sans me demander de but en blanc ce qui m'anime, ce qui ne lui ressemble guère.

Voyant que je ne réagis pas, elle continue :

— Et concernant votre…

— Je n'arrive plus à faire semblant avec Juliette. Je vais lui dire. Je ne peux pas lui mentir plus longtemps.

— Mentir ? répète-t-elle, intriguée. Vous êtes vous-même, vous n'avez jamais été plus sincère qu'aujourd'hui. N'est-ce pas, Jaemin ?

Je fais non de la tête.

— Elle ne sait rien de moi. Ni de mon père ni de mon enfance. Elle ne s'en doute pas une seule seconde. Je ne veux pas me cacher derrière ce rôle et ne pas me dévoiler aux autres. Peu m'importe les critiques, je dois avancer la tête haute.

— N'oubliez pas une chose : si quelqu'un vous rabaisse en utilisant votre identité comme une insulte, coupez court à toute relation avec cette personne. Vous l'avez déjà fait. Vous pourrez le faire de nouveau.

— Comme avec mon père… J'ai perdu tant de temps à essayer de gagner son respect…

Je fixe mes pieds. Ce fauteuil ne me semble plus du tout confortable. Recroquevillé, la tête entre les mains, j'étais mieux assis sur celui du plateau, avec Juliette calée près de moi. L'évidence me gifle, elle me manque, cela fait à peine quelques heures qu'on s'est quittés pourtant. Je ne comprends pas comment j'ai pu développer des sentiments pour Juliette sans m'en rendre compte. J'ai envie de lui écrire, de l'appeler et d'entendre sa voix. De lui raconter ma vie dans les moindres détails.

J'ai l'impression qu'ils viennent tout juste d'apparaître, et pourtant ils sont déjà si puissants. J'en ai mal au ventre.

— Jaemin ? Soyez vulnérable. Qu'est-ce qui peut bien vous arriver de si terrible en vous ouvrant à elle ?

— Qu'elle me fuie ! Qu'elle m'abandonne !

— Alors vous passerez à autre chose. Si elle réagit de la sorte, c'est qu'elle ne vous mérite pas.

— Je voudrais juste… trouver quelqu'un qui m'aime pour qui je suis… Qui m'accepte entièrement et pas juste par pur intérêt. Pas comme Marina.

— Alors trouvez cette personne. Que ce soit Juliette ou pas, il va falloir vous montrer sous votre vrai jour. Laissez tomber le masque, Jaemin, il n'y a pas de rôle à jouer dans la vraie vie. Soyez vous-même et vous attirerez les personnes qui vous ressemblent.

SCÈNE 26

Juliette

Il est à peine 8 heures du matin, pourtant je baille déjà comme si la journée qui débute touchait à sa fin.

Les lumières sont tamisées. Sur le plateau, tout le monde retient son souffle. C'est l'une des répliques les plus attendues du drama. Nous sommes tous suspendus aux lèvres de Jaemin. Son regard plongé dans celui de sa partenaire de second rôle, il se lance :

— Tu sais que je m'éteins dans la lumière des autres, que je fane dans l'ombre de ton absence. Je rêve des promesses de l'amour, qui crie pour toujours dans un coup de foudre, je prie pour trouver cette impossible éternité dans un sentiment éphémère. Aime-moi à jamais dans un instant fuyant et, si tu dois me détester, hais-moi avec passion.

Le silence est dense, empli d'émotions et tendu par la pression qui pèse sur les épaules de Jaemin. Mais il m'a emportée. Il déclame sa réplique avec une émotion incroyable, avec un charisme éblouissant. J'en ai la gorge serrée. Comme j'aurais aimé être à la place de celle en face de lui !

Il passe une main au creux des reins de sa partenaire, qui se colle à lui en posant ses paumes sur son torse.

Sa respiration est erratique, mais il apporte une intensité sincère à la scène, dévoilant la flamme qui le brûle de l'intérieur.

Il pose lentement ses lèvres sur celles de la jeune femme. Lentement, leurs bouches s'effleurent, évoluent dans une caresse languissante alors que leurs haleines s'entremêlent. Il prend son temps, jouant avec l'impatience de sa partenaire qui se cambre sous la douce pression de son amant fictif.

La coordinatrice d'intimité observe les deux acteurs, concentrée. Mais elle ne fait aucune objection, elle aussi emportée par le naturel de leur baiser.

Enfin, Jaemin presse sa bouche charnue sur celle de la jeune femme. Je l'entends exhaler un gémissement de plaisir. À moins que ce soit lui ou peut-être même les deux en chœur ? Il s'amuse avec sa lèvre inférieure, la mordille et laisse échapper un sourire satisfait face au désir qui s'empare d'elle. Leurs bouches fondent l'une sur l'autre, s'entremêlant sensuellement. Dans une lenteur hypnotique, une délicatesse érotique.

La mâchoire serrée et les poings contractés, je fixe la scène sans réussir à détourner les yeux. Ce n'est que lorsque leur embrassade se termine et que le réalisateur crie « Coupez ! » que je perçois le regard amusé de Sarah rivé sur moi.

— C'était pas mal ! On la garde ! Allez, on enchaîne avec la scène de nu.

J'entends un murmure de soulagement parmi les techniciens. Après cinq heures de tournage pour avoir la bonne prise, et seulement deux heures de retard, la plupart d'entre eux prient pour que la seconde partie de la journée se déroule aussi bien que la première. Jaemin, lui, fonce vers le combo et étudie son jeu alors que sur l'écran repasse la scène du baiser. Je n'entends pas les directives que lui donne le réalisateur.

Lorsque je m'aperçois que Sarah me fait de grands gestes pour attirer mon attention, je trottine vers elle, m'excusant avec des inclinations fébriles.

— Cho Eunhwa va détester les libertés qu'on a prises avec le scénario. Tu vois de qui je parle ?

Je hoche la tête avec frénésie, haussant les sourcils rien qu'en repensant à l'embarras causé par ma première rencontre avec le *manhwaga*.

— Il m'a convoquée personnellement, pour que je me range à son point de vue. Il pense qu'il va m'effrayer, ce vieux dégénéré. Il ne s'imagine pas que je suis celle qui a initié l'empreinte queer qui oriente le drama *Gods in Hell*. J'ai hâte de voir la tête qu'il fera quand il l'apprendra.

J'acquiesce à tout ce qu'elle dit. J'ai remarqué que sur le plateau, je suis sa seule confidente. Lorsque le cœur lui en dit, et que l'attente entre deux scènes est interminable, elle s'épanche sur des sujets bateau, comme la pluie et le beau temps, ou les commérages internes à l'équipe de production. Par exemple, tout le monde sait qu'officieusement, le réalisateur entretient une relation avec la scripte. Je n'ai pas été étonnée de l'apprendre. Une seule fois elle m'a parlé de sa sœur. Et j'ai senti le regret de s'être confiée. J'ai perçu la culpabilité dans sa voix, d'avoir délaissé sa famille pour sa carrière. De ce que j'ai compris, les relations sont tendues entre les sœurs Kang.

C'est pour cela que j'hésite à lui parler de ce qui me turlupine, des récents appels de son ex. Pourtant je me lance :

— Je voulais vous demander… À propos de Lucy… Je…

Sarah se crispe, et son regard dérive au loin. Je me force à aller jusqu'au bout de ma phrase :

— Elle a appelé trois fois ce matin, sans laisser de message. Je...

— La liste de choses à faire pour aujourd'hui est dans ma loge. C'est l'anniversaire de ma nièce, ce soir, je lui ai trouvé un cadeau spécial, c'est une grande fan des *Gardiens de la Galaxie*, en particulier de Rocket. N'oublie pas d'emmener Marylou.

Elle a éludé ma question avec tant de naturel que je n'ose pas insister. Je ne sais pas ce que je dois faire, accepter les appels de Lucy ? Prendre un message ? La bloquer ? Porter plainte pour harcèlement ?

— Très bien, tout le monde ! Silence ! Ça tourne ! Et... action !

La coordinatrice d'intimité me fusille de son regard noir. Je n'ai rien à faire dans le coin. Je me rends compte que le plateau s'est vidé. Sur place, il n'y a plus que les opérateurs indispensables au tournage, les acteurs, le réalisateur et la scripte.

Je me recroqueville au sol, retenant ma respiration ; le moindre bruit me vaudra de me faire enguirlander joyeusement avant de me faire éjecter du plateau comme une malpropre. Je ne compte plus les remontrances qui me sont adressées depuis que j'ai enfilé cette casquette d'assistante. Trop bruyante, dans le chemin, pas assez rapide, incapable de répondre au talkie... Et me voilà quasiment en train de ramper pour quitter les lieux sans émettre un son.

Cela dit, d'où je suis, je suis aux premières loges pour voir Jaemin se déshabiller sur le plateau. Il arrache sa chemise, dévoilant un torse parfaitement dessiné. Ni trop bombé, ni trop peu. Sous la lumière des projecteurs, sa peau luit d'un maquillage imitant la sueur.

Je suis tétanisée par la gêne, mais je suis bien la seule. Le second rôle, qui joue la nonne possédée, affiche un large sourire, puis elle fait courir ses doigts sur sa peau dénudée.

Leurs baisers mouillés se succèdent, de même que caresses et respirations haletantes. Jaemin a l'air à fond dans la scène, jusqu'à ce que, tout à coup, son regard croise le mien. Je me fige ; quant à lui, il s'étouffe sur la langue de sa partenaire.

— Attendez… Désolé ! Je… Pardon, coupez ! bafouille-t-il en croisant les bras sur ses pectoraux.

Ses joues s'enflamment et il se racle la gorge.

— Je suis désolé. On peut la refaire, s'il vous plaît ? J'ai été… distrait… lâche-t-il en fichant ses yeux noirs dans les miens.

J'entends Sarah glousser près de moi. Son regard moqueur oscille entre moi et Jaemin.

— Tu peux nous laisser maintenant, Juliette. Merci de ton aide, je vais me débrouiller. On se revoit demain, avec la deuxième équipe, à la forteresse de Hwaseong. Si j'ai besoin de toi, je t'appelle.

Je lui tends son téléphone et m'excuse platement, évitant à tout prix de croiser le regard de Jaemin, qui cache sa semi-nudité avec une gêne évidente. Il demande une retouche *make-up*. Je quitte le plateau en trombe et le feu aux joues.

SCÈNE 27

Juliette

— Comment ça, un raton laveur ?

— Vous êtes là pour la commande de Mme Sarah Kang, non ? me lance la serveuse du Raccoon coffee shop.

Je réponds que oui, tout en relisant la liste que Sarah m'a laissée ce matin. Je suis à la bonne adresse, il n'y a pas de doute. Et la consigne est simple : récupérer la commande au bar.

— Donc c'est bien ça. Il s'appelle Rocket, on lui a mis un costume du film *Les Gardiens de la Galaxie*. C'est ce que Mme Kang a demandé. Pour info, il crie quand il a peur.

— Attendez ! Comment ça, vous me confiez un raton laveur ? Un vrai ? Vivant ? Poilu ? Avec sa queue et…

La serveuse me lorgne comme si j'étais une demeurée.

— Il faudra le ramener avant le week-end, ajoute-t-elle.

Quand je suis entrée dans ce bar, je m'attendais à récupérer une simple commande pour la nièce de ma patronne. Par exemple, un gâteau et quelques boissons. Mais certainement pas à voir l'employée du café harnacher une de leurs grosses bestioles grises, déguisée en super-héros, et me tendre la laisse comme si j'étais la maman provisoire de cet omnivore pourvu de doigts crochus.

Marylou est lovée dans son sac de transport, dans mon dos. Je la sens s'impatienter et tourner en rond. Autour de nous, des ratons laveurs courent dans tous les sens dans ce *coffee shop* pensé comme un jeu de parcours. Je sursaute alors que l'un d'entre eux me passe entre les jambes en trottinant sur ses pattes arrière.

Midi vient à peine de sonner, et ma journée est loin d'être terminée. Il me reste encore une robe Hermès et une parure de bijoux Chanel à aller chercher en boutique, puis retour aux studios pour ranger la loge de Sarah, préparer cette dernière au départ pour un nouveau lieu de tournage et finalement récupérer le script pour les scènes de demain.

— Bon… Mais vous n'avez pas une caisse ou… un carton ? Je suis en scooter !

L'employée m'observe l'air vaguement désolée, et surtout impatiente que je la débarrasse de son colis, affalé sur le comptoir.

— Il n'est pas méchant. Juste paresseux. S'il refuse d'avancer, appâtez-le avec un truc à manger. Il aime bien les friandises pour chien, dit-elle en me fourrant un sachet de croquettes entre les doigts.

— Comment je fais avec le scooter ?

— Ça, madame, ce n'est pas mon problème.

La fatigue a entaché la joie dont mon nouveau statut prestigieux m'avait emplie. J'aurais dû le sentir venir, le coup foireux qui éclipse tous ces derniers jours de travail harassant. Je ne pensais pas que mon poste serait aussi assommant de travail. Même au-delà de la mission à remplir, ma présence requise à tous les endroits en même temps reste le plus difficile à accomplir. « Juliette, va me chercher mon café », « Juliette, appelle ma manager et annule notre rendez-vous », « Juliette, masse-moi le dos », « Juliette, va me prendre un déjeuner dans mon restaurant préféré justement fermé aujourd'hui », « Juliette, trouve-moi un vernis bleu mauve, mais pas trop bleu et à peine mauve », « Juliette, appelle Angelina Jolie, je n'ai plus son numéro », « Juliette, transporte toutes mes affaires de ma loge à l'Impérial Palace », « Juliette, oublie ça, remballe tout, annule ma réservation et rapporte-moi un café crème sans crème »...

Et si j'ai le malheur de demander à Sarah de clarifier l'une de ses directives, j'ai droit à un soupir exaspéré pour toute réponse. Bien évidemment, si tout n'est pas fait dans la seconde, elle me rappelle illico que je suis en période d'essai.

J'ai calé le raton laveur entre mes pieds. Il est étrangement mou et heureusement docile. J'ai déjà trois sacs accrochés derrière moi sur la selle et deux autres entassés dans le petit coffre du scooter. Sans compter Marylou sur mon dos. Je clipse mon casque sur mon crâne, priant pour que les dieux de la circulation soient avec moi.

Je mets le contact et démarre doucement. Entre mes pieds, le raton laveur n'a pas l'air trop stressé, je dirais même qu'il est plus serein que moi ; c'est tout juste s'il ne lève pas les yeux pour me proposer de prendre le guidon et conduire à ma place. J'accélère tranquillement et je vois ses petits doigts crochus s'agripper aux lacets de mes chaussures.

— Désolée, Rocket, je n'ai pas pensé à te prendre un casque...

On tressaute sur la voie pavée, je vois les bourrelets et les oreilles du raton trembloter en rythme. Et c'est parti pour vingt minutes de trajet. Je retrouve une artère bondée de

Séoul, à l'intersection du quartier de Cheongdam. Je me faufile entre les voitures, droite, gauche, me fais klaxonner et sens Rocket s'impatienter à mes pieds.

Arrivée à un feu rouge, je pile un peu sèchement. J'ai des croquettes dans la poche, et j'en tends une à mon passager, qui commence à couiner un peu trop fort à mon goût, certainement surpris par les klaxons qui fusent dans les airs. Il l'attrape du bout des doigts, avec des gestes presque délicats, et la gobe comme s'il n'avait rien mangé depuis deux mois.

Je redémarre, un peu plus vite cette fois-ci. On m'attend chez Chanel. Où je vais débarquer avec un raton laveur. On a connu plus sobre, comme entrée.

Une fois garée devant la devanture luxueuse, j'éteins le moteur. Rocket tend une paume vers moi.

— Tu veux quoi ? Des croquettes ? Mon casque ? Ma dignité ? Tiens, prends ça, dis-je en lui fichant une friandise entre les doigts.

Zut, je ne peux pas le laisser sur le scooter. Je délace la laisse autour de ma cheville et jette un œil à la vendeuse qui m'observe à travers la vitrine. Elle plisse les yeux, stupéfaite. Je la vois prier pour que sa boutique ne soit pas ma destination.

Je fais un pas vers l'entrée. Je sens une réticence de la part de Rocket, qui est descendu sur le trottoir. Je le tire à ma suite, deux coups gentils en guise de chaleureuse invitation à ne pas me mettre la honte. Il s'arrête et s'affale ventre au sol.

— Non ! Rocket, non ! Je t'en supplie ! Ne me fais pas ça, mon pote ! Il faut qu'on s'entraide. Je sais que tu n'as pas envie d'être là, et moi non plus… Fais un effort !

Il est allongé de tout son long, les quatre pattes en étoile. Les passants me dévisagent avec une expression qui varie entre la surprise, la moquerie et l'intrigue. En dernier recours, je lui tends une croquette sous le museau. Qui, hélas, n'a pas l'air de l'intéresser. Alors je le chope à bout de bras, l'empoignant par le ventre. Il ne bronche pas tandis que je le porte comme un bouclier devant moi.

La vendeuse s'esclaffe derrière la porte vitrée. Elle a rameuté le gardien et elle m'empêche d'entrer, les paumes plaquées contre la porte, faisant barrage en s'appuyant de tout son poids.

— Je viens chercher les bijoux de Mme Sarah Kang ! Je suis son assistante !

— Madame ! C'est Chanel, ici ! Pas de ragondins dans la boutique !

— Lui, c'est Rocket. Il est gentil ! S'il vous plaît, je suis déjà en retard.

— On ne veut pas de problème. Partez ou j'appelle la police.

Même les deux gars de la sécurité semblent réticents à intervenir. Je les vois fixer le raton avec de gros yeux apeurés. Je grommelle dans ma barbe. Il faut que je montre mon badge des studios. Je soupire bruyamment, serrant Rocket contre moi. J'ai d'abord peur qu'il ne sorte les dents. J'imagine les gros titres des articles sur Naver[13] si ça dérape : « L'assistante de la diva Sarah Kang meurt, mordue à la carotide par un opossum de l'espace. »

Je file une croquette à Rocket, qu'il attrape toujours avec cette gestuelle précieuse. Il est plus gracieux que moi quand

---

13. Moteur de recherche sud-coréen.

il mange. J'attrape mon badge, caché dans les replis de mon tee-shirt, et le colle contre la vitre.

— Juliette Park ! C'est moi ! Je viens chercher la parure trois pièces que vous avez mise de côté pour Sarah Kang. C'est pour un shooting, c'est urgent !

La vendeuse s'y reprend à plusieurs fois pour lire mon badge. Son regard passe de ce dernier à Rocket. Je répète toutes les informations que ma boss m'a données, de la référence des bijoux jusqu'au numéro de réservation. Le raton laveur glisse, la tête noyée dans son cou, mais il ne ronchonne pas ; je pourrais le retenir par les oreilles qu'il ne dirait rien.

Finalement, je vois la porte s'ouvrir. Je m'incline bas et remercie la vendeuse comme si elle venait de me sauver la vie. Trois minutes plus tard, je quitte les lieux les bras chargés. Puis c'est le même cinéma dans la boutique suivante. En dépit de ces difficultés, je finis par récupérer tout ce qui figurait sur ma liste. Au moment de repartir, je me retrouve avec une montagne de sacs entre les jambes et Marylou qui tourbillonne d'impatience dans mon dos. Je dois donc prendre Rocket sur mes genoux tandis que je file en scooter dans les rues bondées de Séoul.

Lorsque les grandes portes des studios KTV s'ouvrent sur mon passage, le soleil baisse déjà à l'horizon et le ciel se pare de ses couleurs rougeoyantes de début de soirée. Je n'ai pas vu l'après-midi passer. L'avenue principale des studios grouillant de machinistes, je roule au pas pour éviter les caisses et les manutentionnaires au boulot.

— Allô ! Ohé ! Juliette ! Il faut que tu passes prendre les costumes de Sarah au dépôt. Ça urge ! Grouille-toi ! grince une voix dans l'oreillette, que je viens de remettre en place.

Ils ont le don pour savoir où je me trouve. Pour la première fois depuis des jours, j'ai hâte de me rendre où on m'envoie. Le hangar des costumes et accessoires, là où Seulgi… Oh, non ! J'aperçois un petit camion remonter l'avenue. Je reconnais la couleur vert délavé et je vois déjà le logo sur la portière : la grenouille qui se baigne dans un bol de nouilles.

J'écrase les freins avant et arrière, Rocket se retrouve projeté sur le guidon et Marylou se met à couiner. Je braque à quatre-vingt-dix degrés pour m'engouffrer dans la ruelle la plus proche.

Je me cale dans un renfoncement. Je doute que ma grand-mère puisse me reconnaître cachée sous mon casque, mais, au cas où, je reste planquée dans la pénombre. Le mini-camion file en direction de la sortie. Je la vois passer, les deux mains sur le volant, la mine froncée et sérieuse, concentrée comme toujours sur sa conduite.

— Mamie… Mamie… ça ne te ressemble pas de trahir tes idéaux pour quelques wons de plus par mois. À moins que ton resto traiteur soit en faillite ? Non, tu me l'aurais dit…

Comme je lui ai dit pour mes cours avec Nanette de Valmy ou mon boulot aux studios ? On dirait bien que c'est de famille, le mensonge…

— Hé ! Mais c'est un castor ! Incroyable. C'est un vrai ou c'est un animatronique ? Il paraît qu'il y en a dans *Gods in Hell.*

Dans la précipitation, je n'ai pas remarqué que je me suis garée juste à côté d'un groupe de machinistes. Ils sont en train de prendre une pause à l'ombre du hangar.

Chacun dévore à pleines dents le contenu de boîtes repas dont je devine aisément la provenance.

Mamie bosse dur, en ce moment. Et je ne me suis même pas préoccupée d'elle. Je n'arrive pas à savoir si c'est par manque d'intérêt de ma part ou bien à cause des événements de ces derniers jours. Je n'ai pas eu le temps de me poser et de prendre du recul sur quoi que ce soit. Je suis emportée dans un tourbillon et je n'ai même pas le temps de sortir la tête de l'eau pour respirer.

— Il a faim ? On dirait qu'il veut manger un morceau de poulet, lâche un des gars qui s'est approché.

Il observe Rocket comme s'il essayait de distinguer s'il était vivant ou empaillé. Le raton laveur tend soudain une main vers les baguettes entre ses doigts. Le jeune homme sursaute en glapissant. Ses collègues s'esclaffent, se moquant joyeusement de sa réaction.

— Pas touche, c'est mon dîner ! Ou mon déjeuner… Ou mon petit déj… Bref, c'est le seul repas que les studios veulent bien nous payer… On vient de terminer une journée et on rempile direct sur la nuit.

Je hoche la tête, le regard rivé sur la boîte qu'il tient entre ses doigts. Je détaille le logo comme si je le voyais pour la première fois.

— T'as faim ? Toi aussi, tu bosses comme une folle sans avoir le droit de prendre tes pauses ? Hé, mais tu es assignée aux studios A, lâche-t-il en remarquant le badge autour de mon cou. La classe, tu bosses avec les grands. Justement, on était en train d'en parler. Le tournage de *Gods in Hell*, ça doit être l'enfer sur terre.

Toute l'assistance se gausse d'un mouvement unanime, tous acquiescent avec une mine dépitée.

— On ne se plaint pas, on est utilisé comme simple renfort pour les petites productions. Tu sais qu'il y en a parmi nous qui n'ont toujours pas signé leur contrat de travail ? Moi, je n'ai pas été payé le mois dernier !

— On est allés réclamer nos droits à la direction il y a quelques jours. On s'est fait rembarrer comme des malpropres, lance un autre, la bouche à moitié pleine.

— Pauvre ragondin, je parie qu'ils maltraitent les animaux sur les tournages. Donne-lui un truc à manger ! aboie un des gars assis par terre à l'intention de son collègue.

— C'est un raton laveur, et il n'est pas là pour le tournage. C'est… C'est une longue histoire, je précise.

L'un d'eux capte mon regard de biais sur l'une de leurs boîtes repas. Il se racle la gorge, l'air mal à l'aise. Puis il finit par lancer :

— The French Frog, c'est le meilleur traiteur du coin. On a la chance de ne pas avoir les paniers repas cuisinés par les cuisines du studio. Une horreur… Même ton castor n'en voudrait pas.

— C'est un raton laveur, je répète. Mais, euh, petite question : je peux jeter un œil à ta boîte repas ? je demande après qu'un détail étrange ait retenu mon attention.

Il hausse les épaules et me tend ce qu'il reste de son dîner. Je plisse les yeux pour mieux voir ce qui est dessiné dans la boîte : du texte, des lignes de texte, a priori des citations de passages juridiques écrites sur le carton…

— Tiens, tu vois, c'est marqué là, dans le droit local du travail. À raison de huit heures de travail par jour, quarante heures par semaine et un maximum de douze heures supplémentaires à ne pas dépasser, soit cinquante-deux heures par semaine maximum. On en est loin. Par exemple, aujourd'hui, c'est notre treizième heure d'affilée, notre première pause repas, et j'ai seize heures supplémentaires de la semaine dernière. Je vais aller mettre ça sous le nez du chef opérateur, on va voir ce qu'il va me dire.

Ma grand-mère a fait imprimer des textes du code du travail dans ses boîtes repas. Pourquoi est-ce que je ne suis qu'à moitié surprise ? Je lis une dernière fois le texte, souriant face à la pugnacité et à l'intelligence de mamie. Je ne sais pas où mènera son travail de destruction du pouvoir par la base, mais en tout cas, elle a des adeptes. Le machiniste récupère son repas, et je retiens Rocket, qui glisse de nouveau sur mes genoux.

Lorsque le raton laveur se rend compte qu'on lui enlève la nourriture sur laquelle il avait des vues, il brandit un doigt d'honneur à l'intention du machiniste.

— Oh ! Il m'a fait un doigt ! Le castor m'a fait un doigt d'honneur !

Les machinistes se lèvent d'un bond en braquant leur téléphone sur Rocket, ce qui fait gronder la pauvre bête boudinée dans son costume.

Je les salue en vitesse et redémarre le scooter sans demander mon reste. Rocket s'impatiente alors je resserre sa laisse autour de mon poignet. Je vérifie que je ne laisse tomber aucun sac derrière moi. Je file là où l'on m'attend, le cœur plus léger, un sourire qui se dessine sur les lèvres. Je vais enfin retrouver Seulgi. Je ne l'ai pas croisée depuis trois jours, je n'ai même pas eu le temps de lui annoncer la bonne nouvelle. Mais je suppose que mon ancienne cheffe accessoiriste a dû lui souffler la chose à l'oreille.

Ça m'étonne qu'en dépit de ses promesses, elle ne m'ait pas encore envoyé de message (avec l'emploi du temps que j'ai maintenant, je ne sais pas trop si nous pourrons un jour visiter le parc d'attractions). Quoique, à vrai dire, dernièrement, je n'ai trouvé le temps d'utiliser que mon téléphone professionnel. Le mien doit être complètement déchargé depuis hier midi, puisque je n'ai pas eu la lucidité de le recharger.

Je roule à allure modérée, dans une ruelle baignant dans la lueur ténue de la fin de journée. L'air qui se faufile entre mes vêtements est rafraîchissant. Tandis que Rocket commence à s'impatienter, en gigotant dans tous les sens, et que Marylou me rappelle sa présence par un aboiement suraigu, c'est avec un soupir de contentement que j'aperçois notre destination. Je gare le scooter pile devant la porte du hangar des costumes et accessoires, avant de déposer maladroitement Rocket au sol ; autrement dit, il m'échappe des mains et finit affalé à plat ventre. Je décide de sortir Marylou de son sac et je me retrouve avec une laisse dans chaque main en plus des sacs qui m'encombrent déjà les bras. Je me dirige vers la porte quand cette dernière s'ouvre tout à coup.

Seulgi apparaît sur le seuil, des larmes plein les yeux et des sanglots bruissant hors de sa gorge. Dans ses bras se trouve un énorme carton. Lorsque son regard croise le mien, elle gémit :

— Juliette ! Je n'ai pas pu tenir ! Je suis désolée !

Je me précipite vers elle, les bras pourtant tout aussi chargés qu'elle. Elle tombe à genoux devant la porte. Aussitôt, Marylou et Rocket foncent vers elle.

— Oh… Il est trop mignon, ton chihuahua, hoquette-t-elle en laissant tomber son carton tandis que Rocket lui grimpe sur les genoux. Ah ! Quelle horreur ! C'est quoi, ça ? Un rat géant ?! Pourquoi tu as un rat géant en laisse ?

Elle se relève précipitamment, renversant le contenu de son carton, et fait trois pas en arrière dans la pénombre du hangar. Je tends mes paumes en l'air, lui assurant qu'elle ne risque rien, que ce n'est qu'un raton laveur et qu'il veut juste dire bonjour. Elle me scrute d'une mine déconcertée. Je dois avoir l'air d'une folle avec tous ces sacs et ces étranges animaux de compagnie, sans parler des cernes sous mes yeux et de mes cheveux ultra ébouriffés alors que je viens juste d'enlever mon casque.

— Au fait… que fais-tu ici ? Tu ne t'es pas fait virer ?

— Si ! Mais Sarah Kang m'a aussitôt rembauchée comme assistante… Je suis en période d'essai.

Abasourdie, elle trébuche sur ses propres pieds avant de se rattraper à l'étagère la plus proche. Je pose mes sacs au sol et j'attache les laisses au premier coin de meuble trouvé.

— La vieille bique n'a même pas cherché à te remplacer, j'ai dû assurer ton *shift* en plus du mien. J'ai essayé de tenir… Mais ça fait trois jours et je n'en peux plus.

— Seulgi… je souffle, déprimée de la voir aussi anéantie et fatiguée.

— J'ai posé ma démission ce matin ! déclare-t-elle avant d'éclater en sanglots.

Elle s'effondre dans mes bras et me serre de toutes ses forces. J'étouffe tout en lui rendant une étreinte un peu moins enflammée.

— En plus, je *la* croise tout le temps… Elle n'arrête pas de passer devant le hangar et elle fait comme si elle ne me voyait pas. Je n'arrive pas à l'oublier, je sais qu'on n'a rien vécu ensemble, mais j'avais tellement d'espoir. Je suis trop débile, je suis tombée amoureuse d'elle beaucoup trop vite.

— Tu parles de Yerim ? dis-je en m'écartant un peu pour observer son visage défait.

Elle grommelle un « oui » à peine perceptible en essuyant ses joues trempées. On se sépare pour mieux se tenir les mains. Je lis la peine dans ses yeux, et mon cœur se fend. Sa tristesse, je la comprends, moi qui me sens si facilement oubliable.

— Oh, mon Dieu… Mais donc tu bosses encore ici… Et moi qui viens tout juste de démissionner. Pourquoi est-ce que tu ne m'as rien dit ? siffle-t-elle, déçue.

— Je n'ai pas eu le temps ; c'est la folie, ce boulot ! Pire que le pire que tu puisses imaginer. Regarde ce que je me coltine, j'ajoute en pointant du doigt l'emplacement où j'ai laissé Rocket et Marylou…

Justement pour voir le raton laveur décrocher sa laisse et attraper celle de Marylou pour emmener son amie en promenade entre les allées démesurées du hangar. J'étouffe un cri alors que je vois le bout de la queue du raton disparaître entre les étagères. J'entends Seulgi s'époumoner :

— Mais ce rat est intelligent !

Elle s'élance avec le même élan que moi dans la direction que les fugitifs ont empruntée. On se précipite dans l'allée attenante, réalisant avec épouvante que les deux complices s'échappent en passant sous les meubles.

— Rocket ! Croquettes ! je hurle. Au pied ! Marylou, reviens ! Oh, je vais me faire virer… Encore !

J'entends Seulgi courser les deux fuyards dans l'allée parallèle. Elle me hurle qu'ils reviennent vers moi. Je me retourne et les vois se faufiler dans mon dos sous les étagères.

Je pique un sprint pour les suivre, imitée par Seulgi qui se jette dans la direction opposée. On réussit finalement à les acculer dans un coin du hangar.

— Je ne touche pas au rat géant ! s'exclame Seulgi, apeurée, en faisant de grands gestes.

— Je l'ai ! Je l'ai ! Attrape la laisse de Marylou !

Je soulève le gros raton par la bedaine et le colle tout contre moi en lui fourrant sous le nez ma paume emplie de croquettes. Je sens ses doigts palper le creux de ma main et l'humidité tiède de sa bouche me laper la peau. Je suis toujours aussi dégoûtée, tout en craignant de me faire grignoter, mais il finit par se calmer.

— Eh bah, dis donc ! C'est l'aventure avec toi ! hoquette Seulgi entre deux respirations haletantes.

— C'est tous les jours comme ça depuis… trois jours.

Nos regards se croisent, et je discerne sa mine confuse. Elle semble navrée pour moi. Et je lui rends la même expression, peinée que mon départ ait malencontreusement causé le sien. Dans un même élan apathique, toutes deux nous traversons l'immensité du hangar pour gagner l'étage où sont conservés les costumes, afin d'y trouver ce que je suis venue chercher.

— Peut-être que Yerim s'est fait de mauvaises idées à propos de toi… je lance pour essayer de comprendre ce qu'il s'est passé entre elles deux.

— Non, je ne veux plus la voir. Je vais trouver un petit boulot loin d'ici et je ne la verrai plus jamais.

Soudain, je sens une vibration dans ma poche. Je suis quelque peu surprise ; habituellement, en fin d'après-midi, mon téléphone est complètement déchargé. Et ce n'est pas mon téléphone pro puisque ce dernier est resté avec les sacs à l'entrée. Je sors mon téléphone et vois un appel entrant d'un certain Jorge. C'est qui, ça ? Je n'ai aucun Jorge dans mon répertoire.

— T'as changé de téléphone ? me souffle Seulgi, surprise.

Je fais non de la tête.

— C'est le téléphone de Sarah… Mince ! Je me suis trompée. Je lui ai refilé le mien ce matin !

SCÈNE 28

Jaemin

La forteresse de Hwaseong sera notre lieu de tournage pour les jours à venir. Ma loge vient à peine d'être installée que de nombreux curieux se massent derrière les paravents dressés par les équipes de sécurité. J'entends les flashs fuser, quelques intrépides font voler des drones au-dessus de nous, mais ces derniers sont aussitôt descendus par les propres drones de la sécurité.

Quatre plateaux ont été montés dans l'enceinte du bâtiment principal, devant les portes monumentales, mais aussi disséminés le long de la muraille qui épouse les hauteurs de la ville de Suwon. À l'aube, la vue est magnifique. La population est encore assoupie, mais à la production, c'est le branle-bas de combat.

— Comment ça, vous ne l'avez vue nulle part ?

— Elle… Elle m'a donné ma soirée. La dernière fois que je l'ai vue, c'était hier, elle était au plateau A en train de tourner la scène quarante-huit.

La pauvre Juliette est encerclée par des machinistes, les maquilleurs et toute la clique des assistants de production. Le réalisateur lui fait face, bras croisés et mine fermée.

C'est un véritable interrogatoire. Pourtant quelque chose cloche, la fatigue qui souligne ses yeux est plus importante que d'habitude. La tristesse qui marque ses traits est bizarrement plus présente. En fond, la forteresse jaillit dans un décor d'époque. Bien que restauré au fil du temps, les blocs de pierre ne sont pas, pour la plupart, d'origine mais l'effet est grandiose. L'une des quatre portes s'élève tel un bastion imprenable sur un ciel déjà bleu lagon.

— Conformément aux instructions qu'elle m'avait laissées, j'ai toqué à sa porte ce matin. Mais il n'y avait personne, explique Juliette en montrant du menton le camion loge garé à deux pas du mien.

— Vous avez essayé de la joindre sur son téléphone personnel ?

— Euh… Je… On a eu un petit souci, j'ai malencontreusement échangé nos téléphones et… Le mien se décharge ultra rapidement et…

— Vous avez essayé de la joindre ou pas ? s'énerve le réalisateur.

— Oui ! Évidemment, mais elle a mon téléphone, qui est certainement HS et…

— Vous avez vérifié la loge ?

— Oui ! J'ai laissé Rocket hier dedans, comme elle me l'avait demandé. Et ce matin, quand je suis arrivée, eh bien il était toujours là et… euh… il a fait son nid dans le canapé…

— De quoi est-ce que vous êtes en train de parler ?

— Rocket, c'est le… le raton laveur, pour l'anniversaire de sa nièce… Hier soir, elle…

— Qu'est-ce que c'est que ce foutoir ? Un raton laveur ? Je ne vous demande pas si le raton laveur va bien ! Je vous demande où se trouve Sarah Kang ! C'est quoi, votre nom ?

— Juliette Park…

— OK, Juliette Park. Si vous ne retrouvez pas Sarah, je ferai en sorte que votre carrière dans le monde du cinéma s'arrête là.

— Je vais la trouver !

Penaude, Juliette hoche la tête et s'incline plus bas que terre. Elle tourne les talons et s'enfuit vers le camion loge de sa cheffe. Je m'élance à sa poursuite, la rejoignant sur les marches métalliques du camion. Je l'entends implorer dans sa barbe, le front posé contre la surface froide de la porte.

— Non, non, non… Ce n'est pas possible… C'est la pire semaine de ma vie !

Elle sursaute alors que je pose ma main sur son épaule. Je la salue doucement et m'excuse de lui avoir fait peur. J'ai envie de la serrer dans mes bras, lorsque Yerim débarque sur son cheval blanc encore une fois.

— J'ai appelé les assistants de production qui sont restés aux studios, lance-t-elle. Personne de l'équipe n'a vu Sarah aujourd'hui. Mais la sécurité est sur le coup. Ils vont la retrouver.

Jaloux, j'observe ma cousine avec une pointe d'aigreur dans la bouche. Tout à coup, j'entends des sanglots.

— Jaemin… Je ne vais pas y arriver… se lamente Juliette au creux de mon cou. J'ai passé la soirée à l'hôpital. Ma grand-mère… Elle a eu un accident, hier dans la soirée.

— Mon Dieu, Juliette ! Je suis désolé. Est-ce qu'elle va bien ? je m'écris alors qu'elle hoche la tête inlassablement, sans trouver la force de vocaliser sa réponse.

Puis elle s'écroule dans mes bras, tombant depuis l'estrade de marches. Je sens sa respiration tremblante, l'humidité de ses cheveux lavés de frais et les frissons qui parcourent sa nuque. Lové dans les plis de mon corps, le sien s'emboîte parfaitement dans le mien. Elle s'agrippe à mes vêtements.

Ça ne lui ressemble pas. Elle lève de grands yeux tristes vers moi, je me sens fébrile. C'est trop tard. Je m'endors en pensant à elle, et je me réveille avec son regard pour seule pensée. Je ne veux pas qu'elle le voie, l'amour rend faible, je perds tous mes moyens, je deviens stupide, je bégaie et la belle carapace pleine d'assurance que j'ai eu tant de mal à ériger se fissure.

Elle se dégage brusquement de mon étreinte. Zut, je la serrais plus fort que je le pensais. J'ai l'impression qu'elle a arraché un morceau de moi au passage. J'ai l'envie folle de me recoller tout contre elle.

— Je vais bien. Ma grand-mère va bien. Je pensais que ce cauchemar avait finalement pris fin. Mais voilà que Sarah a disparu !

Je croise les yeux noirs de Yerim.

— Je vais t'aider à la retrouver... je déclare.

— *On* va t'aider ! me corrige Yerim.

Je grogne dans ma barbe. Décidément, ma cousine veut la guerre. Eh bien, elle va l'avoir. Mais plus tard !

— Je ne sais pas comment retrouver Sarah ! Je... Je... bégaie Juliette avant de s'effondrer et de s'asseoir sur les marches.

La porte s'entrouvre plus grand encore et je vois une paire de pattes. Des doigts crochus gratouillent le battant entrebâillé. Je perçois un grognement bizarre ainsi qu'un aboiement ténu.

— Rocket, tiens-toi tranquille ! gronde Juliette d'une voix tremblante.

Je n'arrive pas à distinguer ce que c'est mais ça n'a rien d'un chien.

Yerim prend les devants : elle gravit les marches et aide Juliette à se relever. Je lis la reconnaissance sur le minois de Juliette.

— Allons à l'intérieur boire un café et mettre les choses au clair. Ça ne doit pas être grand-chose, Sarah est certainement juste en retard. Ça arrive de louper le réveil. Elle a fait la fête hier et…

— L'anniversaire de sa nièce ! Oui ! Elle doit encore être chez sa sœur ! Mais dans ce cas, pourquoi Rocket et Marylou se trouvent-ils dans sa loge ?

Yerim entraîne Juliette à l'intérieur, et je leur emboîte le pas, pour être accueilli par une étrange bête qui tente de me voler mes lacets.

— Mon Dieu ! C'est quoi, ça ! Elle a changé, Marylou !

Juliette et Yerim se sont déjà installées sur le canapé à moitié dépiauté de son garnissage. Je prends place sur un coin de la table basse pour leur faire face, enrageant en silence de voir Yerim enrouler un bras autour des épaules de Juliette. Et alors que cette dernière finit de nous raconter ses mésaventures de la veille, quelqu'un frappe à la porte.

— Courrier, café et script !

Juliette fait mine de se lever, mais je l'arrête d'un geste et me précipite pour récupérer le porte-gobelets chargé de cafés et de pâtisseries, les feuillets et les lettres que l'assistante de production me laisse entre les bras.

— Changement de plan, annonce gravement cette dernière. Sarah est attendu plateau A. On reshoote les scènes de baiser. Le producteur exécutif a mis son veto sur la romance queer. Pas de baiser lesbien dans *Gods in Hell*.

— Quoi ?! s'indigne Yerim en se relevant d'un bond. Mais quel connard ! De quel droit il nous invisibilise, cet enfoiré ?! On ne va pas laisser passer ça ! Jaemin ! T'as entendu ? Fais quelque chose !

Je tente de hausser les paumes en signe d'apaisement, mais je dois rattraper le fatras qui me glisse des mains.

— Comment ça, des reshoots sont prévus ? je demande à l'assistante, qui semble écouter une conversation passionnante par le biais de son oreillette.

— Je vous transmets simplement les informations qu'on m'a données. Je ne peux pas vous en dire plus. Si vous avez des questions, allez voir le réal. Bonne journée, monsieur Lee.

Elle me tourne le dos, répondant à un interlocuteur invisible avec son talkie. Yerim fonce vers la porte, la mine fermée et les poings serrés.

— Où vas-tu ? je m'exclame alors qu'elle manque de me renverser au passage.

— Parler à Bak. C'est inadmissible. Ce qui est en jeu est bien trop important !

Sur ces mots, elle fiche le camp. La porte claque derrière elle. Je reste là, planté sur le seuil, les bras encombrés. Je capte le regard de Juliette, assise sur le canapé. Elle a l'air sidérée par le départ express de ma cousine. Le raton laveur a pris place à côté d'elle et Marylou s'est installée sur ses genoux. Tous trois m'observent dans un silence pétrifié. Face à cette étrange assemblée, je bégaie :

— Euh… Bon… Eh bien, faisons ce que Yerim proposait : réfléchissons. Elle a raison, Sarah ne doit pas être bien loin.

Je dépose tout mon fatras sur la table, puis me coule dans le petit espace que Yerim a laissé vacant, juste entre Juliette et l'accoudoir. Notre proximité me réconforte, c'est comme si je retrouvais de vieilles habitudes. Je surprends un hoquet de surprise de sa part alors que nos cuisses glissent l'une contre l'autre. Elle se racle la gorge et reprend :

— C'est vraiment la pire semaine de toute ma vie. En rentrant chez moi hier soir, mon grand-père m'attendait pour foncer à l'hôpital. On a passé la nuit aux urgences. Mamie est sortie tôt ce matin. Autant te dire que je n'ai pas bien dormi. J'ai réussi à somnoler sur un fauteuil dans le couloir de l'hôpital.

— Mon Dieu ! Et ta grand-mère va bien ? dis-je en posant une main sur son genou.

— Oui… s'étrangle-t-elle à moitié en fuyant mon regard, les yeux rivés sur ma main qui enserre sa jambe.

Je la retire aussitôt. Juliette s'écarte avec un léger rebond sur le canapé.

— Elle n'a rien, juste quelques contusions. Elle est sortie de l'hôpital en fin de soirée. Elle travaille trop, les médecins ont dit qu'elle était épuisée.

Avec un air compatissant, je lui tends l'un des gobelets de café que l'assistante a apportés.

— Ça n'a pas de sens cette disparition… commence-t-elle avant qu'une sonnerie criarde retentisse soudain.

Je la vois paniquer, reposer précipitamment le gobelet sur la table et se ruer sur le téléphone qui carillonne dans sa poche.

— C'est l'agente de Sarah ! Il faut que je réponde !

Je la vois décrocher, toute tremblante, et n'ai aucune difficulté à entendre la voix qui braille à l'autre bout du fil.

— Sarah ? Sarah, c'est toi ! Ça fait des heures que j'essaie de te joindre ! Pourquoi tu ne me réponds pas ? C'est urgent ! Je viens d'atterrir aux States. Je te préviens, ce contrat, je le négocie avec mon âme alors si tu ne me soutiens pas, je ne…

— Bonjour, madame euh… l'agente. Ce n'est pas Sarah au téléphone, c'est son assistante… Juliette.

Je fonds de tristesse quand je l'entends timidement donner son prénom et son intitulé de poste, comme si personne ne se souvenait jamais d'elle, comme si elle était la fille invisible aux yeux du monde entier. J'ai envie de la prendre dans mes bras.

— Je ne sais pas où elle se trouve… Oui, je vais la retrouver… Non, je ne pense pas. Auriez-vous l'adresse de sa sœur à Séoul ? Elle devait fêter l'anniversaire de sa nièce hier soir, je pense qu'elle est encore là-bas. Oui… Merci beaucoup. Oui… Je vous tiens au courant. Bonne journée, à… Oh, elle a raccroché.

Juliette observe l'écran qui vire au noir entre ses doigts. Elle fixe ce miroir pendant un long moment. Le silence s'étire, et je n'ose même plus bouger ni respirer. Puis un message s'affiche sur l'écran. Je jette un coup d'œil curieux, y lis une adresse.

— Je ne sais même pas comment je vais m'y rendre… Mon scooter est resté aux studios.

— Du calme. Si Sarah se trouve chez sa sœur, elle peut encore attendre un peu. Reprends tes esprits, bois un peu de café. Tu as mangé, ce matin ?

Elle fait non de la tête.

— Ne saute pas de repas ; avec tout le travail que tu as, ça pourrait être dangereux. Tiens, mange ça, je lui propose doucement en lui tendant les pâtisseries empilées dans le porte-gobelets.

— Je suis foutue… répète-t-elle, dépitée.

— Mais non… Je veillerai personnellement à ce que personne ne te vire, Juliette.

— Ah oui ! Vraiment ! Comme lorsque tout le monde m'a accusée d'avoir volé les diamants et que je me suis fait virer comme une malpropre ? s'écrie-t-elle sur un ton hargneux. C'est ce que tu as dit la dernière fois, juste avant que je me fasse virer ! « Oh, tu ne crains rien, Juliette, tu es avec le grand Lee Jaemin. » Monsieur a tous les passe-droits aux studios, monsieur est une star, monsieur va tout régler ! Ce sont des conneries, tout ça ! Tu ne fais rien et de toute manière, tu n'as pas plus de pouvoir que moi !

— Je suis le fils du propriétaire des studios KTV !

J'ai lâché ça comme j'aurais balancé une bombe sur le point d'exploser. Le silence tombe brutalement entre nous. Même le raton laveur avachi sur le sofa me contemple avec des yeux ronds.

Juliette murmure un « Quoi ? » à peine audible.

— Comment ça, tu ne t'en doutais pas ? Tout le monde le sait sur le plateau. Tu n'écoutes pas les commérages ? Les gens qui se moquent de moi continuellement, les machinistes qui me traitent de parvenu, les maquilleuses qui trouvent que je n'ai aucun talent, les assistants qui m'ont surnommé le *nepo baby*…

Elle m'observe, abasourdie, comme si son cerveau cherchait à reconstituer les pièces du puzzle. Finalement, elle murmure d'une voix pleine de malaise :

— Mais M. Lee… est le directeur de chaînes de télévision, d'une entreprise de produits électroniques de renommée mondiale et de deux franchises de boulangerie internationale.

— Un héritier *chaebol*, oui… Je suis un héritier *chaebol* tout comme mon père.

— Tu es presque considéré comme la royauté dans ce pays ! Tu devrais être mieux traité.

Je hausse les épaules.

— Non… Pas si mon rêve est de devenir acteur. Mon père a fait scandale lorsqu'il a choisi d'épouser une Française, même si c'est une aristocrate, mais ce n'est rien à côté de ce que j'ai entendu lorsque j'ai annoncé que je voulais me lancer dans une carrière d'artiste. Toute ma famille me méprise, même mon père a vu ça d'un très mauvais œil, lui qui se bat depuis des décennies pour redorer son blason auprès de mon oncle et de mon grand-père. Les jeux de pouvoir dans la famille Lee sont terrifiants. Le frère de mon père a été jusqu'à faire pression pour que ce dernier refuse l'héritage. Il n'a pas hésité à engager des mafieux pour effrayer ma mère avant son mariage.

Elle murmure qu'elle ne comprend pas. Je continue d'une voix sifflante :

— Tu l'as dit. Par ma famille, je fais quasi partie de la royauté coréenne. Or, artiste, c'est un métier de bouffon. Je divertis le peuple, je montre mon corps, je me donne en spectacle. En d'autres termes, je déshonore ma famille.

Elle laisse passer un moment, son regard perdu dans le mien. Nos respirations se calent en rythme. J'en oublie où nous nous trouvons.

— Je suis désolée… lâche-t-elle.

— Non, ne t'excuse pas. Je ne suis qu'un piètre acteur, à ses yeux. Tout l'opprobre que je peux lui jeter ne l'atteint pas. Ça fait des années que lui et moi ne nous sommes pas parlé. Et je…

Je dois lui dire. Je dois lui dire toute la vérité. Je veux qu'elle sache tout de moi. Mais elle me coupe brusquement et, pointant son majeur sur ma poitrine, clame sur un ton enflammé :

— Tu vas tourner ce fichu drama ! Tu vas briller devant les projecteurs ! Et tu vas lui en mettre plein la vue, à ton daron ! Tu m'entends ? Oscar, César, Seoul Awards… Tu vas tout rafler et tu vas…

Je m'élance vers elle et la serre contre moi comme si elle m'avait sauvé d'une maison en flammes, le visage enfoui dans son cou.

Je mets un moment avant de prendre conscience qu'elle ne me rend pas mon étreinte. Je la lâche aussitôt en toussotant et en m'excusant maladroitement.

Elle m'observe et je l'observe en retour. J'ai l'impression d'avoir passé ma vie à l'attendre. Ses larges pupilles marron me fixent, lui donnant un air suave accentué par la ligne féline de ses paupières, prolongées de longs cils. Son nez pointu est souligné d'une bouche fine à l'arc de Cupidon rebondi. Elle est enfin arrivée, elle se tient devant moi, une beauté simple mais foudroyante. Elle plisse les yeux, et c'est une cascade d'émotions qui transparait dans son regard. Elle sourit et mon cœur s'emballe.

Le temps se fige, je passe une éternité à la fixer. Mais lorsque mes yeux tombent dans le reflet que me rend un miroir accroché non loin, je vois à quel point j'ai l'air béat et abruti. Et j'entends la voix de ma mère dans mon esprit : « Lève le nez, aspire ta langue et buste droit. »

— Bon ! je lance en me redressant. Allons chercher Sarah !

SCÈNE 29

Juliette

Yerim n'a pas dit un mot depuis qu'elle s'est installée derrière le volant. La voix douce du GPS indique la direction à suivre pour se rendre chez la sœur de Sarah. L'ambiance est tendue, je suis assise sur le siège arrière, derrière Jaemin qui s'est installé côté passager. Il semble perdu dans la contemplation du rétroviseur sur sa droite.

À mes côtés sont assis Rocket et Marylou ; les deux animaux ont l'air de bien s'entendre. J'ai cru voir le raton laveur tapoter le crâne du chihuahua comme un maître avec son compagnon. Quel duo cocasse, ces deux-là.

Je tiens sur mes genoux le scénario de l'épisode à reshooter. Les changements sont considérables : des dialogues ont été supprimés, des scènes entières retravaillées. Les scénaristes ont dû plancher dessus pendant des jours et des nuits. Malheureusement, je trouve les remaniements sans saveur, sans ingéniosité, ils enlèvent de la profondeur aux tableaux et de l'humanité aux personnages. Je referme le script avec la gorge nouée.

— Qu'est-ce qu'il a dit, le réalisateur ? je m'enhardis finalement à demander à Yerim.

— Il ne peut rien faire. Cho Eunhwa en appelle à l'intégrité de son œuvre et au droit moral qu'il possède dessus. Il a fait appel à des avocats. Les chances qu'il a de gagner un procès de ce genre sont minces, mais la production risque d'être mise en suspens pendant des mois. Les autres producteurs préféreront accéder à sa requête plutôt que d'exploser le budget.

Ces mots ont eu l'effet d'un choc. Le silence qui vient de s'abattre est aussi tranchant qu'un couperet effilé menaçant une nuque dénudée.

— Le premier épisode était tourné et presque monté. Tout ce boulot pour rien ! Je suis dégoûté, soupire Jaemin.

— C'était la première grosse production sud-coréenne avec un *lead* lesbien et un cast essentiellement queer. *Je* suis dégoûtée, rétorque Yerim en le fusillant du regard.

On file vers l'arrondissement Seongbuk, avant de finalement se garer dans une rue en pente. Yerim montre du menton la porte correspondant à l'adresse, une large entrée encastrée dans un mur de pierre sur lequel court du lierre. Je sors du véhicule, suivie par Rocket et Marylou.

À l'interphone, on m'annonce que quelqu'un arrive. La porte s'ouvre. Une jeune femme aux traits familiers apparaît, et près d'elle se faufile timidement une petite fille.

— Où est Sarah ? me lance la jeune femme avant que j'aie le temps de me présenter. Je croyais que ma sœur nous faisait enfin le plaisir de sa venue !

Mon regard vacille entre elle et la fillette d'une dizaine d'années qui s'émerveille en pointant du doigt Rocket et Marylou.

— Euh… Justement, je la cherche, fais-je, déconcertée. Je m'appelle Juliette… Je suis son assistante personnelle.

— Vous la cherchez ? s'étonne la sœur en resserrant ses doigts sur les épaules de sa fille. On l'attendait hier, pour l'anniversaire de Hwasa… mais elle n'est pas venue !

— Donc vous ne l'avez pas vue ?

— Je l'ai appelée, je l'ai harcelée de messages ! Elle n'a même pas daigné répondre.

— Quand est-ce que vous lui avez parlé pour la dernière fois ?

— Hier matin. Juste avant le déjeuner. Elle m'a assuré qu'elle venait pour l'anniversaire de sa nièce.

Je recule d'un pas, les mains enserrant ma tête, paniquée de voir cette piste mener à une impasse. Je ne comprends pas. Où est-ce que Sarah se cache ?

Yerim et Jaemin sont restés près de la voiture, ils ont salué la jeune femme en silence et gardent leurs distances. Mon expression vire soudain à l'angoisse. Je capte la mine inquiète de la sœur, calée dans l'embrasure de la porte entrouverte. Elle ordonne à sa fille de rentrer.

— Elle avait prévu de venir, puisqu'elle m'a même fait aller chercher le raton laveur pour la fête. Et elle n'aurait jamais laissé son chien seule aussi longtemps, je lâche, troublée.

J'ai une très mauvaise intuition qui me serre la gorge alors que mon regard tombe sur Marylou. Quelque chose ne va pas.

— Vous êtes en train de me dire que ma sœur a disparu ? s'affole-t-elle brusquement. OK, je fonce à la police. S'il lui est arrivé quoi que ce soit… ! me menace-t-elle alors, comme si j'étais responsable de la disparition de Sarah.

Je m'incline aussi bas que possible, m'excusant encore et encore. Les deux acolytes poilus sont assis l'un près de l'autre et m'observent, perplexes. Zut, je ne vais pas poursuivre mes recherches avec un chihuahua et un raton laveur dans les pattes.

Je tends leurs laisses à la sœur de ma cheffe.

— Qu'est-ce que vous voulez que je fasse avec ça ? Débrouillez-vous ! Je fonce au poste de police le plus proche et vous, vous me retrouvez ma sœur ! Dans les meilleurs délais !

Elle referme la porte aussi sec. La minute suivante, nous sommes de retour dans la berline. Yerim met le contact sans démarrer le moteur. La culpabilité m'assaille.

— Je n'ai pas répondu au téléphone… Son portable a sonné toute la soirée… J'aurais dû répondre… J'aurais dû prévenir son agente que j'avais échangé mon smartphone avec le sien ! Je suis une incapable… S'il lui est arrivé quoi que ce soit, c'est entièrement ma faute…

— Tu étais aux urgences, Juliette ! Tu t'en faisais pour ta grand-mère qui a eu un accident de la route ! Je t'interdis de t'en vouloir pour ça. On va la retrouver, ne t'inquiète pas, tempère Jaemin d'une voix douce.

— Bon, reprenons depuis le début : la dernière fois que Sarah a été aperçue, c'était sur le plateau A des studios. Allons interroger les gens qui étaient présents, ajoute Yerim, motivée.

Alors que Yerim se remet en route, je surprends Rocket en train de grignoter une enveloppe qu'il a subtilisée dans la pile de courrier adressé à ma cheffe. Avant qu'il ne croque à pleines dents le papier, je le lui arrache des pattes avec un soupir réprobateur. Mon attention est alors happée par l'encre rouge dégoulinante qui forme le nom de Sarah. Je l'ouvre et, horrifiée, lis les mots écrits avec la même encre sanguinolente :

C'est ma dernière lettre à ton intention, vieille folle. Tu ne mérites pas cette vie. Tu n'as aucun talent et tu vas le payer au prix fort ! Après toutes ces promesses… Tu n'en as tenu aucune. Je comptais sur toi, j'avais mis ma carrière entre tes mains ! Tu as détruit ma vie, mon avenir et tout ce en quoi je croyais. Je vais te faire payer ! C'est la fin pour toi, Sarah Kang !

Je suis glacée par ces mots. Mes mains tremblent alors que je tends la lettre à Jaemin.

— Qui donc a pu écrire ça ? grogne-t-il quelques secondes plus tard.

— De quoi vous parlez ? Qu'est-ce que c'est ? s'enquiert Yerim en essayant de garder les yeux rivés sur la route.

— Une lettre de menace à l'intention de Sarah ! Et visiblement, ce n'est pas la première. Ce n'est pas signé, et… On dirait du sang… murmure-t-il, écœuré, en reniflant la feuille.

— Quelle horreur ! s'écrie Yerim, choquée.

— Son ex ? je suggère.

— Lucy ? C'est vrai que je les ai vues se crêper violemment le chignon il y a quelques jours, réfléchit Jaemin.

— Non, ça ne colle pas, il est fait mention de carrière… Ça me paraît plutôt être une vengeance liée au boulot, dis-je en examinant de nouveau la lettre.

— Range-la et garde-la précieusement. Il faudra la remettre aux flics, fait Yerim, concentrée sur la route.

— Son ancienne assistante… souffle Jaemin comme s'il venait d'avoir une illumination.

— Vous pensez qu'elle a kidnappé Sarah ?

— Aucune idée, mais il faut qu'on retrace les dernières heures de Sarah aux studios… Et pour ça, je sais exactement qui va pouvoir nous aider, déclare Yerim en appuyant sur l'accélérateur.

SCÈNE 30

Jaemin

L'open space s'étend sur tout un étage. Devant une enfilade d'écrans alignés géométriquement sont installés des employés concentrés, casque sur les oreilles et yeux rivés sur les ordinateurs. C'est l'antre de la postproduction. Ici, seul retentit le son des touches que l'on tapote énergiquement. Personne ne parle, personne ne bouge de son poste, et un manager fait une ronde dans les allées. L'ambiance est incroyablement studieuse.

Les stores sont baissés, une pénombre poussiéreuse plane entre les larges allées. Cet étage semble être le repère d'une agence d'État secrète. Seules les lueurs des écrans brillent, formant des halos, éclairant des mines affairées, angoissées et toutes très concentrées. Juliette observe avec la même admiration que moi tous les artistes en train de créer les effets spéciaux des productions en cours.

Il y a plus d'une centaine de personnes en plein travail. Les murs sont tapissés de croquis, de plans détaillés issus du storyboard, d'échantillons de textures et de cartes en tous genres. Sur beaucoup de postes de travail se trouvent des statuettes à l'effigie du bestiaire représenté dans le show.

Tout à coup, près de moi, j'entends le froissement d'un papier d'emballage. Une jeune femme sort de son tiroir une barre de céréales et défait le papier trèèèèès discrètement. Sur son large bureau sont entassés des *concept arts* ; c'est visiblement une artiste VFX, qui vogue du modèle papier au design 3D qu'elle crée par ordinateur. Elle regarde derrière elle, devant elle, à l'affût du manager qui rôde dans les artères de l'open space, avant de mordre dans son snack en essayant de faire le moins de bruit possible ; recroquevillée sur ses genoux, elle l'avale comme si on allait le lui voler.

— Shuhua, je vous vois ! Pas de pause ! Remettez-vous au travail sur-le-champ !

Yerim tâche en silence d'attirer l'attention de l'agent de sécurité à l'autre extrémité de l'immense salle, qui guette tout autour de lui comme un agent infiltré, étudiant chaque détail et n'hésitant pas à dévisager sans gêne ceux qui lui paraissent suspects. Je reconnais Im Songwa, le gars qui est la plupart du temps en poste aux studios A. Le grand gaillard grassement baraqué, celui qui a déjà travaillé en France et qui comprend quelques mots de nos discussions avec Juliette. Celui au regard insistant, qui me scrute des pieds à la tête chaque fois qu'il me voit. Je sens qu'il sait. Mais il n'ose pas demander. Les sourires qu'il m'adresse en disent long. Je crois que je l'apprécie.

J'esquisse un rictus moqueur alors que je croise son regard. Et il répond d'un sourire discret qui confirme mon pressentiment. Il sait. Il n'a pas l'air mauvais, je sens qu'il a juste envie que je confirme ses soupçons. La plupart des gens sont comme ça.

Puis son attention se détourne vers le superviseur en chef des artistes et *VFX designers*, dont le large bureau croule sous une pile de statuettes, de feuillets, d'outils ainsi que de quatre écrans démesurés. Le superviseur lui tend un large disque dur, que Songwa range aussitôt dans une valisette. Ils manipulent ce disque dur comme s'il s'agissait d'un bien d'une plus grande valeur que leur propre vie.

— C'est l'ours du premier épisode de la série, murmure à mon intention la jeune femme qui a essayé de manger sa barre de céréales.

Je hoche la tête en espérant que le manager ne va pas lui tomber de nouveau dessus pour avoir osé nous parler.

— Ils ont grillé les serveurs du *cloud* hier soir, à cause d'une surtension sur le réseau électrique des studios. Impossible d'envoyer les fichiers sur l'intranet. Et je ne vous parle pas des brèches de sécurité quotidiennes. Deux *concept arts* du Codex des dieux damnés ont déjà fuité. Du coup, la direction fait porter par un gars de la sécurité le bout à bout du premier épisode au studio de montage. Au fait, j'ai travaillé sur l'incrustation du décor de l'enfer dans votre première scène, et vous jouez super bien ! Je peux prendre une photo de vous ? lâche-t-elle en sortant son smartphone de sa poche.

Je prends une pose bancale, à demi agenouillé pour qu'elle puisse cadrer depuis son bureau. Yerim saute dans le cadre avec ses pouces en l'air, photobombant comme à son habitude mes rares instants de célébrité.

— Shuhua ! hurle le manager un peu plus loin.

Je m'excuse auprès de lui, feignant l'assurance d'un héritier *chaebol*, que je suis d'ailleurs. Le manager me reconnaît finalement et se fige sur place, s'inclinant bien bas.

Le vigile finit par s'approcher, muni de sa valisette, et se campe devant notre trio.

— Que puis-je faire pour vous, monsieur Lee ? demande-t-il en plantant son regard dans le mien.

— M. Lee, c'est mon père. Appelez-moi Jaemin. Est-ce que vous auriez les coordonnées de Min Nayeon ?

SCÈNE 31

Juliette

Nous filons entre les hangars à une vitesse affolante. Pourtant, Yerim manque deux, trois fois de se faire semer par la voiturette du vigile, qui fonce à toute allure. Après un arrêt au studio de montage, où Songwa a remis en main propre au responsable l'ours du premier épisode de *Gods in Hell*, nous nous dirigeons vers les portes des studios KTV, flanquées de tours de garde d'un style résolument moderne. Les barrières sont abaissées, quatre gardiens sont en poste sous le soleil de plomb de midi.

Le vigile se gare dans un crissement de frein sur une place prévue à cet effet, alors que Yerim décélère brutalement, se retrouvant à moitié sur le trottoir. Je jette un coup d'œil inquiet au raton laveur. Calé sur la banquette arrière, il demeure impassible alors que tout le monde a sursauté dans l'habitacle sous la conduite nerveuse de Yerim.

— Tu n'as qu'à passer ton permis, lance-t-elle en réponse au regard désapprobateur de Jaemin à son encontre.

Rocket tient la laisse de Marylou comme s'il était chargé de sa surveillance. Je lui fourre une poignée de croquettes entre les doigts et, à ma grande surprise, il en balance quelques-unes au petit chihuahua, qui se jette dessus.

— C'est bien, les gars, pas bouger, je reviens dans quelques minutes. Entendu, Rocket ? Tu gardes un œil sur Marylou... Voilà... dis-je en coinçant sa laisse dans la ceinture pour éviter qu'il s'échappe de la voiture.

Mon regard se perd au-delà des murs d'enceinte, à travers la large entrée des studios. J'ai l'impression que le monde extérieur est une tout autre civilisation. En fond sonore, j'entends les cris des touristes à bord des manèges à sensations, et non loin les sifflements des petits trains touristiques qui vont et viennent dans les avenues des studios.

— Juliette ! Juliette ! s'écrie une voix familière depuis l'autre côté de la barrière.

Un vigile empêche une personne d'avancer alors que cette dernière tente de capter mon attention en agitant les bras dans tous les sens et en sautillant sur place. Seulgi ! Je m'élance à sa rencontre, talonnée par Jaemin. Yerim, elle, reste aux côtés de Songwa, qui nous observe avec déjà l'air de s'impatienter.

— Mais qu'est-ce que tu fais là ? Je croyais que tu avais démissionné !

Seulgi contourne le vigile d'un mouvement vif et elle vient se caler sur la barrière, comme si elle s'accoudait au comptoir d'un bar. Spontanément, je la prends dans mes bras, gênée par l'obstacle entre nous. Surprise moi-même par mon geste, j'en éprouve aussitôt un certain malaise. Mais lorsque je m'écarte, Seulgi me sourit chaleureusement.

— Oh bah je... viens rendre des affaires que j'avais empruntées. Apparemment, ils ont remarqué que j'avais embarqué les *props* de quelques tournages... dit-elle, penaude.

— Seulgi… je souffle sur un ton amusé.

— Mais tu ne me réponds plus ! Je t'ai envoyé des centaines de messages depuis hier, lance-t-elle, l'air de me réprimander.

— Je n'ai plus de téléphone et c'est l'état d'urgence, ici ! Sarah Kang a disparu depuis hier soir. Je dois absolument la retrouver !

— Comment ça, « disparu » ? Tu as besoin d'aide ? Je n'ai rien à faire. Je n'ai plus de boulot… soupire-t-elle en jetant un regard contrarié en direction de Yerim qui l'observe du coin de l'œil.

Je sens la tension palpable entre ces deux-là. J'ai tout autant conscience de la présence de Jaemin juste derrière moi. Je le trouve bien proche, il ne m'adresse aucun regard, suivant le fil tendu qui lie les deux jeunes femmes. Il va et vient de l'une à l'autre, et un rictus moqueur se dessine à la commissure de ses lèvres.

— Vous cherchez du travail, Seulgi ? lance-t-il soudain d'un air narquois.

Yerim met fin à son semblant de conversation avec le vigile, puis fait un pas dans notre direction.

— Pardon ? Non ! Jaemin ! Tu n'as pas les moyens ! s'exclame-t-elle, tout à coup affolée.

Je lis la satisfaction poindre dans les expressions de Jaemin. J'avais raison : les deux cousins sont comme chien et chat. Il renchérit, s'adressant à mon ancienne collègue tout en snobant Yerim effrontément :

— Je cherche une assistante. La place est à pourvoir. Vous êtes disponible ?

Seulgi bafouille puis part dans un rire confus avant de se rendre compte du sérieux de la proposition. Elle jette un coup d'œil anxieux en direction de Yerim, avant de lâcher :

— Oui, je suis en recherche d'emploi, monsieur Lee.

— Parfait. Vous commencez tout de suite. Ma manager vous fera signer les papiers et un NDA.

— Quoi ? Jaemin, non ! s'écrie Yerim en voyant l'assistante tout juste nommée passer sous la barrière de sécurité et s'incliner devant son nouveau supérieur.

Ce dernier tend la main à Seulgi, s'inclinant à son tour, et lui offre un sourire aussi éblouissant qu'un lever de soleil. Je les regarde discuter de la situation présente. Il lui explique rapidement les missions à remplir en qualité d'assistante personnelle. Une pointe de jalousie me perce le cœur.

Je m'éloigne, retrouvant Yerim qui, manifestement dépitée, refuse elle aussi d'assister à cette alliance inopinée qui se tisse entre Seulgi et son cousin.

— Eh bien, on dirait qu'ils sont faits pour s'entendre, je souffle en me glissant près d'elle. Je suis désolée, Yerim. J'ai l'impression que c'est ma faute si tu es dans cette situation.

— Ça va, ne t'inquiète pas. Pourquoi est-ce que je devrais être mal à l'aise ? lance-t-elle crânement.

Je ne sais pas exactement ce qu'elle ressent pour Seulgi. Elle cache bien ses émotions. Sur ce point, elle est comme son cousin, fière et embarrassée par ses sentiments. Quant à moi, je ne sais plus quel camp soutenir : Seulgi qui a eu le cœur brisé après s'être fait ghostée ou Yerim qui a posé ses limites, certes maladroitement, mais dans le but salutaire de préserver le sien ?

Le quatuor que nous formons désormais suit d'un pas précipité Songwa, qui grimpe deux par deux les marches d'un escalier. Une large salle ovale se dévoile, offrant au travers des fenêtres une vue spectaculaire sur l'avenue principale des studios. Mais mon attention est vite attirée par la pléiade d'écrans recouvrant le mur aveugle du fond. Jaemin et Yerim ont déjà le nez devant les images enregistrées en temps réel par les caméras de surveillance placées dans chaque coin des hangars. Impossible d'échapper à la surveillance dans ces lieux, les angles morts sont rares, aucune partie des studios n'a été épargnée.

— Rappelez-moi ses nom et prénom, demande Songwa, concentré sur sa recherche informatique.

— Min Nayeon. Elle a été renvoyée il y a trois jours, l'informe Yerim.

— Je l'ai : Min Nayeon, nationalité coréano-américaine. Statut mis à jour, sortie des effectifs du studio : la semaine dernière. Adresse inconnue, j'ai son numéro de téléphone personnel.

En même temps qu'il prononce ces mots, l'ordinateur ronfle et la soufflerie semble se préparer à faire décoller la pièce. Les lumières se tamisent, laissant seulement les halos des nombreux écrans et le clavier rétroéclairé sous les doigts de Songwa répandre de douces lueurs chaudes.

Je perds toute visibilité de mon entourage proche, un pas de côté et je me retrouve collée à Jaemin. Je m'excuse pour cette petite collision inappropriée ; son odeur musquée me parvient, tout comme la tiédeur qui émane de son corps. Il m'ignore totalement et fait un pas vers le siège qui trône face à la myriade d'écrans.

— Vous allez l'appeler ? Vous pensez qu'elle va tout avouer par téléphone et…

Songwa ne lui prête pas attention. Il a déjà le combiné collé à l'oreille et finit de composer le numéro de l'intéressée. Lorsque soudain il lance d'une voix étrangement guillerette :

— Félicitations Min Nayeon ! Vous avez été tirée au sort ! Grâce à *K-Trash magazine*, vous remportez un MacBook Pro d'une valeur de 4 millions de wons ! Notre livreur est prêt à vous le remettre en main propre, merci de nous donner votre adresse, mada…

Le vigil se tait brusquement. Il hoche la tête et tourne son assise pour nous faire face. Sa mine s'assombrit.

— Bien, monsieur l'agent. Passez une bonne journée, lâche-t-il sobrement tout en raccrochant.

Tous, nous le fixons l'air perplexe et impatients. Il finit par reprendre :

— Nayeon est au commissariat depuis hier matin. Elle est en détention provisoire depuis tout ce temps.

— Elle n'a pas pu s'en prendre à Sarah, lâche Yerim, dépitée.

— Retour à la case départ, je souffle, minée.

Je commence à avoir les oreilles qui bourdonnent et je sens la pression qui m'étouffe. Je me rends compte que je suis prise en sandwich entre Yerim et Seulgi. Nous nous sommes rapprochées de Songwa, captivées par son jeu d'acteur et son ingéniosité.

L'agent de sécurité tourne son attention vers les écrans. Je reconnais le visage de Nayeon, son teint pâle et ses cernes violets. Ses joues creuses me serrent le ventre. Elle ressemble à un zombie. Les trois écrans face à lui n'affichent plus que des images des déplacements de l'ancienne assistante de Sarah. Ces dernières datent de la semaine passée.

— Sacré personnage, cette Nayeon. Pas étonnant qu'elle soit en détention, je parie qu'elle ne devait pas en être à son premier vol, et sa prise de stupéfiants a l'air d'être régulière. J'interroge le système de sécurité pour voir si elle a eu des altercations avec d'autres profils sensibles au sein des effectifs.

— Je ne comprends pas comment c'est possible d'engager une assistante avec un tel passif, commente Seulgi dans un filet de voix.

— Si tu savais à quel point c'est commun dans ce milieu, lâche Jaemin, blasé.

— Bien ! Reprenons depuis le début. Il me faut une fourchette horaire du moment supposé de la disparition de Mme Kang, intime Songwa avec sa grosse voix.

— Hier soir entre dix-neuf et vingt heures. Je l'ai laissée en loge maquillage, elle finissait sa journée de tournage et prévoyait de passer la soirée chez sa sœur, j'annonce fébrilement.

— Qui en aurait après elle ? Que ce soit personnellement ou professionnellement. Il faut trouver un motif pour…

— Je viens de réaliser que sa disparition va engendrer l'arrêt du tournage. Sans Sarah, *Gods in Hell* sera inévitablement mis en pause… lance Jaemin en laissant sa phrase en suspens.

— Une possible motivation pour un kidnappeur ? Qui donc trouverait un intérêt à voir la plus grosse production des studios stopper net ? Sans compter que ce serait une faillite programmée pour KTV. Avec tout l'argent investi, sans retour sur financement, la société va couler purement et simplement, annonce Yerim d'une voix grave.

— Les grévistes ? lance tout à coup Seulgi.

— Ça me paraît peu probable, la contredit Songwa en faisant grincer son fauteuil sous le poids de son large corps. Ce mouvement est encore embryonnaire. D'après les revendications confuses qui sont parvenues à la direction, ils demandent le paiement des retards de salaires, des heures supplémentaires et des augmentations jamais honorées. Si les studios font faillite, ils savent qu'ils pourront tirer un trait dessus.

Le silence se dépose sur la salle plongée dans la pénombre et rafraîchie par la climatisation. Je me râcle la gorge comme si j'avais soufflé dans une trompette. Songwa est de nouveau captivé par les écrans qui font défiler des images des studios. Jaemin se tient près de lui, le regard rivé sur les vidéos qui défilent sans interruption.

Yerim toussote. Seulgi trépigne en se grattant le cuir chevelu. La première se râcle la gorge et je mets une seconde pour comprendre qu'elle s'adresse à la seconde, lorsqu'elle murmure d'un ton acerbe :

— Alors… Contente ? Ce n'est pas rien comme poste, assistante d'un acteur. Tu vas négocier ton salaire ?

La mâchoire verrouillée, Seulgi prend son temps pour répondre :

— Je négocierai dans la mesure du raisonnable. Je suis une adulte mature, je sais communiquer avec respect.

Yerim se crispe instantanément. Je crois même que j'ai entendu ses dents grincer. Une veine pulse sur sa tempe et elle garde les poings serrés, bras tendus le long du corps.

— J'ai une correspondance ! Nayeon a demandé les coordonnées d'un certain Kim Minsik au secrétariat du personnel. C'était il y a trois semaines environ.

— Elle aurait un complice ? s'étonne Yerim.

Sa question reste en suspens. Le vigile est bien trop occupé à fouiller les données affichées sur son écran pour répondre. Yerim me donne un léger coup de coude, ramenant mon attention sur elle. Elle me susurre au creux de l'oreille avec un sourire espiègle :

— Encore une nana bizarre, cette Nayeon. Tu vois le genre ? À fuir, bien évidemment...

Elle a lâché ça d'une voix suave, qui se voulait discrète, mais je suis certaine que Seulgi a capté chacun de ses mots. Une pique bien lancée, je comprends qu'elle fait référence à la façon dont s'est terminée leur relation.

Yerim se tient proche de moi. Je ne sais pas si je suis gênée par sa proximité – j'ai senti la tiédeur de son haleine dans mon cou – ou par Seulgi qui nous observe d'un regard de biais, à l'affût du moindre mouvement de Yerim. Je suis terriblement mal à l'aise entre ces deux-là. Alors je m'éloigne l'air de rien, les joues empourprées.

Yerim m'adresse un sourire en coin. Seulgi me fusille du regard. Toutes deux pensent que je réagis à ce flirt évident. J'ai pourtant été claire avec Seulgi, il ne se trame absolument rien entre moi et Yerim. Je pense que les sentiments de Seulgi la rendent nerveuse et, malgré elle, elle s'imagine des choses. Je ravale douloureusement ma salive et rejoins Jaemin, posté devant les écrans.

— Kim Minsik... J'ai son fichier personnel. Il est consultant pour une série en cours de production dans le bloc C : *Gangsters' Love*.

Jaemin tique, sa nuque vient de craquer alors qu'il s'est penché vers l'écran pour y lire les informations.

— Un consultant... Ce gars est un ancien mafieux, oui ! Il a écrit deux livres sur la vie en prison et les guerres de gangs. Qu'est-ce que Nayeon pouvait avoir à faire avec lui ?

— Attends deux secondes... je lance alors que mon cerveau est en train de bouillonner sous les remous d'une idée naissante. Un gangster consultant... l'arrêt de la production du drama, la faillite des studios... C'est un moyen de pression ! Ton oncle, Jaemin ! Tu m'as dit que ton oncle était capable d'employer des méthodes immorales pour parvenir à ses fins… C'est comme avec ta mère, qu'il a tenté d'intimider en envoyant un criminel pour lui faire peur ! Tout comme il voulait empêcher le mariage de tes parents, il veut absolument que ton père renonce à son héritage de *chaebol*.

— Alors il trouve un moyen de faire kidnapper la tête d'affiche et met ainsi en péril toute l'entreprise ! s'exclame Jaemin comme s'il venait d'imbriquer la dernière pièce du puzzle.

— Oh là ! On se calme, les enfants ! C'est la vraie vie ici, pas un film de Guy Ritchie ! Qui vous dit qu'elle n'a pas simplement décidé de prendre une journée de repos ? nuance Songwa en croisant ses gros bras contre son torse.

Je m'aperçois que Yerim et Seulgi se sont postées chacune dans un coin de la salle, éloignées le plus possible l'une de l'autre. Je prends quelques instants pour réfléchir. Il n'y a rien qui me semble plus évident que ce que mon instinct me hurle.

— Toutes ses affaires sont dans sa loge : son sac, ses papiers d'identité, son passeport. Même les clés de sa maison de vacances sur l'île de Jeju. Il s'est passé quelque chose. Elle est quelque part dans le coin et elle ne peut pas me contacter parce que j'ai fait l'erreur de lui refiler mon fichu portable !

J'ai fini par hurler la dernière phrase. L'angoisse me cisaille le ventre. S'il est arrivé quoi que ce soit à Sarah Kang, je ne me le pardonnerai jamais.

Jaemin pose ses mains sur mes épaules. Mes oreilles bourdonnent de nouveau. Les alentours se floutent.

Mon regard se pose sur ses lèvres, pulpeuses et roses. Hypnotisée par sa bouche, je suis des yeux la courbe de l'arc de Cupidon, vogue jusqu'aux commissures de ses lèvres, qui remontent en un sourire.

Lorsque je reprends mes esprits, il est si près qu'une feuille de papier aurait du mal à se glisser entre nous.

— Il vient d'utiliser sa carte ! tonne Songwa brusquement. Kim Minsik, le gangster à la retraite, il vient d'ouvrir une porte, la cafétéria du bloc C, juste à l'instant !

Au même moment, le talkie du vigile grésille, alors qu'une voix crisse au travers de l'appareil.

— Urgence ! Nouveau rassemblement d'employés devant les bureaux de la direction ! Renforts demandés !

L'agent attrape son talkie et répond à l'appel, affirmant qu'il arrive dans les plus brefs délais. Puis il se tourne vers l'écran affichant les images devant les locaux de la direction. L'accès au luxueux bâtiment aux portes de verre et aux lettres dorées reprenant le nom des studios KTV est bloqué par un petit groupe de personnes brandissant des pancartes et criant des slogans dans le silence de la retransmission.

— Et voilà… on a retrouvé les employés des effets spéciaux, soupire Songwa en raccrochant le talkie à sa ceinture.

Jaemin se rapproche du mur d'images, détaillant avec circonspection ce qui se joue sur le moniteur. C'est Yerim qui le sort de sa rêverie :

— La cafétéria du bloc C… Jaemin, si on veut retrouver Sarah, il faut aller parler à ce gangster.

SCÈNE 32

Jaemin

Je pousse les portes de la cafétéria en grand. Les larges battants s'ouvrent dans un grincement sonore sur la gigantesque salle vide. Ou quasi : au fond est installé un groupe d'une dizaine de personnes, qui la bouclent brusquement lorsqu'elles posent les yeux sur moi.

Mes trois comparses déboulent à ma suite ; j'entends Yerim arriver de loin :

— Je n'ai pas dit que tu étais une incapable, Seulgi. J'ai dit qu'il y avait marqué « Tirer » sur la porte et non pas « Pousser ».

Passé le chambranle de la porte de la cafétéria, elle se tait aussitôt. Seulgi caresse gentiment le petit chihuahua entre ses bras tandis que Juliette tire le raton laveur au bout de sa laisse comme un bagnard un boulet à sa cheville.

À en juger par les expressions fermées de ceux qui nous accueillent, nous ne sommes clairement pas les bienvenus.

— Mesdames et messieurs bonjour… je claironne avec le mince espoir de réchauffer l'ambiance. Nous sommes à la recherche d'un certain Kim Minsik.

J'ai à peine prononcé ce nom que mon regard tombe sur un grand gaillard aux cheveux grisonnants et aux bras tatoués.

Je sens Juliette se tendre. L'intéressé se lève subitement.

— Et qui donc le demande ? chantonne-t-il d'une voix bizarrement aimable.

Je m'avance d'un pas tranquille et les autres me suivent à pas feutrés. Juliette serre Rocket entre ses bras, comme si elle pressentait un danger que je n'ai pas encore décelé. Je perçois quelques murmures, mon identité n'est pas inconnue de la plupart des employés des studios. Les sourcils se froncent, les mines se plissent. Certains portent leurs mains devant leur bouche avant de murmurer des mots inaudibles. J'ai envie de hurler que je suis le fils de M. Lee, comme ça tout le monde aura l'information et nous serons tous sur la même longueur d'onde.

C'est Juliette qui brise le silence, saisissant l'occasion pour mener sa petite enquête avec une admirable dévotion.

— Est-ce que vous auriez vu Sarah Kang dernièrement ? bredouille-t-elle, mal assurée devant cette large assemblée.

Le mafieux retraité s'est fiché sur place, placé devant le groupe qui n'a pas bougé, bras croisés sur le torse, et nous observe en chien de faïence. Je me sens stupide tout à coup. À quoi est-ce qu'on s'attendait ? À lui extirper des aveux, armés d'un raton laveur et d'un chihuahua ? Ce gars est aussi baraqué que Songwa et ce malgré une cinquantaine d'années bien tassées.

— Non, ce n'est pas ce que vous voulez savoir, affirme-t-il soudain, brisant le malaise qui s'installait. Vous voulez savoir si Min Nayeon m'a revendu les diamants qui parsemaient le collier du clébard.

Il vient de montrer Marylou du menton. Juliette affiche une mine décontenancée. Je vois l'espoir s'évanouir de son regard. Le gangster vétéran continue sur sa lancée :

— J'ai raccroché il y a plus de vingt ans maintenant. Mes années parmi les *Kkangpaes*[14] sont révolues. Je l'ai envoyé chier, la gamine camée. D'ailleurs j'ai appelé la police pour la signaler au commissariat de quartier.

— Et la société vous remercie de ce service rendu, je lance dans une inclination qui s'apparente à une courbette théâtrale. Bon, on n'a plus rien à faire ici. Cette piste est un cul-de-sac. Bonne journ…

— Vous êtes bien le fils du CEO[15] des studios, non ? relance Minsik. Vous allez rapporter à votre père que les employés se syndiquent et s'organisent ?

— Nous n'avons rien vu, rien entendu ! je réfute tout en cherchant du regard l'assentiment des trois jeunes femmes qui m'accompagnent. Merci de votre aide, monsieur Kim. Nous allons vous…

Le groupe de syndiqués se lève de concert, me coupant dans mon élan. Minsik me dévisage, l'air circonspect. Puis il reprend sur un ton toujours plus mielleux :

— Rien ne presse, monsieur Lee ! Restez un peu avec nous. On discutait boulot, justement. Vous connaissez le rêve fou du milliardaire chinois Wang Jianlin ? Avec sa pharaonique cité du cinéma basée à Qingdao, ce monsieur a voulu concurrencer Hollywood. Seulement voilà, ce fut un échec monumental. Et il nous semblait, aux collègues ici présents et à moi-même, que les studios KTV prenaient la même direction.

14. Gangsters œuvrant en gangs en Corée du Sud.
15. Président directeur général de l'entreprise.

Je fais mine de m'intéresser, affichant un air intrigué. Puis je lève mon poignet, où pourtant aucune montre ne se trouve, et vais pour lancer l'idée que nous sommes attendus ailleurs. Je n'ai pas le temps d'ouvrir la bouche que le mafieux continue :

— Je faisais le parallèle entre ma carrière révolue au sein des *Kkangpaes* et les revendications sociales. C'est tout un art, n'est-ce pas ? Faire valoir ses droits, camper sur ses positions, et savoir quand utiliser la force pour obtenir ce qui nous revient légalement.

La petite vingtaine de techniciens me scrute comme si je dissimulais une bombe dans ma poche.

— Écoutez, mesdames et messieurs… Je comprends bien votre colère mais…

— Savez-vous, monsieur Lee, que vos collègues acteurs et actrices de second plan sont payés dix fois moins que vous ? Savez-vous que la plupart des figurants ont vu leurs visages scannés par les équipes des effets spéciaux, pour qu'ensuite leur image puisse être réutilisée à l'infini dans d'autres productions ? Et ce pour des clopinettes ! Savez-vous que les scénaristes de *Gods in Hell* ont dû plancher sur la réécriture complète du scénario en seulement trois jours et deux nuits ? Et sans que leur cachet ait été revu à la hausse, bien évidemment.

Je fais non de la tête. J'ai entendu parler des dérives autour de l'utilisation de l'IA, du manque de considération pour les temps de pause et de repos, et des écarts ubuesques de salaires entre acteurs.

— Je ne cautionne pas les méthodes de mon père, je reprends. Et je vous soutiendrai dans votre mouvement de contestation s'il devient…

— Il sait de quoi il parle ! Il est français. Il sait comment faire la grève !

— Et la révolution ! lance un autre dans le fond.

— J'ai vu des vidéos sur les réseaux, les Français brûlent des voitures quand ils ne sont pas contents !

— À Paris, ils ont détruit l'Arc de Triomphe ! Je l'ai vu aux informations.

Je lève brusquement les mains en l'air. Ouh là, j'ai peut-être instillé trop d'ardeur dans ce mouvement naissant.

— Attendez ! Je vous parle de syndicalisation ! Adhérez plutôt à la confédération coréenne des syndicats, faites les choses dans la légalité. Mobilisez-vous pour faire entendre vos droits et demandez les autorisations pour faire grève. Il vous faut l'appui de la loi et vous devez...

— J'ai vu un article sur les grèves d'entreprises en France, les employés sont allés jusqu'à kidnapper leur patron ! aboie une jeune.

— Oui, j'en ai entendu parler ! Ils l'ont séquestré pendant des heures dans les bureaux de leur entreprise. C'est de cette façon qu'ils ont obtenu tout ce qu'ils avaient demandé ! C'est le seul moyen qu'ils avaient pour se faire entendre !

Tous les regards se tournent vers moi. Je sens que la pression vient de monter d'un cran.

— Je ne suis pas votre patron... Ne vous trompez pas d'ennemi... je bégaie en reculant d'un pas.

Ceux qui étaient assis sur la table descendent de leur perchoir. Ils me fixent de leurs grands yeux ardents. Je vois que les esprits s'échauffent, les pensées tournent à vive allure, et un plan commence à se former.

— Où allez-vous, monsieur Lee ? lance leur meneur d'une voix mielleuse. On veut juste discuter…

Je fais un autre pas en arrière, mais plus je recule, plus il avance. Du coin de l'œil, j'aperçois Seulgi et Juliette se diriger discrètement vers la sortie.

— On se calme, s'il vous plaît ! intervient Yerim en se postant devant moi, barrant le chemin au gangster syndiqué. Maltraiter les gens ne fera qu'aggraver les choses. Il est hors de question de brûler des voitures ou de kidnapper…

— Tu es soit avec nous, soit contre nous, lâche-t-il d'un ton froid.

— OK. Soyez prêts à courir, chuchote ma cousine.

Je hoche la tête. Pourtant, je comprends ces gens. La construction des studios s'est étalée sur plus de quatre ans, or ils ne voient pas la fin des longues journées de labeur, et pour cause : il n'y en aura pas. Ils ont mis un pied dans un engrenage vicieux qui les broie depuis des mois. La plupart des machinistes et des électriciens dans les studios sont des techniciens ayant participé aux chantiers, majoritairement payés au salaire minimum et sans possibilité d'évoluer ou de se voir accorder une augmentation.

— Vous allez où comme ça, patron ? Ohé ! Monsieur Lee ? Restez avec nous ! On veut simplement discuter !

— Je ne suis pas le bon M. Lee ! Pour information, mon père n'en a rien à faire de moi ! Il ne vous accordera pas la moindre cacahuète si vous me séquestrez !

Ça ne sert à rien de discuter. Je perçois une froide détermination figer leurs expressions.

Je détale, fuyant avec précipitation vers la sortie. J'entends leurs pas sur mes talons, ils se sont mis à nous courser.

Yerim crie quelque chose que je ne comprends pas. Ou bien peut-être est-ce le raton laveur qui hurle de peur ? Je dévale l'escalier à la suite de Juliette. Seulgi est déjà loin devant, avec le chihuahua dans les bras.

— Monsieur Lee ! Restez avec nous ! braille Kim Minsik dans mon dos.

Il n'en faut pas plus pour que j'accélère. Ils sont tous à nos trousses, je perçois le brouhaha de leurs semelles claquant au sol, de leurs paumes qui glissent sur les rambardes de l'escalier. Mon cœur s'emballe, l'angoisse d'être kidnappé fait pulser mon sang.

Comme dans les films d'action, je me vois déjà attaché sur une chaise, les liens qui me coupent la circulation, le visage en sang et des bleus sur le corps, la lueur glauque d'une ampoule qui pend au plafond d'un sous-sol sombre. Ça n'arrive qu'au cinéma, ce genre de scène ! Moi qui joue ma vie comme si c'était une œuvre de fiction, me voilà rattrapé par un cauchemar de cinéma !

Les hangars s'érigent dans une enfilade infinie, projetant leurs ombres sur la rue coincée entre ces deux murailles de béton lisse. Seulgi montre le chemin, n'ayant pu monter dans le véhicule, car la voiture est fermée, or Yerim, qui détient la clé, est la dernière à sortir du bâtiment. Elle retient une porte sur le côté du hangar le plus proche.

Je cours à leur suite, jetant un coup d'œil pour voir si ma cousine prend la bonne direction. Finalement, nous nous engouffrons tous les quatre dans cette bouche de ténèbres. J'entraperçois nos poursuivants nous chercher du regard et je croise celui de leur meneuse qui nous surprend en train de disparaître.

Je fonce droit devant, sans me poser de question, dans l'obscurité jusqu'à ce que, soudain, au détour d'une porte, nous débarquions dans un couloir d'hôpital. Le contraste est cinglant, le décor baigne dans une lumière froide, les couleurs sont pâles et les murs d'un blanc déprimant. Même Rocket piaille de surprise.

J'entends nos poursuivants approcher. Une porte claque derrière nous, et des voix s'élèvent, les mots sont incompréhensibles, seule leur hargne transparaît distinctement. Je me précipite sur une porte battante, qui se révèle donner sur un plateau immense où une ribambelle d'acteurs et de figurants sont en plein tournage. On se croirait dans un service d'urgences bondé.

Tous nous fixent avec un air estomaqué.

— Ah ! *The Last Doctor* ! J'adore ce drama ! s'écrie Yerim face à la scène que nous venons littéralement de ruiner par notre irruption.

Un mégaphone dans la main, le réalisateur nous hurle de quitter le plateau. Nous repartons en courant sous une huée générale. Nous franchissons une autre porte, et encore une autre, j'enjambe les rails du travelling, j'évite les caisses d'équipement, j'esquive les machinistes. Yerim s'excuse platement, Juliette ne se retourne pas, Seulgi montre la voie et Rocket braille à la mort.

La lumière du dehors est aveuglante, mais je n'ai pas le temps de me plaindre. Je distingue les bruits de nos poursuivants, toujours à nos trousses. Direction un autre hangar, à droite toute. Seulgi ouvre une autre porte. Cette fois-ci, la pénombre est moins dense et le plateau est désert. C'est ici que j'ai tourné ma première émission de télé, le *Late Night Show*. Nous descendons les marches qui séparent les sièges en gradins. La scène est vide, l'éclairage est éteint, seules des petites loupiotes éclairent notre chemin. J'entends un bruit dans le lointain, et nous traversons ce hangar à toute vitesse.

À la sortie, le soleil nous accueille de nouveau en grande pompe. Yerim est essoufflée.

— Où va-t-on, comme ça ? Ils sont littéralement partout ! s'affole Seulgi. Si la grève s'étend à tout le personnel des studios, on ne sera nulle part en sécurité !

Une large voiturette électrique déboule dans l'allée étriquée dans laquelle nous nous tenons. Les pneus crissent, les freins fument, et elle stoppe pile devant notre petit groupe. Je reconnais le visage rond de Songwa.

— Tous en voiture ! Maintenant ! nous ordonne-t-il.

L'heure n'est pas aux tergiversations. Tout le monde saute dans le véhicule. Je me presse contre le vigile, et Juliette contre moi. À l'arrière, Seulgi et Yerim tirent des mines dégoûtées de se retrouver collées l'une contre l'autre.

Songwa enfonce la pédale d'accélération. La voiturette redémarre au quart de tour dans un sifflement aigu alors que la porte du hangar s'ouvre à la volée, d'où se déversent nos poursuivants essoufflés et remontés à bloc.

Notre sauveur s'agrippe au volant avec un air concentré, il n'a même pas remarqué que je suis à moitié assis sur lui, et lorsque finalement nous sommes assez loin, quasiment sortis d'affaire, il m'adresse un sourire en coin alors que ma main est refermée sur sa cuisse.

Je m'excuse platement, avant de me déporter vers ma voisine et d'agripper sa cuisse dans un réflexe, lorsque le véhicule prend brutalement un virage. Je croise le regard noir que me lance le raton laveur, comme si je touchais sa maîtresse d'une façon inappropriée. Il a peut-être raison. Je retire aussitôt ma main, les joues de Juliette se sont enflammées.

— Mes collègues m'ont prévenu que vous étiez dans de sales draps. Ils vous ont vus sur les caméras de sécurité. Je suis venu aussi rapidement que possible, explique Songwa.

Il accélère encore, les yeux rivés sur la route, avant de jeter un coup d'œil aux deux filles assises derrière. Ratatinée à la bordure du siège, Yerim est postée au plus loin de Seulgi.

— Je suis désolé, on est surbookés ces derniers temps. Je vais devoir vous déposer ici. Restez en contact grâce au talkie.

— Mon Dieu... La situation est si critique que ça ? s'écrie Juliette.

— Évidemment. Ça couve depuis des semaines. Bien avant l'ouverture des studios, les revendications du personnel ont été violemment étouffées. La tension est à son maximum.

Sur ce, il s'arrête au beau milieu d'une forêt de bambous. Yerim est la première à sortir de la voiture, comme si elle voulait mettre le plus de distance possible entre Seulgi et elle. Leur animosité semble s'être exacerbée.

Juliette glisse sur le siège, soulagée de ne plus être collée à moi. Je ne sais pas vraiment comment le prendre. J'ai l'impression qu'on me transperce le cœur. Mon regard croise de nouveau celui de Songwa.

— Restez hors des studios pour le moment. Je vous conseille de faire profil bas au parc touristique pendant qu'on restaure le calme ici.

Alors qu'il m'indique un passage entre les bambous qui mène vers les restaurants du parc d'attractions, je le vois hésiter un long moment. Il a les mots au bord des lèvres et ses yeux me fixent intensément. Finalement, il jette un regard à Juliette et je perçois le malaise prenant le pas sur l'audace.

— Si vous avez besoin de moi, contactez-moi sur le canal trois, finit par lancer Songwa. Vous m'appelez et je viendrai au plus vite… Enfin, ça dépendra de l'urgence de la situation. De la vôtre ou de la mienne.

Il redémarre en trombe et disparaît. Je ne parviens toujours pas à y croire. Le choc n'est toujours pas passé et je ne réalise pas ce que l'on vient tout juste d'affronter. Je n'ose pas imaginer ce qui me serait arrivé si Songwa n'était pas intervenu.

Yerim vient se poster près de moi alors que j'observe la voiturette s'éloigner. Le vent souffle dans les feuilles hautes, et les chaumes des bambous tanguent sans jamais s'entrechoquer. L'ombre est rafraîchissante, nous protégeant du soleil au zénith.

— Fin de la piste. Encore une impasse, siffle Juliette, chagrinée.

— Mon niveau de cortisol est trop élevé. Je propose une gaufre, supplément chantilly et chocolat, pendant qu'on fait le point loin de ce foutoir, lâche Seulgi le plus sérieusement du monde.

SCÈNE 33

Juliette

Je crois qu'il commence à s'en rendre compte. Je le vois dans son regard, lorsque ses yeux parcourent mon visage, et qu'il décrypte mes émotions avec un intérêt soupçonneux. J'essaie de cacher la gêne qui s'empare de moi alors que l'on se touche par mégarde. Mais je le vois se crisper parce que j'ai osé le frôler.

Et en même temps, il en joue. Je le déteste ! Je n'arrive pas à le suivre. Il me fuit, il me touche, puis m'évite. Il m'observe avec un air niais puis, la seconde suivante, il semble me juger en arborant sa mine prétentieuse. Je le hais !

Au travers des baies vitrées, j'aperçois les manèges à sensations, l'entrée du musée de cire, le tapis rouge des escaliers menant à la plus grande salle de cinéma IMAX de Corée, ainsi que le parking où sont garés des dizaines de mini-trains. Le petit restaurant où nous avons tous trouvé refuge est décoré ambiance Paris des années 1930, où les formes géométriques épurées de l'Art déco se fondent dans des matières nobles, du velours pour les rideaux, du papier peint ciselé de dorures aux murs et un lustre aux pampilles de cristal au plafond. Pour compléter le tableau, je vois en face les piliers de la reproduction grandeur nature de la tour Eiffel, située entre deux façades de saloon. Mon regard se perd dans ces mises en scène hétéroclites. Certes, j'en apprécie la beauté, mais surtout parce que je fuis l'attention de Jaemin.

— Reprenons depuis le début, souffle-t-il finalement. Elle n'est pas chez sa sœur, Nayeon ne l'a pas kidnappée et ce gangster retraité n'a rien à voir dans l'histoire. Qui reste-t-il sur la liste des suspects ?

Je pique à peine dans mon assiette, perdue dans mes pensées, tout en réfléchissant à ce qui aurait pu conduire Sarah à disparaître ainsi. Quand soudain je lâche :

— Je l'ai laissée dans la loge maquillage hier soir. Les dernières personnes à l'avoir vue sont donc les trois maquilleuses… Peut-être que Sarah a dit ou fait quelque chose qui pourrait nous mettre sur la voie ?

— Tu veux qu'on retourne aux studios pour interroger les trois harpies ? lance Yerim.

Jaemin hoche la tête. Il continue :

— On aurait dû y penser plus tôt. Si quelqu'un sait quelque chose sur quoi que ce soit, ce sont bien ces trois-là. Toujours à commérer et papoter sur tout le monde. Elles doivent bien avoir entendu quelque chose d'intéressant, ou laissé traîner leurs yeux là où il ne fallait pas.

Je me rends compte bien tard de l'extrême tension qui pèse entre Seulgi et Yerim. La manager de Jaemin s'est assise à côté de moi. Seulgi me harponne de ses yeux noirs, derrière sa gaufre bombée de chantilly et chocolat. Je ravale ma salive, mal à l'aise. Elle est en train de se monter la tête. C'est évident, je surprends une œillade fugace qu'elle décoche à

Yerim. Son regard oscille entre nous deux. Jaemin sirote son macchiato glacé, enserrant sa mâchoire dans une gestuelle pensive. Yerim souffle enfin ce qui lui trotte dans la tête :

— On ne peut pas retourner dans les studios. Pas avec le mouvement de grève. On va se faire remarquer et on va se faire attraper par le colbac.

Seulgi bredouille aussitôt une idée :

— Peut-être que Sarah fait grève ! Si ça se trouve elle est…

— Ne sois pas stupide. On l'aurait su ! rétorque Yerim d'une voix tranchante.

Seulgi se fige, ses traits se crispent de rage contenue.

— T'es en train de me traiter d'idiote ? crisse-t-elle, la mine mauvaise.

Yerim soupire et lève les paumes en signe de temps mort.

— Mais non… Seulgi, je n'ai pas dit ça. Je ne me permettrais jamais.

— Mais tu le penses ! s'emporte la jeune femme assise juste en face.

— Tu as de la chantilly sur le… tempère Yerim en levant un doigt vers son visage.

— Tu me touches pas ! crache Seulgi en tapant sur la main qui s'approche d'elle.

— Écoutez, mesdemoiselles, calmons-nous, propose Jaemin. L'heure n'est pas aux prises de têtes et…

— Je suis bien d'accord. On ne va tout de même pas compliquer une situation déjà embarrassante, siffle Yerim, mauvaise.

À ces mots, Seulgi se contorsionne sur sa chaise, se retenant de sauter sur elle.

— Ah, tu ne peux pas me ghoster dans la vraie vie, hein !

— Te ghoster ? Moi, je t'ai ghostée ? Tu *me* fais passer pour la méchante ? proteste la cousine de Jaemin.

— La franchise, tu ne supportes pas ça, n'est-ce pas ?

Dans le restaurant, toutes les têtes se sont tournées vers nous. Les murmures s'intensifient, les regards sont curieux et gênés, certains clients et serveurs écoutent attentivement la suite.

— La franchise ? Si ! D'ailleurs, je te remercie de la tienne ! s'écrie Yerim. Sinon je n'aurais pas pu échapper à ton plan bizarre avec ton vieux mec !

— Quoi ? lâche Seulgi, brutalement soufflée par cette réplique.

Ses yeux balaient la table comme pour chercher quelque chose qui ne s'y trouve pas. J'ai l'impression de voir les rouages de son esprit tourner et j'imagine qu'elle est en train de se repasser chaque moment passé avec celle qui lui a brisé le cœur. La tension est retombée à plat, l'abcès crevé vient de déverser son fiel gluant de mésentente. Mon amie bafouille, l'air mal à l'aise, elle se défend :

— Mais… Je n'ai jamais voulu faire de plan à trois avec toi ! Ou avec qui que ce soit, bafouille-t-elle.

Je le savais ! Ça ne lui ressemble pas du tout. Yerim se redresse, grimaçant de plus belle.

— Bien sûr que si. Tu m'as parlé de ton mec et d'une autre nana, vous faisiez des trucs ensemble et…

— Je n'ai jamais dit ça. Jamais ! J'ai rencontré mon ex grâce à son mec qui fantasmait sur les plans à trois ! Mais jamais je ne me suis embarquée dans un plan comme ça. Elle s'est séparée de lui et on est sorties ensemble. Point barre. Qu'est-ce que tu t'es imaginé ?

Yerim se recule sur sa chaise et croise les bras sur son torse, les yeux plantés dans ceux de Seulgi.

— Ce n'était pas clair. Tu ne m'as pas expliqué les choses comme ça.

Je sens Seulgi trembler sur sa chaise. Elle est déstabilisée par le regard perçant que Yerim lui lance.

— Comment veux-tu que je t'aie expliqué quoi que ce soit ! T'as passé notre rencard à te plaindre de ton cousin, de ton salaire, et de ton ex Marina ! T'as enquillé Margarita sur Margarita et quand j'ai pu placer une phrase, t'as juste retenu ce que tu voulais entendre. Ensuite tu m'as bloquée du jour au lendemain. Je t'ai trouvée drôle alors que tu es un véritable *red flag* ambulant. Je voulais du sérieux, soupire-t-elle.

Seulgi baisse les yeux, se triturant les doigts et fuyant l'attention pesante de celle qui lui fait face. Son désarroi est manifeste.

Yerim reste bouche bée sans trouver quoi répondre. Je l'entends déglutir. Le fard commence à lui monter aux joues et j'ai l'impression que ses yeux brillent de larmes qu'elle retient. Elle finit par lâcher d'une voix atone :

— Faut que j'aille fumer.

C'est alors que Jaemin la retient, posant sa main sur son bras tout en déclarant, médusé :

— T'as parlé de Marina pendant un rencard ! T'es toujours pas passée à autre chose ?

Yerim se dégage de sa prise. Elle soupire et répond :

— Mais si… Je suis passée à autre chose. J'étais juste crevée, j'ai bossé douze heures d'affilée ce jour-là. J'en pouvais plus. J'ai trop bu, j'ai raconté n'importe quoi… Et je… Si je ne t'ai pas rappelée, c'est aussi parce que j'avais honte…

Seulgi… Tu m'as vue sous mon pire jour et… Je me suis dit que toute personne sensée ne voudrait plus rien avoir à faire avec moi. Alors j'ai pris les devants.

— J'aurais pu en décider par moi-même, abrège Seulgi mélancolique. Je peux comprendre, la fatigue, la solitude, le stress…

Je me suis complètement perdue dans leur discussion et je ne suis pas la seule : Jaemin est accoudé sur la table et grignote machinalement un morceau de pain en suivant leur échange comme un match de tennis.

Yerim et Seulgi maintiennent un regard prolongé l'une sur l'autre. Un regard empreint de regrets et de compréhension.

— Mais euh… C'est qui, Marina ? je demande, si curieuse que j'en oublie toute retenue.

— Une folle ! lance Jaemin, le regard noir.

— C'est une longue histoire..., ajoute Yerim sans quitter Seulgi des yeux.

— Et pour faire court, Marina est une journaliste *people* toujours en recherche d'exclusivités et de bad buzz. Elle a rencontré Yerim à un gala de charité organisé par ma mère. Elle lui a fait croire qu'elle était tombée amoureuse et…

— Elle était amoureuse ! On était presque ensemble… corrige Yerim, tranchante.

— Si tu le dis, conteste Jaemin. Bref, Marina a réalisé qu'elle n'avait qu'un accès restreint à nos histoires de riches héritiers, alors elle a jetté son dévolu sur moi, parce que j'ai signé dans une grosse production cinématographique. Et elle a jetté Yerim comme une malpropre.

— J'étais… très attachée à elle. J'ai eu le cœur brisé, avoue difficilement l'intéressée.

Seulgi baisse les yeux, triturant ce qu'il reste de sa gaufre. Jaemin relance :

— Tu m'en veux encore ? Je me suis déjà excusé, dès que j'ai su qu'elle avait flirté avec toi… J'ai coupé court à son stratagème.

— Ça a quand même duré deux mois, vous deux, grince Yerim.

— Elle ne m'avait jamais parlé de ce qu'il s'était passé entre vous, Yerim ! Combien de fois vais-je devoir m'excuser ? Tu sais bien que jamais je ne me serais permis de sortir avec ton ex. Elle m'a *manipulé* et elle *t'a* manipulée. On est bien mieux enfin débarrassés de cette gourdasse.

Sa cousine hoche la tête. Son regard tombe sur Seulgi. Elle se racle la gorge, puis finit par esquisser un sourire. Les secondes s'égrènent dans un doux silence.

L'ambiance s'est de nouveau allégée, j'ai l'impression que l'air est devenu frais et doux, et d'être assise sur un nuage de coton. J'entame ma salade et les goûts me ravissent. Le sourire de Yerim est communicatif. Jaemin s'étire avec un miaulement comique qui nous arrache des éclats de rire. Pour la première fois depuis des jours, je me sens détendue. Je suis à l'aise avec ces personnes, et je réalise que je n'ai jamais vraiment ressenti ce genre de confort hors de ma solitude entre les quatre murs de ma chambre.

— Bon, c'est bien joli tout ça, mais on en est toujours au point mort concernant Sarah ! On va devoir retourner à la loge maquillage et interroger les trois Parques. Seulement on risque de se faire prendre en grippe par les grévistes… soupire Jaemin, confus.

C'est alors que la porte du restaurant s'ouvre avec fracas. Une silhouette déboule dans la salle quasi vide, pour se poster au beau milieu et scander d'une voix d'alto :

— Personnel des studios en grève ! Retards de paiement, manquements au code du travail, mauvaises conditions de travail ! Soutenez les employés, marchez avec nous dans les studios de production !

La jeune femme me tend un prospectus d'un geste sec, sans me jeter un coup d'œil.

Stupéfiée par la soudaineté de cette apparition, j'attrape la feuille et l'examine avec une attention fébrile. Un gros émoji fâché est dessiné en rouge. Une liste de revendications est inscrite près d'un plan reprenant le tracé d'une procession qui démarrera dans quelques instants. J'observe la jeune femme tendre des exemplaires du tract aux employés derrière le comptoir, puis s'engouffrer dans les cuisines pour, j'imagine, continuer sa distribution.

Alors que je jette un coup d'œil à l'extérieur, j'aperçois une dizaine de personnes brandissant des pancartes et des cartons gribouillés. Elles remontent la rue à grand renfort d'exclamations et de slogans. Les touristes les fixent avec un air perplexe et s'écartent sur leur passage.

— Ils passent à côté du bloc A, près des loges maquillage et coiffure… lance alors Jaemin en zyeutant le feuillet entre mes doigts.

— Et si on faisait grève ? lance alors Yerim, le regard pétillant.

C'est ce moment que choisit Rocket pour mettre ses pattes dans mon assiette et grignoter ma salade. Il s'attaque aux croûtons, empoigne de sa petite main un morceau de fromage et fourre le tout dans sa gueule comme s'il n'avait pas été nourri depuis des années.

— Avec les grévistes qui veulent choper Jaemin ? je m'écrie, sceptique.

— Si on marche avec eux, pourquoi voudraient-ils l'utiliser comme moyen de pression ? Personnellement, je soutiens le mouvement. Et vous les gars ? demande Yerim.

J'acquiesce, ça tombe sous le sens. J'imagine qu'un acteur gréviste est plus bénéfique pour l'image du mouvement social qu'un acteur kidnappé. Mais c'est à Jaemin qu'il revient d'accepter ou non de prendre ce risque.

Il sourit.

— Finalement, ton idée n'était pas stupide, Seulgi. Les acteurs font grève, souffle Yerim en tendant sa main vers elle.

Leurs doigts s'effleurent. Leurs regards se rivent à leurs mains à peine enlacées, et elles se touchent avec une délicatesse tremblante. Même le témoin que je suis ressent la tendresse retenue de Seulgi et l'envie curieuse de Yerim.

Instinctivement, mon attention se porte vers Jaemin. Pendant une seconde, il n'y a plus que lui au monde.

Soudain, il se racle la gorge. Les deux jeunes femmes reviennent dans l'instant présent, prenant conscience avec embarras qu'on les observe. Quant à moi, je suis déboussolée. Est-ce que Jaemin a lu dans mon regard à quel point j'avais envie de les imiter, de tendre mes doigts vers les siens et d'attraper ses mains pour les caresser ? Il se lève subitement et brandit un poing en l'air.

— Personnel en grève ! Acteurs en colère ! Il me faut une pancarte, souffle-t-il avec un rictus mutin.

SCÈNE 34

Jaemin

En tête de procession, je brandis ma pancarte en carton. Je scande les slogans depuis une vingtaine de minutes, et je ne compte plus les remerciements parmi les employés, les regards émerveillés des techniciens qui déclament en chœur les revendications du personnel.

— Hausse des salaires ! Paiement des heures supplémentaires ! je scande en boucle.

Les téléphones se sont braqués sur mon visage, les réseaux doivent être inondés de photos et de vidéos de moi en tête de cortège. Nous déambulons d'un pas assez rapide ; je donne une cadence emportée à ce défilé. Dans mon dos, Yerim, la pancarte posée nonchalamment sur l'épaule et Seulgi tenant Marylou dans ses bras, discutent tranquillement. Juliette, quant à elle, se fait promener par Rocket qui la tire au bout de sa laisse.

— On tourne au prochain hangar, me souffle Yerim qui n'a pas perdu le sens des priorités.

Alors je ralentis, je me mêle à la foule qui me suit. Je relance les chœurs chantant les doléances et agite mon poing dans les airs pour redonner du souffle au mouvement.

Les grévistes manifestent de plus belle, remontant la large avenue séparant les hangars.

J'avoue que ce stratagème a fonctionné. Il n'a plus été question de kidnapper le fils du grand patron parmi les grévistes. Bien au contraire. J'ai eu droit aux acclamations et aux applaudissements. Mais je ne réalise que maintenant que j'ai foncé sans réfléchir. Quel impact sur mon image cette prise de risque va-t-elle engendrer ? Est-ce que je viens de signer la fin de ma carrière d'acteur, à peine celle-ci débutée ?

Je cherche des yeux Juliette, nos regards se croisent. Je l'ai fait pour elle, et je le referais sans hésiter.

À quelques encablures, des hommes en uniforme montent une barricade. Les agents de sécurité ferment l'avenue.

— Maintenant, annonce Yerim en virant de bord et en quittant l'essaim qui s'agglutine face au barrage des vigiles.

Le mouvement de contestation s'échoue comme une vague au ralenti sur les barrières. Les agents de sécurité ont sorti les mégaphones et le combat de voix se fait bruyant entre frondeurs et vigiles.

Nous nous éclipsons sans grande difficulté, retrouvant les ombres fraîches qui s'étendent tout le long d'une ruelle étroite entre deux hangars démesurés. Juliette se fait embarquer par Rocket, nous ouvrant la voie en direction des loges maquillage. Ces dernières nous apparaissent finalement au détour d'un virage.

Il ne semble plus y avoir âme qui vive dans les parages. L'ambiance qui règne ici est proche de la désolation causée par le passage d'un ouragan. Les hangars se dressent vers un soleil de plomb. Le bleu de ce dernier tranche avec le blanc immaculé de ces structures gigantesques. Les plateaux de tournage ont pris des airs de ruines apocalyptiques. Les portes ouvertes claquent dans le vent. La brise qui s'engouffre dans les bâtiments siffle une étrange chanson aux tonalités discordantes. Les animaux se sont tus, Rocket est dressé sur ses pattes arrière et observe un point fixe à l'horizon. Quant à Marylou, coincée entre les bras de Seulgi, elle hume l'air de son museau tremblotant.

Le vent emporte le bruit des contestations au loin.

— Tout le monde peut entrer et sortir comme dans un moulin… je souffle, dépité, en jetant un coup d'œil au hangar attenant dont la porte béante donne sur un plateau aux décors en construction.

— Les employés ont déserté leurs postes pour rejoindre le mouvement de grève. Si ça se trouve, les maquilleuses sont elles aussi… commence Yerim avant d'être coupée par une porte qui claque dans le lointain.

La silhouette qui sort tout juste de la loge maquillage exhale une longue taffe, accompagnée d'un râle guttural. J'entends Yerim remercier le destin. Le visage, encore flouté par la fumée de la vapoteuse, se tourne vers nous. La porte s'ouvre sur une autre maquilleuse, rapidement suivie par la troisième.

Nous sommes pris d'un élan commun, Juliette, Seulgi et ma cousine. En quelques secondes, nous atteignons la loge et encore essoufflé par la course, je lâche :

— Mesdemoiselles… Nous… vous cherchions… justement… Nous sommes à la… recherche de Sarah Kang…

— Vous êtes les dernières à l'avoir vue, lance Juliette.

Le regard des trois jeunes femmes vogue sur l'assemblée que nous sommes, étrangement constituée avec nos improbables compagnons de voyage. Le raton laveur semble tout particulièrement attirer l'attention de la plus jeune, encore perchée en haut des marches de la loge. Celle qui vapote prend la parole :

— Décidément ! Tout le monde cherche Sarah aujourd'hui. La sécurité des studios est venue nous interroger ce matin. La police aussi ce midi, et vous maintenant ! Je vais vous dire ce qu'on a dit aux autres : on l'a aidée au démaquillage hier soir. Elle était fatiguée, elle avait hâte de partir.

— Est-ce qu'il n'y aurait pas un détail qui vous reviendrait, un élément qui sortirait de l'ordinaire, quelque chose qui pourrait indiquer où elle se serait rendue plus tard ? demande Juliette en se battant contre le raton laveur qui lui tourne autour en l'encerclant avec la laisse.

Condescendante, la maquilleuse hausse un sourcil, puis sa collègue, calée en haut des marches, révèle d'une voix aiguë :

— Sarah est très discrète sur sa vie privée. Mais je discute beaucoup avec l'ingénieur du son, Tony, qui m'a raconté qu'il avait entendu le réalisateur et Sarah échanger près d'une perche qui enregistrait. Elle le faisait chanter, le menaçant de tout dévoiler de la relation extraconjugale qu'il entretenait avec la scripte à sa femme. Elle voulait qu'il double son cachet en contrepartie de son silence. Bak était hors de lui.

— Minha ! la réprimande sa collègue en bas des marches.

— Quoi ! Ils la cherchent, il faut bien qu'on les aide ! couine-t-elle, ragaillardie par les hochements de tête de la troisième maquilleuse restée silencieuse.

— Bak Chanwoo ? Le réalisateur en personne, kidnapper la star de son drama pour une histoire de coucherie ? tonne

Juliette en cherchant des réponses dans le regard effaré de Seulgi.

— Le réalisateur Bak est marié depuis plus de vingt ans maintenant. L'adultère n'a été dépénalisé qu'en 2015 en Corée, les mentalités sont conservatrices dans ce pays. Un scandale pareil va porter préjudice à sa carrière, c'est certain. La sienne mais surtout celle de la scripte. On le sait bien, ce sont toujours les femmes qui sont traînées dans la boue, annonce soudainement la dernière maquilleuse qui n'avait pas encore pipé mot.

— Impossible, tranche froidement la fumeuse. Vos théories farfelues tombent à l'eau. Il était justement avec la scripte à l'heure présumée de la disparition de Sarah. J'ai fini tard hier soir, il fallait ranger la loge et commander des produits. Ce n'est pas mon boulot, mais depuis que la cheffe *make-up* est en arrêt pour burn-out, j'ai été désignée remplaçante, souffle-t-elle en toisant d'un regard noir ses deux collègues.

Les deux autres jeunes femmes détournent les yeux. Il semblerait que l'union infaillible de leur amitié n'ait pas supporté la charge de travail dantesque de ces derniers jours. Elle reprend :

— Je suis partie vers vingt-et-une heures. Je les ai vus, le réalisateur et la scripte. Ils étaient encore sur le plateau. Bak Chanwoo gueulait parce qu'il avait commandé un repas et que le livreur était en retard. Il est sorti plusieurs fois du hangar pour l'attendre. Il m'a même demandé si je n'avais pas vu le gars passer ou encore si j'avais volé sa commande ! Et puis ils ont passé la nuit ici. Il y a des lits de camp et des salles de repos dans le hangar. Ils étaient encore là quand je suis arrivée à cinq heures du matin, pour réceptionner de la marchandise. Ils sont partis pour la forteresse Hwaseong vers 7 h. Sarah n'était pas avec eux.

— Alors c'est comme ça qu'elle a eu son augmentation… souffle Yerim, estomaquée.

Juliette lui jette un regard candide.

— Une telle augmentation en cours de production, sachant que les contrats sont déjà signés… J'ai validé… Enfin Jaemin a validé le budget du deuxième épisode, en qualité de producteur exécutif, lance-t-elle en fusillant son cousin du regard. C'est pour ça qu'on est au courant.

Juliette, désormais saucissonnée par la laisse du raton laveur, hoche la tête à plusieurs reprises. Je peux voir les rouages de son esprit tourner et retourner la situation dans tous les sens, à la recherche de quelque chose qui nous remettrait sur une piste. Elle commence à énumérer dans sa barbe les éléments portés à notre connaissance.

Ses murmures s'entremêlent à d'autres. Je perçois ceux d'une discussion entre Yerim et Seulgi, se demandant si l'amour est le moteur de la relation entre le réalisateur et la scripte. La maquilleuse perchée sur le pas de la porte de la loge s'empresse de mettre son grain de sel :

— Sarah aussi n'est pas un exemple de fidélité à toute épreuve ! Tout le monde l'a entendue se prendre la tête avec Lucy. Comme on dit, loin des yeux, loin du cœur… Depuis le début du tournage, leur relation souffre de la distance. Il ne se passe pas une journée sans que je reprenne son maquillage parce qu'elle a pleuré.

Juliette acquiesce, elle le sait, les pleurs, les cris et les états d'âme de Sarah ne sont pas une révélation, c'étaient même son quotidien jusqu'à ce matin. Mais un détail a piqué son attention, et elle demande :

— Comment ça, Sarah n'est pas un exemple de fidélité ?

La maquilleuse glousse. Celle qui vapote manque de s'étouffer en tirant une latte, et la troisième bien silencieuse, grommelle quelque chose d'incompréhensible. Finalement, la jeune femme en haut des marches lance :

— On l'a vue avec une autre nana… Ça fait des jours qu'elles se tournent autour.

— Raconte pas n'importe quoi ! gronde la fumeuse. Cette nana, c'est une journaliste. Une opportuniste. Je ne sais même pas comment elle a fait pour avoir accès aux studios, celle-là.

— Une journaliste ? relance Juliette, visiblement curieuse. Je n'ai jamais vu Sarah avec une autre femme !

— En même temps, vous êtes toujours en train de courir partout. Jamais à regarder là où il faut, surtout quand vous vous prenez les pieds dans le matériel.

Juliette affiche une mine pantoise, la bouche pincée. Cette remarque finit par lui arracher un rictus au coin des lèvres. Quant à moi, j'ai une étrange sensation dans la nuque, un picotement à l'arrière du crâne comme un sixième sens qui fait courir la chair de poule sur ma peau.

— Vous dites que Sarah a été approchée par une journaliste qui se promène librement dans les studios ? Comment est-ce que c'est possible, ça ? je demande, perplexe.

— Il est bien là, le problème ! J'ai demandé plusieurs fois à la sécurité de vérifier son badge mais ils ne voient pas de qui je parle. Sans compter qu'ils sont complètement surmenés, les pauvres. On n'a pas le temps de…

— Cette femme, à quoi elle ressemble ? Est-ce que vous savez comment elle s'appelle ? Pour quel journal est-ce qu'elle travaille ? Vous l'avez vue quand pour la première fois ? halète Juliette en débitant ses questions frénétiquement.

La maquilleuse a un mouvement de recul. Elle hausse les paumes en l'air en signe de reddition avant de répondre :

— Oh là ! Du calme... Je ne sais plus trop... Euh... La première fois que je l'ai vue... C'était le jour de votre passage dans le *Late Night Show*, il y a un peu plus d'une semaine... Je m'en souviens parce qu'elle a les cheveux roux... Enfin une coloration rousse. Et des cheveux bouclés. C'était bizarre, elle discutait avec Sarah sur le plateau, comme si elle faisait partie de l'équipe. Mais je ne l'avais jamais vue auparavant.

Yerim se fige. Je l'imite. J'ouvre la bouche mais ma cousine me prend de court :

— Grande, épaules carrées, taches de rousseur, un accent russe ?

La maquilleuse acquiesce vigoureusement.

— Ouais ! Voilà ! C'est elle ! Vous l'avez déjà vue ?

Je fais un pas en arrière. Yerim refuse l'idée, secouant nerveusement la tête.

— Non... Non... Non... Pas elle. Ce n'est pas possible.

— Je te l'avais dit ! je gronde, fiévreux. Je t'ai juré l'avoir vue dans le public lors de l'émission ! Elle était là, c'était bien elle ! Cette folle a réussi à rentrer dans les studios ! Oh mon Dieu... Si c'est bien elle... Qui sait ce qu'elle a derrière la tête ?

Juliette et Seulgi s'interposent entre nous, répétant en saccade *Qui ? Qui ? Qui ?* l'air inquiet.

D'un mouvement simultané, nous pivotons et à l'unisson lançons son prénom :

— Marina !

SCÈNE 35

Juliette

Jaemin pousse la porte d'une main tremblante, le corps en dehors de l'encadrement, comme un policier sur ses gardes avant de pénétrer dans un bâtiment. Toutes les trois à sa suite, patientant dans un silence tendu, attendant un signe de sa part pour se lancer.

— Ça me semble bizarre… finit par murmurer Yerim. Pourquoi le hangar des animatroniques ?

— C'est une planque de choix. Les bureaux à l'étage sont inoccupés. Personne ne vient ici, la plupart des animatroniques qui y sont stockés ne servent plus. Et si elle n'a qu'un accès visiteur, toute sortie est définitive, répond Jaemin, stressé. Alors la voilà coincée dans les studios, à attendre… je ne sais quoi…

— Une photo exclusive, un scandale… Quoi que ce soit qui ait de la valeur aux yeux des magazines *people*. On sait très bien de quoi elle est capable, avance Yerim en montrant du menton l'intérieur du hangar plongé dans la pénombre.

L'obscurité est totale, l'ouverture donne sur un trou noir qui absorbe toute lumière. Pas un bruit ne s'extirpe de cet endroit. J'ai les yeux rivés sur la porte, l'angoisse des deux cousins transpire jusqu'à moi. Je ne sais pas ce dont est capable cette Marina, mais je sens bien que les retrouvailles ne vont pas être réjouissantes.

Jaemin passe son bras dans l'ouverture, cherchant des doigts l'interrupteur. La lumière naît à l'intérieur. Rocket tire sur la laisse, je me faufile, prenant les devants ; je suis la première à entrer dans le bâtiment.

Le décor est dantesque. Un vrai musée des horreurs. À notre niveau sont stockés les plus gros spécimens. Un mammouth, à moitié dépecé et dont l'ossature métallique est à découvert, m'accueille. En hauteur sont suspendus par des câbles des squelettes de métal. Je reconnais une demi-girafe, plusieurs chevaux et quelques bêtes sorties tout droit d'un bestiaire fantastique. Des griffes au bout de membres décharnés, des yeux rouges, des poils et des plumes, des couleurs criardes ou des pelages qui se fondent dans la nature.

Seulgi est tout aussi estomaquée que moi. Derrière le mammouth se dessine une silhouette plus impressionnante encore, un singe immense, un yéti monstrueux et pâle comme la mort avec sa fourrure blanche et ses yeux rougeâtres. Je lève les yeux, et la gueule béante d'un dragon tous crocs dehors, aux écailles bleues et aux bois volés à un cervidé, semble vouloir me dévorer. J'aperçois des soldats à la peau façonnée dans ce qui ressemble à de la terre cuite. L'armée du premier empereur de Chine compte une trentaine de soldats, dont les os de métal se dévoilent pour certains, des crânes sans yeux au travers desquels le servomoteur apparaît en transparence. Des cages thoraciques en fer sont parcourues de fils électriques, reliés à des câbles qui courent de leur ossature jusqu'au sol.

Une odeur de latex embaume l'air, des outils parsèment les murs alentour, sur des établis des morceaux de robots traînent, attendant d'être opérés à cœur ouvert. Les rayonnages foisonnent de membres squelettiques, de peaux en tous genres patientant sagement d'être enfilées comme costume.

J'avance d'un pas tremblant dans un silence de plomb, Jaemin sur mes pas, Rocket farfouillant devant moi. Sa laisse tremble mais, pour une fois, il ne tire pas. Il s'arrête aux pieds d'un soldat de terre cuite, dont les jambes de fer sont à l'air libre. Le raton laveur commence à lui trifouiller les fils électriques, espérant trouver je ne sais quoi dans cette pédicure soudaine. Je le tire à moi, lançant dans un filet de voix qui se veut discret :

— Pas touche ! Rocket !

— On fait quoi exactement ? renchérit Yerim, qui déambule discrètement entre les animatroniques géants.

— Je dois t'avouer que je n'ai pas réfléchi à la suite des événements. On trouve Marina et… et advienne que pourra ? susurre Jaemin.

Yerim fonce vers un établi ; elle s'empare d'un rouleau de gros scotch et d'une clé à molette. Elle observe un long moment la lourde clé entre ses doigts et finit par la reposer. En captant mon regard, elle se justifie :

— On est quatre contre une. On lui tombe dessus et on l'attache avec ça, lâche-t-elle en montrant le scotch passé à son poignet. On la force à nous dire où elle a planqué Sarah et…

— On n'est pas certains qu'elle ait quelque chose à voir avec sa disparition, tempère Seulgi avec Marylou toute tremblante entre les bras.

— Oh, crois-moi, Marina n'est pas du genre à avoir froid aux yeux. Peut-être qu'elle l'a droguée, peut-être qu'elle l'a enfermée dans un de ces bureaux, peut-être qu'elle lui a fait croire qu'elle était en danger et qu'elle était la seule à pouvoir la protéger… J'ai failli porter plainte contre elle lors de notre rupture… souffle Jaemin dont le regard parcourt anxieusement le décor figé sous les lumières artificielles cinglantes.

Les deux cousins échangent un regard, partageant un assentiment réciproque. Jaemin continue d'une voix mal assurée :

— Elle est entrée plusieurs fois chez ma mère, elle a tagué des murs avec de la peinture rouge, déchiré mes vêtements et… kidnappé mon chien.

Un murmure d'horreur s'élève, Seulgi et moi nous observons avec effroi. Mon amie ose finalement poser la question fatidique :

— Et ton chien… ?

— Elle l'a laissé mourir de faim, déclare-t-il avec la froideur de la tristesse.

Le silence tombe comme un couperet. Cette femme est dangereuse. À mon tour je jette des regards inquiets dans tous les coins du bâtiment. Le silence me pèse, l'ambiance s'est alourdie brutalement.

— On devrait appeler la sécurité, je lance, crispée.

Seulgi câline de plus belle le petit chihuahua entre ses bras. Yerim s'est rapprochée d'elle, l'angoisse transpire par tous les pores de ma peau. Mon regard suit les mètres de câbles déroulés, menant vers des boîtiers de commande disposés éparsement entre les créatures robotisées.

— Personne ne viendra… Ils sont tous aux prises avec les grévistes. Essayons de voir si cette folle n'aurait pas…

— La folle ! La folle ? s'exclame une voix qui résonne en écho dans l'immensité du hangar.

Nos regards se portent vers les hauteurs, où une mezzanine court tout le long de l'étage des bureaux. Une silhouette apparaît, se tenant derrière la rambarde de sécurité surplombant l'armée d'animatroniques.

— Marina… soupire Jaemin dans un relent de rage.

— On cherche Sarah, déclare Yerim en se postant devant Seulgi.

Marina esquisse un rictus narquois. Elle croise les bras sur sa poitrine, jaugeant chacun d'entre nous avec un air indéchiffrable. Elle laisse peser l'inquiétude, s'amusant de voir grandir la terreur dans nos regards.

— Et moi je cherche un cliché exclusif ! rétorque-t-elle finalement.

— Va falloir arrêter tes conneries, Marina ! crache Yerim, à bout.

— Moi ? C'est moi qui me comporte mal ? Je ne suis qu'une humble paparazzi, je questionne et je photographie. J'informe le public ! Les gens doivent savoir que ceux qu'ils idolâtrent ne sont que des débauchés, des menteurs et des voleurs !

— Où est-ce que tu as laissé Sarah ? demande Jaemin en forçant un ton aimable.

— Sarah ? Sarah Kang ? L'actrice ? Je n'en sais rien… Je veux simplement un cliché du grand patron M. Lee, quand je lui aurai annoncé que sa femme le trompe avec un jeune homme d'à peine vingt-trois ans ! Le voilà, mon cliché exclusif ! La une des journaux *people*, l'article aux millions de clics sur Internet ! s'égosille Marina alors que sa voix résonne tout autour de nous dans un grondement théâtral.

Je jette un air désolé à la figure de Jaemin. Interloqué, Jaemin se met à bafouiller. Le visage déformé par une grimace oscillant entre déni et rancœur, il n'arrive pas à y croire. La culpabilité m'assaille alors que le souvenir de Nanette de Valmy échangeant un baiser avec Sooyoung me revient. Les bruits poisseux, la surprise amère, les commentaires désagréables sur mon texte. Est-ce que j'aurais dû le lui dire, ce soir-là, alors que nous échangions pour la deuxième fois seulement ? L'idée ne m'a même pas traversé l'esprit. Et même ces derniers jours, alors qu'un rapprochement se tissait entre nous, je n'ai pas eu la présence d'esprit de repenser à cette scène que l'angoisse et la fatigue ont occultée dans mes pensées. Décidément Juliette, tu n'as vraiment pas les pieds sur terre.

— Tu vas nous foutre la paix ! Laisse notre famille tranquille ! s'écrie Yerim.

— Imagine un peu combien ça va me rapporter ! Et encore plus si le bon vieux M. Lee me paie pour garder le silence sur les frasques de sa très chère femme. N'est-ce pas, Jaemin ? On ne voudrait pas que maman soit la risée des médias.

Son regard tombe au sol. Les épaules basses, la nuque pliée et le menton dans le cou, il reste immobile, perdu dans ses pensées. Les secondes s'égrènent dans une pesanteur silencieuse. Puis tout à coup sa respiration se fait, bruyante et chargée d'assurance, il lance :

— Il n'y a qu'une seule issue dans ce hangar. Et je ne te laisserai pas ruiner la réputation de ma famille ! Je m'en charge très bien tout seul !

Et il s'élance brusquement, aussitôt talonné par sa cousine. Yerim nous ordonne de refermer la seule issue, par laquelle nous sommes entrés. Rocket couine, paniqué par l'hystérie soudaine. Je n'ai pas eu le temps de voir la silhouette de la paparazzi fondre vers les interrupteurs. L'obscurité s'abat sur nous, si brutalement que j'en perds tous mes repères.

— La porte ! Fermez la porte ! hurle Yerim.

Mais cette ouverture est la seule source de lumière dans ce trou de noirceur. Bien avant que je ne comprenne leur dessein à tous les deux, Seulgi ferme la seule échappatoire possible et la pénombre nous avale tous.

Je ne vois plus rien. Je ne sais plus où je me trouve. Je sens Rocket au bout de la laisse me tirer vers…

CLONG !

— Aïe !

C'était un membre articulé de je ne sais quel animatronique. La voix de Seulgi me parvient dans un chuchotement :

— Juliette ? Ça va ?

— Je ne sais pas où je vais ! Je ne sais pas où tu es !

Elle m'intime de me taire. Je perçois à peine son murmure. Elle me répète de ne faire aucun bruit, pour ne pas indiquer la sortie. Si on ne voit rien, Marina ne voit rien. Je prie pour que Jaemin et Yerim la maîtrisent rapidement et que…

Un grondement perce dans un recoin éloigné. Une lueur rouge brille au loin. Deux yeux lumineux sont braqués sur moi. Je me retiens de demander ce qu'il se trame. Est-ce que c'est Marina qui…

BRRRRRR !

Un des soldats de terre cuite tremble sur ses appuis, les silhouettes dressées en rang d'oignons se dessinent sous le faisceau rouge des yeux du robot géant. Une à une, elles commencent à trépigner sur place, puis peu à peu, leurs bras se mettent à bouger dans une cadence militaire, imitant une marche statique mais rythmée.

— Elle allume les animatroniques ! s'écrie Jaemin depuis l'étage.

L'écho de sa voix est assourdi par un crissement métallique surpuissant. Le dragon retenu par d'innombrables filins d'acier se tord dans tous les sens bousculant les autres à proximité. Éclairés par les lumières rouges disposées çà et là – des commutateurs enclenchés par la silhouette furtive de Marina – les robots se déchaînent dans une cacophonie de sons terrifiants.

Brusquement, celui du mammouth se met soudain en branle, sous les lueurs de la télécommande à ses pieds. Je suis si proche, lorsqu'il se met en mouvement, que j'ai l'impression qu'il me fonce dessus. Son énorme trompe se déploie et tournoie, ses défenses balayant les airs dans tous les sens.

Complètement effrayée, malgré la stupeur qui me fige, je finis par m'éloigner d'un pas tremblant. Pour me retrouver bloquée par une masse imposante qui s'allume à son tour. La toison velue me chatouille la peau. Le yéti blanc me surplombe de son gigantisme terrifiant. Ses yeux rouges s'enflamment d'une lueur effrayante, sa tête ploie sur des articulations de fer. Son bras se soulève, le poing se referme ; si je reste là, je vais me faire écraser.

Rocket hurle et je bondis juste avant que le poing de fer pulvérise le sol dans un fracas assourdissant.

CRAAAAAAAAC !

Je renifle de la poussière, je perds pied et je tombe.

Les lumières se rallument tout à coup, noyant le paysage dans un flamboiement artificiel cinglant. J'ai besoin d'une minute pour que mes yeux s'habituent à l'éclairage. Le raton laveur a fondu sur moi, alors que je suis affalée au sol. Il s'est faufilé dans mon tee-shirt et tremble de peur, collé tout contre mon dos. Les animatroniques sont tous pris de folie ; dans chaque recoin du hangar, ils bougent dans tous les sens, ouvrant leurs gueules et gesticulant sur place. Certains sont tombés, des soldats de terre cuite ont basculé sur leurs appuis. Le chaos règne.

Mais alors que je me relève difficilement, aidée par Seulgi qui a foncé m'aider dès que la lumière est revenue, j'entraperçois Jaemin et Yerim en train de scotcher une silhouette rousse sur une chaise.

Le bruit s'estompe au fur et à mesure que j'éteins les mécanismes les plus proches. Rocket dans les bras, je m'avance en écrasant les interrupteurs rouges aux pieds des robots. Seulgi et moi arrivons juste à temps pour voir les deux cousins maîtriser celle qu'ils ont réussi à coincer dans un renfoncement du hangar.

— Sarah ! Est-ce que tu as vu Sarah hier soir ? je m'entends crier, à peine remise de la frayeur de me voir écrabouillée par une main gigantesque.

Marina éclate de rire. Le visage rougi par la course effrénée, son rire se transforme en un cri enragé, alors que ses yeux révulsés se posent tour à tour sur Jaemin et Yerim. Cette dernière finit par coller un large bout de scotch sur sa bouche. Un calme étrange se répand l'ambiance tendue.

Le dragon suspendu tangue encore, comme un pendule, au bout de ses câbles. J'ai fait le tour des bureaux, tous sont vides. Le hangar ne cache rien d'autre que cette armée robotisée et tout l'outillage nécessaire à leur bon fonctionnement. Je finis par me poser à quelques mètres de celle qui est scotchée à sa chaise.

— Je ne pense pas qu'elle ait quoi que ce soit à voir avec la disparition de Sarah, lance Yerim, adossée à un autre grand singe mécanique.

Seulgi hoche la tête, m'adressant une mine désolée. C'est alors que Marina s'époumone, sous sa muselière de fortune. Jaemin la lui arrache sans aucune délicatesse. Au bout d'une courte seconde, sa voix s'élève dans ce silence de plomb :

— J'ai vu Sarah hier soir. Je vous dirai avec qui elle était si vous me détachez.

Yerim ronchonne et s'apprête à lui remettre son bâillon lorsque Jaemin s'interpose :

— Non, tu nous dis avec qui Sarah se trouvait hier soir, et je ne t'envoie pas directement en prison.

Il s'éloigne d'un pas tranquille, s'arrêtant près de l'armée de terre cuite, montrant les dégâts sur l'un des soldats tombés au sol. Puis il ajoute :

— Tu sais combien ça coûte ce genre de matériel ? Non… évidemment que tu l'ignores. Eh bien sache que même si mon père te paie grassement pour étouffer l'infidélité de ma très chère mère, tu te retrouveras à payer pour toutes ces dégradations jusqu'à la fin de tes jours.

Il se rapproche, lentement mais sûrement, faisant monter la pression sans quitter Marina des yeux.

— Tu ne veux pas nous dire qui se trouvait avec Sarah hier soir ? Très bien, tu auras la plus grosse dette jamais contractée par une délinquante dans ce pays. Je t'en fais la promesse, lâche-t-il avec une flamme sombre brillant dans le regard.

Je suis hypnotisée par sa voix, il est impressionnant de sévérité, il a lâché ces mots sans ciller et même si je ne suis pas celle qui risque gros, une boule vient de se former dans ma gorge.

— L'autre taré... Le producteur exécutif... Monsieur *vous savez qui je suis*... avoue subitement Marina dans un souffle.

— Le producteur Cho... siffle Yerim en se dirigeant déjà vers la sortie.

— Il est dans les bureaux de postproduction. Ils sont en train de visionner l'ours du premier épisode ! On peut y être dans dix minutes si on se presse, annonce Jaemin sur ses talons.

Le raton laveur les imite, m'entraînant à sa suite. Tout comme Seulgi qui referme la marche.

— Hé ! Oh ! Et moi alors ? Vous allez me laisser là ? Vous n'avez pas le droit ! Jaemin ! Je t'en prie !

Il s'arrête net, se retourne sans pourtant lui adresser un regard, et finit par lancer :

— Tu as de la chance que je ne te traite pas comme un chien, la sécurité va venir s'occuper de toi.

SCÈNE 36

Jaemin

Il n'y a pas d'attirance entre Juliette et moi, aucune alchimie ; tout ça, c'est dans ma tête. Qu'est-ce que m'a dit ma psy ? Ah oui, je suis « émotionnellement indisponible », j'ai trop peur de m'engager et de montrer mon vrai visage. Je ne ressens rien pour elle, je suis juste perdu dans ma vie et perdu dans ma tête.

— Le *manhwaga*, quelques producteurs et le réalisateur sont en train de visionner le bout à bout du premier épisode. J'ai interdiction de laisser entrer qui que ce soit, annonce le vigile. Si vous voulez voir M. Cho, il va falloir attendre encore deux heures.

— Très bien, on va attendre, je lâche d'une voix sourde.

Je sens mon impatience gronder, mais, comme toujours, je fais bonne figure et adresse un sourire éclatant au vigile en poste devant les portes du laboratoire de montage.

— Vous pouvez patienter dans la deuxième salle de projection, je viendrai vous chercher dès qu'il sera disponible. Par ici, monsieur Lee…

Je me doutais qu'il m'avait reconnu. Yerim n'a pas pris les devants, comme elle le fait habituellement. Généralement, elle fiche mon badge sous le nez de ceux qui se trouvent en travers de mon chemin et hausse le ton avant même l'apparition des contrariétés. Mais là, elle est en pleine discussion avec Seulgi. J'ai beau me gratter la gorge bruyamment, la fixer pendant de longues secondes et l'appeler de vive voix, elle ne me calcule pas.

Elle retient le raton laveur bedonnant entre ses bras, tandis que Seulgi porte nonchalamment le petit chihuahua. Elles s'amusent en leur imaginant une discussion enflammée, entre l'un voleur de croquettes et l'autre détective à sa poursuite.

Autour des deux jeunes femmes qui flirtent éhontément, le monde alentour semble disparaître. J'entends Juliette éclater d'un rire perçant mais surtout maladroit. En vain : aucune des deux ne remarque sa présence. Elle dirige un regard dépité dans ma direction. Elle s'écarte d'un pas lourd, délaissant ses deux comparses entichées l'une de l'autre, et nos mains se frôlent alors qu'elle passe la porte à mes côtés. Elle s'éloigne d'un mouvement exagérément ample.

Le vigile tient la porte d'une salle de cinéma. J'entends Seulgi et Yerim glousser en haut des marches que l'on vient de descendre. Elles sont dans leur monde et les frontières de ce dernier sont imperméables à tout ce qui se trame autour d'elles.

La large salle de projection est déserte. Des lumières tamisées éclairent cette mer de sièges rouges. Je descends deux, trois volées de marches pour m'installer dans une rangée en bas, fuyant toute proximité… en apparence. Si je suis totalement honnête avec moi-même, je mène un genre d'expérience : est-ce que Juliette va venir s'asseoir près de moi ?

Je n'ose pas la chercher du regard. Je me suis avachi au fond de mon siège et j'attends, attentif au moindre mouvement, au moindre bruit. Mais rien, à l'exception de Yerim et Seulgi qui gloussent au fond de la salle, aveugles à tout ce qui se trame autour d'elles. Mon cœur se serre.

Les secondes passent, interminables. Je dois contenir ma curiosité afin de ne pas me retourner pour voir où Juliette a bien pu s'asseoir.

— Je n'arrive toujours pas à comprendre pourquoi tu m'aides… murmure une petite voix dans la rangée juste derrière moi.

Je ne l'ai pas entendue s'installer. Encore moins respirer, et c'est à peine si j'ai entendu les mots qu'elle vient de me souffler.

— Je n'ai que ça à faire, dis-je en fixant l'écran noir devant moi.

— Tu pourrais en profiter pour te reposer. Tu as tourné toute la nuit, tu dois être fatigué.

— J'ai l'air fatigué ? je m'inquiète.

J'entends la voix de ma mère depuis les tréfonds de mon esprit : « Tiens-toi droit, garde le menton haut, aspire ta langue. » Brusquement, j'aperçois une paire de chaussures enjamber le dossier du siège à côté de moi. Juliette lâche un grognement, tandis qu'elle manque de tomber sur moi.

Elle s'excuse à voix basse, puis un large sourire s'étire sur ses jolies lèvres. Les secondes s'égrènent, et la gêne qui avait pris ses habitudes entre nous semble s'estomper plus le temps passe. Elle n'est plus qu'un lointain souvenir alors que Juliette lance :

— Je sais que je suis étrange. Je n'ai pas beaucoup d'amis, je ne suis pas très sociable, je ne suis pas à la mode et je ne connais rien à ce milieu fermé et pompeux. Je ne suis pas une muse, je n'ai ni l'inspiration ni la critique juste. Alors pourquoi est-ce que tu voulais travailler tes textes avec moi ?

— Si tu me vois, moi, comme un artiste, il va falloir consulter un ophtalmo, je rétorque avec un sourire las. Je ne suis que l'héritier d'une famille richissime. Le fils pourri gâté qui fait un caprice. Dans quelques mois, je vais me réveiller et comprendre que je ne suis qu'un petit gosse de riche prétentieux qui n'a absolument aucun talent…

J'entends Yerim et Seulgi éclater de rire au loin. J'ose jeter un coup d'œil et les vois discuter passionnément.

— Je suis seul. Je l'ai toujours été et je le serai jusqu'à la fin de mes jours.

Sa main se pose sur la mienne. Surpris, je tourne les yeux vers Juliette. Elle m'observe d'un air compatissant. Je vois ses lèvres bouger, mais aucun mot ne sort de sa bouche. Elle hésite pendant quelques secondes et finalement elle souffle :

— Je ne t'ai jamais vu seul depuis qu'on s'est rencontrés. Tu es toujours avec ta cousine, et d'ailleurs tu l'as engagée pour qu'elle soit continuellement à tes côtés.

Elle marque un point. Je détourne les yeux. Je feins un sourire bancal qui rapidement s'efface.

— Alors peut-être que ce sentiment de solitude n'a rien à voir avec les autres.

Je me racle la gorge. Pour la première fois depuis de longues années, je me sens vu et écouté. Son regard est fixé sur mon visage, sa main serre mes doigts et je ressens sa présence comme un feu de bois crépitant dans mon cœur.

— Il y a des personnes qui me font me sentir seul. Et d'autres, très rares, qui me donnent l'impression d'être quelqu'un. Pour mes parents, je n'ai toujours été qu'un pantin. Une jolie marionnette qui vient parfaire l'image de la petite famille idéale. On attendait de moi que je sois une personne que je n'étais pas. Alors j'ai joué le jeu, depuis tout petit, j'ai fait plaisir à ma mère, j'ai essayé d'être ce que mon père attendait de moi. Et j'étais triste. J'étais seul.

— C'est pour ça que tu veux être acteur ?

— Tu me trouves bête ?

— Non ! Pas du tout ! s'exclame-t-elle, surprise.

— Je suis incapable de briser le cercle vicieux dans lequel je suis enfermé. Je joue un rôle depuis gamin, alors je ne sais rien faire d'autre à part jouer la comédie.

— Mais ta famille ne voit pas d'un très bon œil cette carrière d'artiste, c'est ça ?

— Voilà, tu as compris toute l'ironie de ma vie insipide.

Elle laisse planer un silence triste. La salle immensément vide se remplit d'une ambiance nostalgique. Tout comme lorsque défilent les crédits d'un film incroyable, alors que la fin s'estompe peu à peu des esprits. Le spectacle laisse place à la réalité, et l'imaginaire perd son emprise sur le monde qui nous entoure.

— Ça ne m'explique pas pourquoi tu veux m'aider.

Je cherche ses yeux avec un regard perdu, et mes doigts enserrent les siens.

— Je me sens moins seul… quand tu es là…

Yerim éclate de rire. J'entends Seulgi l'applaudir. Ma main glisse vers elle, effleure son bras. Juliette fuit mon regard et jette un coup d'œil vers les deux jeunes femmes.

— Elles ont de la chance. Elles se sont retrouvées malgré une communication chaotique et un malentendu qui aurait pu les éloigner à tout jamais…

Je ne prête aucune attention à ma cousine et à son amie. Tout ce que je vois, c'est Juliette.

Elle ne s'imagine pas à quel point j'ai envie de l'embrasser.

Mais elle ne m'adresse pas un seul regard. Elle espionne les deux jeunes femmes, elle soupire et sourit maladroitement. Jusqu'à ce qu'elle perçoive la gêne que mon regard fixe fait naître en elle.

Et nos yeux s'accrochent soudainement. Elle reste une longue seconde à me dévisager et finalement elle lâche :

— Il y a des gens qui sont faits pour l'amour, les belles histoires et les rencontres folles. Moi, je ne suis qu'une spectatrice. Je prends des notes et j'en ferai une pâle copie dans un scénario bancal.

— Ne dis pas ça…

Je me penche et tends la main pour lui caresser la joue. Je vois dans son regard brillant l'impatience contenue alors qu'elle se penche aussi vers moi.

— Monsieur Lee ! Monsieur Lee ! beugle le vigile en déboulant dans la salle. M. Cho vient de partir. Je lui ai dit que vous souhaitiez vous entretenir avec lui, mais il a fichu le camp.

Il a esquivé une demande d'entretien avec le fils du CEO en personne ? Pour qui est-ce qu'il se prend ? Je me lève d'un bond et remonte les marches quatre par quatre. Juliette me suit d'un pas pressé. Je me poste devant l'homme de la sécurité.

— Comment ça, il a tourné les talons ? je m'exclame.

— Il y a eu un problème durant la projection. On a dû séparer le réalisateur et M. Cho. Les autres producteurs exécutifs ont tenté de le calmer, de lui assurer qu'on allait refilmer certaines scènes, mais il n'a rien voulu entendre. On a dû l'enfermer au labo pendant une bonne dizaine de minutes pour qu'il reprenne ses esprits. Il voulait tout brûler, monsieur… Il proférait des menaces à l'encontre des personnes présentes.

— Pourquoi s'est-il fâché ? interroge Yerim, Rocket dans les bras.

— Il a refusé catégoriquement que la romance soit montrée à l'écran. Il a commencé à hurler et s'en est pris à d'autres producteurs qui n'étaient pas de son avis. A priori, ça s'est envenimé lorsqu'ils ont parlé de votre performance. Il ne veut plus vous voir à l'écran, il a demandé que vous quittiez le drama sur-le-champ.

— On sait pourquoi, lâche Yerim en croisant mon regard. Pas de lesbiennes, pas de représentation LGBTQIA+, ce mec me dégoûte. C'est toujours la même rengaine. C'est lui qu'il faut virer de la production.

— Il faut surtout le rattraper ! clame Juliette. Il est le dernier à avoir vu Sarah ! Oh, mon Dieu ! Si jamais il lui a fait du mal…

Le silence tombe, une ombre apparaît sur nos visages. Juliette voûte les épaules sous l'inquiétude grandissante. La pression prend soudainement des airs de course contre la montre. Et si elle avait raison ? Personne ne trouve la force de la contredire cette fois-ci. L'idée qu'il ait pu arriver quelque chose de terrible à Sarah Kang est une possibilité qu'il va falloir malheureusement envisager.

SCÈNE 37

Juliette

J'avais raison ! Je savais que j'aurais dû me faire confiance. Évidemment que Sarah Kang a des problèmes. Cho lui a fait du mal, il la séquestre peut-être ! Juliette, la prochaine fois, ne crois que toi, ne remets plus jamais en question tes certitudes à cause des dires d'autrui.

Alors que je me fais cette promesse, nous sortons du bâtiment où se trouvent les laboratoires de montage. Le calme qui règne dehors me paraît étrange. Ici, en temps normal, il y a toujours du bruit : de la machinerie qu'on déplace, des techniciens qui hurlent, des voiturettes qui filent… Ça sent le calme avant la tempête.

J'observe la rue de droite à gauche, à l'affût de la silhouette du producteur exécutif.

— Je n'aime pas ça… souffle Seulgi en serrant Marylou contre elle comme si un danger planait.

— Il n'y a personne à l'horizon, commente Yerim.

Je leur jette un regard envieux, elles commencent déjà à s'exprimer avec la complicité d'un vrai couple. Elles s'envoient des regards doux, des sourires en coin et s'effleurent à la moindre occasion.

Je soupire en repensant à ce qui s'est passé entre Jaemin et moi. Il a essayé de m'embrasser. J'en ai encore le cœur qui bat tumultueusement la chamade.

Je ne voulais pas écouter cette petite voix tout au fond de moi, celle d'un espoir insensé qui voulait croire que c'était de l'intérêt dans ses grands yeux noirs lorsqu'il m'observait, lorsqu'il insistait pour que je lui fasse répéter son texte. Or, encore une fois, je n'ai pas écouté mon instinct. Évidemment qu'il a des sentiments pour moi. Personne ne perdrait son temps à me suivre aveuglément à la recherche d'une actrice disparue.

Pourtant, une autre petite voix déverse son fiel dans mon esprit. Elle me dit que Jaemin est comme tous les autres, il ne veut que profiter d'une amourette sans lendemain. Il est évident qu'un jeune héritier ne s'embourbera pas dans une histoire avec une fille de mon rang. Lee Jaemin est un héritier *chaebol*, et Juliette Park une inconnue sans le sou, me répète la voix au fond de moi.

— Il n'a pas pu aller bien loin, lance Jaemin en s'éloignant à grandes foulées vers l'avenue parallèle.

— Monsieur Lee ! Monsieur Lee ! nous hèle le vigile que nous venons tout juste de quitter.

Alors que nous sommes arrivés au milieu de la ruelle qui sépare deux immenses hangars, nous stoppons net pour nous retourner vers lui. Son discours est haché tandis qu'il tente de reprendre son souffle :

— On vient de voir qu'il y a un souci avec le bout à bout du premier épisode… M. Cho a effacé… effacé tous les rushs en format numérique. Il n'y a plus d'épisode… Tout est parti… Il ne subsiste que la pellicule pour les projections internes…

— Quoi ? s'écrie Yerim.

— Il est resté seul dans ce laboratoire sans personne pour le surveiller et il a tout effacé, même les copies et les sauvegardes. Il y avait une bobine pour une projection en format analogique, mais elle a disparu ! Il avait un sac en repartant, un gros sac plastique. Je n'ai pas demandé ce que c'était. Je n'ai pas osé…

— Il n'existe plus de copie du premier épisode ? gronde Yerim, la mâchoire serrée.

— Juste la bobine avec laquelle il est parti. La sécurité est aver…

Le vigile n'a même pas fini sa phrase que Yerim, la rage débordant dans ses yeux, me fourre Rocket dans les bras. J'en ai le souffle coupé par la surprise. Je ne sais pas qui glousse le plus fort : moi ou le raton laveur. Nos regards se croisent dans un silence tranchant. Ses cheveux sont en bataille sur son front luisant de sueur. Elle n'a jamais autant eu l'air déterminée. La rage déborde dans ses yeux. Puis elle se met à courir, remontant la ruelle en trombe.

— On a le droit d'exister ! On a le droit d'être des acteurs de premier plan et d'être vus ! J'en ai marre qu'on me demande de me cacher, d'avoir honte de qui je suis. Qu'on me fasse croire que je suis de trop, qu'on me demande de taire mes sentiments. Jaemin, toi plus que personne d'autre, tu devrais te battre.

Yerim a presque hurlé ces mots, je vois le sang pulser à ses tempes. Jaemin hoche la tête dans un long soupir, la mâchoire serrée. Son expression en dit plus long qu'un discours, je retrouve la même ténacité en lui que celle exprimée par sa manager quelques secondes auparavant.

Yerim s'arrête dans l'avenue vide bordée de hauts hangars blanchâtres. Les ombres portées s'étirent sous le soleil de fin d'après-midi. Le silence ressemble à un grondement assourdi, le ciel se pare de teintes pastel mais l'ambiance est d'une pesanteur déplaisante.

Nous nous tenons au carrefour de l'avenue, parcourant des yeux les véhicules garés le long des murs. Pas mal de voiturettes électriques sont restées en plan. Les portes géantes de certains hangars sont entrouvertes. Il se trame quelque chose. Je me tiens sur mes gardes, serrant plus fort Rocket contre moi.

— Il est là-bas ! s'exclame soudain Seulgi.

Nous tournons tous les yeux dans la direction qu'elle nous indique.

Une silhouette apparaît entre deux véhicules. Un visage nous scrute à la dérobée, se faufilant entre les mini-trains touristiques vides, les camions loges et les voiturettes électriques. Je ne distingue pas ses traits, mais j'aperçois dans sa main un large sac en plastique noir.

Il balance son chargement sur la banquette d'une voiturette et saute derrière le volant. Le moteur siffle alors qu'il démarre. Yerim lui crie de s'arrêter. Jaemin peste contre la sécurité qui n'a même pas encore pointé le bout de son nez. Avant que j'aie le temps de m'inquiéter pour Seulgi, elle a déjà embrayé à la suite de Yerim qui fonce vers les véhicules garés.

— Il ne pourra pas sortir ! s'écrie Jaemin en filant à la poursuite de sa cousine.

— Ce taré va détruire la bobine ! Il faut absolument sauver les derniers rushs de *Gods in Hell* !

Yerim vérifie chaque voiturette garée, examinant le contact à la recherche d'un véhicule sur lequel on aurait oublié les clés. Je l'imite, me faufilant entre les engins. Soudain, *jackpot*.

— Ici ! je m'égosille.

— Mais c'est un mini-train ! rétorque Jaemin.

— On n'a pas le choix ! réplique Yerim en se jetant à la place du conducteur.

Elle démarre sur les chapeaux de roue, Seulgi s'est tout juste calée sur la banquette arrière et Jaemin juste à côté s'accroche à la structure métallique ouverte qui tient lieu de toit. Assise sur le siège passager, je sens la frustration de Yerim grandir alors que le véhicule s'embourbe dans sa perte de vitesse.

Elle a les yeux rivés sur la voiturette de Cho qui s'éloigne. Elle fulmine, une main enserrant le volant et l'autre tapant du poing.

— On ne le rattrapera jamais ! Il va beaucoup trop vite ! commente Jaemin en évoquant l'évidence.

— Il faut se débarrasser des wagons ! fait remarquer Seulgi en enlaçant fermement la petite chihuahua tremblante contre elle.

Yerim tourne un regard lourd vers moi. Elle n'a pas besoin de fixer la route, l'avenue est si large, et si vide, qu'on ne risque pas de rentrer ni dans un bâtiment ou dans une autre voiture. Le véhicule du fuyard disparait dans un tournant. Yerim gronde de fureur.

— Je vais détacher les wagons ! Juliette, tu prends le volant ! m'ordonne-t-elle.

— Je… Quoi ?

— Tu sais conduire ?

Je hoche la tête avec fébrilité.

— Parfait ! lâche-t-elle en se relevant pour passer une jambe par-dessus le siège de la banquette.

Je me jette sur le volant, le petit train fait une légère embardée vers un camion loge stationné sur le côté. À l'arrière, Yerim marche sur les cuisses de Jaemin, qui piaille comme si on venait de lui planter une fourchette dans le gras. Je me glisse à la place du conducteur, avec sur les genoux Rocket, qui s'accroche lui aussi au volant avec ses petits doigts griffus.

J'entends Marylou aboyer, et Yerim gronder.

— Ce ne serait pas plus facile de nous arrêter pour détacher les wagons sans jouer les acrobates ? braille Jaemin, accroché de toutes ses forces au montant du véhicule.

— Non ! On risque de perdre Cho ! rétorque Yerim, passée à la banquette suivante.

J'appuie à fond sur l'accélérateur tout en gardant un œil sur celle qui crapahute entre les sièges. Elle est arrivée au premier attelage tirant les deux wagons du petit train.

— Ah, merde ! Y a une sécurité ! Il faut que je détache l'autre avant… grommelle-t-elle en se préparant à sauter dans le wagon vide.

— Yerim, je t'en supplie, fais attention ! la conjure Seulgi sans la perdre des yeux.

— Il a tourné ! Juliette, regarde la route ! Il a pris la rue à droite ! s'écrie Jaemin.

J'aborde le virage depuis l'extérieur, décélérant juste de quoi ne pas me faire distancer outre mesure par la voiturette qui file loin devant nous. Je distingue la silhouette du producteur qui se retourne par moments. Il sait qu'on l'a pris en chasse. Le petit train s'immisce dans la ruelle dans un souffle bruyant. Je garde les deux mains sur le volant pour maintenir la trajectoire du véhicule aussi rectiligne que possible. Tous les wagons s'insèrent dans le goulet et j'accélère en priant pour que rien ne vienne nous barrer le chemin.

Yerim bondit laborieusement de siège en siège, déstabilisée par les cahots. Elle arrive enfin à l'attelage du wagon de queue. Tête baissée, elle gronde au-dessus du mécanisme, qui semble lui donner du fil à retordre.

Brusquement, une porte s'ouvre dans ce passage rétréci dans lequel nous roulons à une allure un peu trop emportée. J'aperçois une bande de figurants en costume, certainement des réfractaires au mouvement de contestation, le visage peint en rouge et des cornes noires sur le crâne.

— Poussez-vous ! je hurle à m'en déchirer les cordes vocales.

Ils tournent la tête en cherchant des yeux d'où provient la voix qui retentit en écho tout autour d'eux. Puis ils aperçoivent le train qui fonce sur eux. Des cris retentissent, ils s'agitent dans tous les sens. Mais l'un d'entre eux reste figé sur le seuil, la main collée sur la poignée, sidéré par le spectacle de ce véhicule qui se précipite sur lui.

CLANG !

La porte claque violemment contre le mur attenant. J'ai fermé les yeux une seule seconde, effrayée à l'avance par les dégâts que j'aurais pu causer. Jaemin s'époumone, tout comme Seulgi, dont la voix éclate comme une bombe dans les airs.

Ouf ! Le figurant a sauté en arrière, les autres se sont plaqués à la paroi. Le train fuse sans dévier de sa trajectoire. Les employés nous hèlent dans de grands gestes vulgaires.

Tout va bien, il n'y a pas de blessé.

Puis j'entends Yerim rugir, alors que l'attelage sur lequel elle assène son talon cède brutalement. Une fois largué, le wagon de queue termine sa course en emboutissant un mur dans un grand fracas métallique.

Dès qu'il est délesté de ce poids mort qui le ralentissait fortement, le mini-mini-train accélère subitement ; j'ai l'impression qu'on décolle. Je suis collée au dossier, et Rocket se cramponne au volant en poussant des cris suraigus.

— On va le perdre ! Il a tourné à gauche ! Tourne, Juliette ! Tourne ! s'écrie Jaemin en s'accrochant au siège.

Je fais évidemment attention à Yerim, qui progresse à bord du wagon restant encore amarré au véhicule de tête. Elle enjambe les banquettes et remonte dans notre direction.

Je braque un peu sèchement, tournant le volant tout en m'agrippant à ce dernier. Le mur en face se rapproche dangereusement, mais je ne peux pas virer trop vite de peur d'encastrer la remorque dans le hangar qu'on a longé. Le véhicule dérape, le vide étroit séparant la voiture de tête du dernier wagon se resserre en un étau. Yerim saute cet espace rapetissant à vue d'œil.

— Mon Dieu ! Yerim ! s'écrie Seulgi en voyant que la manager a manqué de peu de se faire écrabouiller le pied.

— Je vais bien ! la rassure Yerim avec un clin d'œil charmeur.

La cascadeuse s'attaque à la dernière amarre, tapant de nouveau de tout son poids contre l'attelage du train. J'écrase la pédale d'accélération. Cette rue donne sur l'arrière des hangars, je crains de voir à nouveau des machinistes surgir et se mettre en travers de mon chemin. Et je ronchonne de ne pas pouvoir aller plus vite encore.

— Je le vois ! Il est là-bas ! Plus vite, Juliette ! Plus vite ! m'enjoint Jaemin.

— Je fais ce que je peux ! Si t'es pas content, prends le volant !

— Je n'ai pas mon permis !

— Alors reste assis et tais-toi !

J'explose de rire. Je ne sais pas si ce sont les nerfs ou l'adrénaline, mais tout se fait flou aux abords de mon champ de vision. Ah non ! C'est la vitesse qui me surprend. J'aperçois Jaemin crapahuter vers la place passager. En une seconde, il s'est glissé à côté et me lance un regard ébahi.

— Vous conduisez à quatre mains ? dit-il en observant le raton laveur, dont les doigts enserrent aussi le volant qui tremble.

CLONG !

Derrière nous, l'attache lâche dans un bruit sec. Yerim pousse un cri de joie en brandissant un poing triomphant dans les airs. La brusque accélération la fait chavirer en arrière. Elle se retient *in extremis* au dossier le plus proche. Seulgi la supplie de la rejoindre, tendant une main vers elle.

Leurs doigts s'entrelacent et, malgré Marylou collée contre sa poitrine, Seulgi tire à elle Yerim, qui se débat pour garder son équilibre dans l'accélération constante qui secoue la voiturette. Elles finissent collées l'une contre l'autre, leurs regards s'étreignent alors que Yerim pose son front contre celui de Seulgi. Le bout de leurs nez se frôlent et elles partagent un sourire mutin. Leurs cuisses collées l'une à l'autre, les jambes enlacées, Yerim passe son bras sur ses épaules, s'affalant contre le dossier. Puis du bout des doigts trace un chemin sur la peau de Seulgi, qui frémit sous ses caresses. Leurs cheveux dans le vent, j'aperçois la scène dans le rétroviseur. Je suis un peu gênée, comme si je profanais un moment intime.

Je détourne le regard dès que Yerim pose un doux baiser sur les lèvres de mon amie.

Jaemin se racle la gorge. Lui aussi a surpris les deux amoureuses à l'arrière.

— Bon, super… On est en train de rattraper Cho, lâche-t-il.

Je hoche la tête et me concentre de nouveau sur notre objectif. Je ne lâche pas des yeux le point qui s'agrandit rapidement. Je distingue les contours du conducteur plus clairement.

Il tourne brusquement à droite. Jaemin me hurle de le suivre. Yerim me passe subitement devant le nez, écrasant de sa paume le klaxon sur le volant, tout en beuglant de sa voix rauque et puissante :

— Arrête-toi, enfoiré ! Stop ! Cho Eunhwa ! Voleur !

Elle appuie encore et encore sur le klaxon, et une symphonie insolite tempête dans les airs. L'intéressé ne décélère pas pour autant, bien au contraire. Dans la ruelle étroite que nous remontons, un écho étrange s'élève, en plus du sifflement des moteurs électriques. Un brouhaha distant nous parvient.

Le fuyard s'extrait du goulet, avant de freiner brusquement. Je fonce pied au plancher, c'est maintenant ou jamais pour le rattraper.

Mais lorsque nous déboulons dans l'avenue principale des studios KTV, je saute sur le frein à mon tour. Dans un cri suraigu, je sens tout le monde se tendre et se rattraper à la première chose venue. Rocket finit la tête dans le volant, écrasant le klaxon.

La foule se tourne vers nous. Des centaines d'yeux nous dévisagent. Les slogans continuent à être scandés en fond sonore. Je n'arrive pas à compter les participants, il y a là des électriciens, des machinistes, des décorateurs, des monteurs, des assistants caméra ou de production... Tous brandissent des cartons sur lesquels sont annotées des revendications salariales.

Un coup de klaxon fend les airs. Cho Eunhwa redémarre au beau milieu de la foule.

— Il se barre ! Juliette ! Redémarre !

Je donne des coups de volant, à droite, à gauche, je klaxonne à mon tour, Jaemin hurle sur les gens qui bloquent le passage. Ils s'écartent, assènent des coups avec leur pancarte sur le véhicule et crient des insanités.

Nous filons à travers l'attroupement, suivant de près la voiturette qui trace un chemin dans la foule en colère.

— Pas de salaire, pas de travail ! hurle un machiniste en me fusillant du regard comme si j'étais la cause de tous ses problèmes.

— Temps de pause respectés et heures supplémentaires payées ! je m'égosille en brandissant le poing.

Les manifestants les plus proches acquiescent en aboyant d'autres slogans. Et ils libèrent le passage. Lorsque je vois les agents de sécurité tenter de faire un cordon de leurs bras pour les empêcher d'avancer, je klaxonne une nouvelle fois. La foule remonte l'avenue, et le fuyard dans sa voiturette se faufile tant bien que mal en nous devançant de nouveau.

Jaemin écrase le klaxon, et il scande les slogans qu'il lit sur les affiches qu'agitent les grévistes. Yerim a arraché une pancarte à quelqu'un et elle se tient au dossier de mon siège, pour me souffler à l'oreille :

— Approche-toi de lui ! Je vais le forcer à s'arrêter ! Il faut absolument que tu roules à son niveau.

La foule est plus clairsemée, nous avons distancé le regroupement, qui tente à présent d'échapper aux équipes de sécurité. J'aperçois notre ami Songwa, le vigile. Évidemment que la sécurité ne peut pas nous venir en aide, ils sont complètement dépassés par les événements. Il nous observe filer dans le mini-train, l'air perdu.

La voiturette du producteur exécutif est à présent à portée de voix. Yerim lui répète de s'arrêter, Jaemin lui ordonne de se calmer, Seulgi crie que nous voulons juste discuter et Marylou aboie, les oreilles dans le vent.

Tandis que notre véhicule remonte à ses côtés, l'homme ne détourne pas les yeux de la route, il est arrimé à son volant. Puis il braque brusquement, virant dans une ruelle.

Il nous devance, ralentit, prend un chemin de terre et c'est alors que je m'aperçois que nous traversons la reconstitution d'un village japonais de la période Edo. Je manque de renverser trois figurants en costume, alors qu'une caméra glisse sur les rails d'un travelling juste à côté de nous. Certains tournages n'ont pas été impactés par la grève à ce que je vois, des petites bulles de sérénité loin du capharnaüm du mouvement qui s'est centralisé dans l'avenue principale menant vers les bureaux de la direction.

Des cris fusent, encore des insultes. Jaemin s'excuse sans sincérité. Le producteur exécutif du drama maudit freine, contrebraque et nous passe devant le nez.

— Demi-tour ! Demi-tour ! ordonne Jaemin, à moitié retourné sur son siège pour ne pas perdre de vue le fuyard.

— Je sais ! Je sais ! je crie en braquant à mon tour.

Il monte la colline ; autour de nous, la forêt de bambous défile. La terre se soulève sous les roues des véhicules. J'ai de la poussière dans les yeux, mon champ de vision est réduit et tout est flou devant moi. J'entends les filles tousser, et Jaemin grogne sous les cahots violents.

— Stop ! Il a tourné ! crie Yerim en brandissant sa pancarte en direction d'une route qui descend vers le parc d'attractions.

J'aperçois l'arrière de la voiturette, nimbée de la brume sèche formée par les milliards de particules en suspension. Elle fonce dans une petite barrière en bois, qui se pulvérise sous son pare-chocs.

Nous débarquons à sa suite, retrouvant les routes goudronnées du parc d'attractions.

Les touristes qui déambulaient tranquillement s'arrêtent net en voyant les véhicules foncer sur eux. La panique se distille dans la foule, des enfants se mettent à crier. Tout le monde s'écarte dans un réflexe sur notre passage.

— Poussez-vous ! Poussez-vous ! hurle Yerim en agitant sa pancarte dans les airs.

— Essaie de le coller côté passager ! Il faut récupérer la bobine avant qu'il ne la détruise ! lance Jaemin, les yeux rivés sur l'objectif.

— Il faut l'arrêter ! Il sait où se trouve Sarah, j'en suis persuadée ! je m'écrie.

BAM !

J'encastre mon pare-chocs dans l'arrière de sa voiturette. J'en ai assez de cette stupide poursuite ! On n'est pas dans un film de Michael Bay, tout ça doit se terminer maintenant.

BAM !

Je remets ça encore une fois, plus violemment. Tous mes passagers s'accrochent à ce qu'ils peuvent. Jaemin klaxonne et Yerim aboie des ordres au fuyard :

— Arrêtez la voiture ! Stop ! Vous êtes un fou furieux !

— C'est vous, les malades ! Il est hors de question que je vous laisse fiche en l'air mon histoire !

— Ne soyez pas stupide ! Vous allez vous blesser… Arrêtez le véhicule, monsieur Cho ! lance Jaemin en tendant la main.

J'entends un klaxon. Pendant une seconde, j'ai lâché la route des yeux. Nous sommes en train de foncer sur un mini-train bondé de touristes. Le conducteur est affalé sur le volant, écrasant le klaxon de tout son poids. Il s'époumone, son faciès est étiré par une grimace d'angoisse.

Je vire à droite de justesse, passant sous le nez du train de touristes à la barbe de son conducteur. Puis je redresse la barre, les deux mains cramponnées sur le volant, que Rocket ne lâche pas non plus.

J'accélère encore, rattrapant le fuyard. Cette fois-ci, je remonte en le prenant par son côté passager. Yerim tend un bras pour récupérer le sac plastique glissant sur la banquette du véhicule qui roule à nos côtés. Enragé, Cho braque brutalement pour s'éloigner. Je suis le mouvement tout en lançant à mes passagers :

— Ne sortez pas les mains ou les pieds du véhicule ! Je vais tenter une approche… fracassante !

Yerim me soutient d'un hourra rauque ; elle secoue sa pancarte tout en criant :

— On va l'avoir, ce bâtard !

CRONG ! SLIFFF ! FIZZZZZ !

D'un coup de volant, je fonce dans la voiturette du fuyard. C'est comme si nous étions amarrés. La bobine du premier épisode se trouve juste à côté de moi. Je pose ma main dessus et tente de l'agripper. Mais je sens une résistance. Cho Eunhwa retient le sac d'une poigne ferme. Nos regards se croisent.

— Vous ne l'aurez pas ! crache-t-il. Jamais cette version ne verra le jour ! Je vais la détrui… C'est quoi, ce… Oh, mon Dieu ! Un rat géant !

Rocket s'est défait de son harnais, a crapahuté de mes cuisses vers la voiturette et s'attaque, à présent, à l'avant-bras du producteur, en panique.

— Il va me mordre ! À l'aide ! Je vais attraper la rage ! Lâche-moi, sale bête !

— Ce n'est pas un rat mais un raton laveur ! je rétorque.

— Au secours ! gémit le producteur alors que Rocket s'enroule autour de son bras.

Sa voiturette freine subitement. Nous la dépassons, et je les perds de vue. Le temps de tourner la tête, je les vois filer dans un décor en carton-pâte et finir dans ce dernier, pulvérisé par la voiturette lancée à vive allure.

— Mon Dieu ! Rocket ! Non ! je hurle.

Je freine brusquement, puis dans un demi-tour maladroit je gare le véhicule près du lieu de l'accident. Les touristes se massent déjà autour du décor éventré. Je vois Yerim foncer vers le sac en plastique. M. Cho, quant à lui, s'extirpe du siège et, bien qu'il ait l'air déboussolé, il n'en a pas perdu le nord.

— Non, vous ne… Ah ! Pas le rat géant ! Au secours ! Lâche-moi, sale bête !

Le producteur s'écarte vivement, se prend les pieds dans le décor en ruines et tombe à la renverse ; aussitôt, Rocket lui saute sur le ventre. Sans rage ni mauvaise intention. Je ne comprends pas vraiment ce qu'il trouve à ce sale type mais il semble ne pas vouloir le lâcher d'une semelle. Agrippé à ses vêtements, il renifle, tâtonne et le fouille comme s'il lui faisait une inspection au corps. Je me rue vers l'animal, l'attrape par le ventre et recule d'un pas sans quitter le voleur des yeux.

— Où est Sarah Kang ? je grommelle du ton le plus menaçant possible.

— Je vous reconnais… gémit Cho sans se relever. Vous êtes l'assistante de cette pimbêche !

— Vous l'avez kidnappée pour protéger votre drama, c'est ça ? Vous êtes un véritable monstre ! Le seul danger pour la société, c'est vous. Vous et vos semblables, avec vos idées archaïques, vos peurs pitoyables, votre incapacité à communiquer et à comprendre les autres… Regardez jusqu'où votre peur vous mène : la violence, des agressions, la mise en danger d'autrui… Le monde se porterait bien mieux sans vous.

— C'est mon histoire ! Je fais ce que je veux de mon…

— Vous lui avez fait du mal ? Où est-ce que vous l'avez enfermée ?

— Quoi ? De qui vous parlez ? lâche-t-il, l'air perturbé.

— Sarah Kang ! Qu'est-ce que vous lui avez fait ?

— Je ne lui ai absolument rien fait ! De quoi est-ce que vous me parlez ? Qu'est-ce qu'il se passe ?

— Arrêtez de mentir ! Vous l'avez enfermée ? Vous ne vouliez plus d'elle sur le tournage, n'est-ce pas ?

— Quoi !

— Je vais vous dénoncer à la police. Tout le monde saura à quel point vous êtes ignoble !

— Je ne comprends pas. Vous êtes complètement… Aaah ! hurle-t-il alors que j'approche de sa tête le raton laveur, qui tend les pattes pour lui agripper les joues.

Mes menaces ont raison de lui. Son masque de mépris vire en une expression craintive.

— Je ne lui ai absolument rien fait ! continue-t-il d'une voix tremblante. Je l'ai vue hier soir, c'est vrai. Mais ce n'était que pour lui annoncer mon action en justice contre la production. J'attaque les studios pour avoir mon mot à dire dans ce drama ! Depuis que le tournage a commencé, personne ne m'écoute, le scénario a été remanié tant de fois que…

— Sarah ! Parlez-moi de Sarah ! j'ordonne sèchement.

— Je ne… lui ai absolument rien fait ! répète-t-il. Je suis arrivé devant sa loge. J'ai toqué et elle a ouvert. Je lui ai exposé les faits, elle ne m'a pas écouté. Et elle est partie rejoindre cette femme, cette grande blonde aux cheveux courts. Elles sont parties dans une berline noire. Et je ne l'ai pas revue depuis !

Non ! Non ! Non ! Et voilà que je me retrouve encore dans une impasse. Je ne veux pas y croire. Tout s'écroule autour de moi. Je recule sans regarder en arrière, trébuche, m'éloigne du brouhaha environnant. Tout se fait flou, les bruits alentour se confondent entre eux, ceux des manèges à sensations, des touristes qui se massent autour de la scène ou des véhicules de la sécurité qui débarquent enfin. Je me cale sur un trottoir à quelques pas de là, juste devant la reconstitution d'un saloon.

— Juliette ? Juliette ? souffle Seulgi en claquant des doigts devant mes yeux.

Je ne suis pas réceptive au monde qui m'entoure. Mes pensées tournent si vite que j'en ai le tournis.

— C'est ma faute… dis-je dans ma barbe.

— Pardon ? me demande Yerim en me retirant délicatement Rocket.

— Sarah… C'est ma faute si elle a disparu… Je n'ai pas fait attention, je lui ai refilé mon téléphone…

— Oh, Juliette… Tu ne pouvais pas savoir, soupire-t-elle alors que Seulgi se glisse à mes côtés en tentant de me réconforter par sa simple présence.

Je ne dis rien, car il n'y a rien à ajouter. Il ne me reste qu'à prier pour que la police retrouve Sarah Kang. En espérant qu'elle soit encore en vie.

— Juliette ? Tout va bien se passer, Sarah va bien. Elle est avec Lucy. On ne pouvait pas savoir que sa copine l'avait rejointe ici à Séoul. Mais maintenant qu'on le sait, toute cette situation est réglée. Tout va pour le mieux désormais, me jure Seulgi.

Je ne réponds rien. Mon regard tombe au sol, je n'ai plus d'espoir, et encore moins de force pour lever les yeux.

— Jaemin, reste avec elle. Ne la laisse pas seule, ordonne Yerim à son cousin.

— Je m'en occupe. Allez-y, ramenez Rocket à ses propriétaires, répond-il en se coulant à mes côtés, à la place que Seulgi vient de quitter.

Malgré le vacarme ambiant et la foule qui pullule dans les environs, j'ai l'impression d'être seule au monde.

— Tout n'est pas perdu, Juliette. Sarah est sortie des studios, la police doit être sur ses traces en ce moment même.

— C'était mon boulot de m'occuper d'elle ! C'était à moi de faire en sorte qu'il ne lui arrive rien ! J'aurais dû la retrouver. Non, en fait, je n'aurais jamais dû la quitter. Je suis une mauvaise assistante. J'étais une terrible employée, et je suis une horrible petite-fille.

— Une horrible… De quoi tu parles ? murmure Jaemin.

Il me faut de longues secondes pour prendre conscience de ce que je viens de dire à haute voix. J'ai évoqué ma famille, ce poids qui me pèse sur la poitrine depuis si longtemps.

— J'ai menti à ma famille. Les seules personnes qui me sont proches ne savent même pas ce que je fais de mes journées. Quand je vais leur avouer, ma grand-mère ne voudra plus jamais me voir, mes parents me feront rentrer à Paris et adieu…

Ces mots m'ont fait l'effet de cracher des cailloux : c'était douloureux et en même temps c'est comme si j'avais évacué un poids de ma poitrine. Je me sens plus légère.

Mon regard se perd dans la folie qui se dilue peu à peu autour de l'accident. Soudain nous parviennent des voix hurlant des slogans familiers. Il semblerait que le mouvement de contestation des employés nous ait suivis.

Je sens une main frôler la mienne. Jaemin passe ses doigts entre les miens et m'adresse le plus doux des regards.

— Juliette… C'est certainement très égoïste de ma part de dire ça, mais si le seul moyen de nous rencontrer était au travers de toutes ces péripéties, je trouve que tout ça en valait le coup.

Mon cœur se serre à ces mots. J'ai l'impression que dans la vie, on ne peut pas tout avoir ; j'avais tiré un trait sur l'amour pour me focaliser sur mon art et voilà que l'inverse se profile pour moi.

Finalement, je lève les yeux vers lui. Puis les ferme et lui tends mes lèvres, tremblante… lorsque soudain il lâche :

— Non… Désolé, je ne peux pas t'embrasser… Je… ne t'ai pas tout dit. (Il s'écarte, l'air miné, et se redresse abruptement pour se remettre sur ses pieds.) Je t'invite au restaurant ce soir. Mais avant, il faut que je passe me changer chez moi.

Il me tend la main, jette un regard inquiet vers les grévistes qui approchent à grands pas et ajoute :

— Viens.

SCÈNE 38

Jaemin

Je n'ai pas eu le temps de ranger mon appartement. Une pile de vêtements trône sur une chaise de bureau, la vaisselle sale s'empile dans l'évier, à côté de cartons qui s'amoncellent près de la poubelle. Pourtant, le désordre n'est pas ce qui semble déranger le plus Juliette. Son regard étonné parcourt les murs, passe du sol au plafond avec un air désemparé. Finalement, elle ose lancer :

— Le gouvernement n'a-t-il pas interdit les *banjihas*[16] ? Il y a eu des décès il y a quelques années à cause des inondations. Pourquoi est-ce que tu vis dans ce taudis ?

Je grimace. La plupart de mes amis s'étonnent de voir un héritier *chaebol* habiter dans un appartement aussi minable, le genre d'appartement qu'occupent d'ordinaire des personnes très précaires. C'est humide, ça sent le renfermé et de la moisissure court sur les murs. La seule ouverture donne sur la rue, le reste de ce studio ressemble plus à une prison qu'un appartement. La lumière du plafonnier est lugubre, le sol est recouvert d'un linoléum qui gondole à certains endroits.

---

16. Appartements en sous-sol, souvent insalubres, étroits et peu lumineux.

Je referme la porte coulissante qui donne sur la petite salle de douche, honteux du même désordre qui règne aussi dans cette partie de mon appartement, et me tourne de nouveau vers elle.

— Je n'ai pas le choix. Pour tout te dire, mon père m'a renié et m'a coupé toute aide financière. Heureusement, je possédais quelques biens immobiliers et un peu de liquidités. Mais j'ai tout sacrifié pour produire *Gods in Hell.* Je me suis battu pour avoir ce rôle. Je ne prends pas de salaire, je dispose de juste assez d'argent pour payer Yerim et maintenant Seulgi. La seule issue pour moi est le succès de cette série.

Elle grimace. Je l'imite avec un rictus maladroit.

— Oui, je sais ce que tu penses : je suis foutu.

Je me suis avachi comme une masse dans mon canapé deux places. J'observe Juliette sans oser ajouter quoi que ce soit. L'expression que je lis sur sa figure me terrifie. J'ai l'impression que c'est la fin.

— Je me doute que ce n'est pas ce à quoi tu t'attendais. Je comprendrais que tu ne veuilles plus jamais me voir. Je n'ai pas autant de moyens que tu le pensais. Je ne t'en voudrais pas… Je…

— Tais-toi, Jaemin.

Son ton froid me perce le cœur. Je retiens un sanglot douloureux, mais mon sourire se brise dans un réflexe quasi nauséeux. J'ai mal physiquement. En aussi peu de temps qu'il m'en a fallu pour avoir des sentiments, je désespère de l'avoir jamais dans mes bras et de lui souffler des mots d'amour dans le cou.

Je vois une larme rouler sur sa joue. J'essaie de me relever mais elle s'éloigne pour se cacher dans un recoin sombre.

— Juliette… Je…

Je m'en veux. Je n'ose pas l'approcher, je n'ose plus me lever. Je reste assis bêtement, lâchement, loin d'elle, et je l'écoute sangloter.

— Personne ne m'aimera jamais… réussit-elle à articuler dans un son gluant.

— C'est faux… Je voudrais tant qu'on se…

Elle me coupe d'une voix glaçante :

— Tu ne comprends pas. Ma vie amoureuse est désastreuse. Je ne suis jamais la première option. On m'a toujours choisie par dépit. Et quand j'apprenais à connaître la personne, je réalisais que j'avais en face de moi quelqu'un de détruit par la vie, quelqu'un de traumatisé qui n'avait pas besoin d'amour mais d'une présence muette et complaisante. Tu ne sais pas à quel point je me suis sentie seule face à ces gens, seule en amour, seule depuis toujours. Et je retombe encore et encore sur ce même profil. Les gens qui soi-disant m'aiment sont des gens perdus, qui ne savent plus où ils en sont de leur vie.

— Quoi ? je crisse, la mine froncée.

Je le prends mal. Mon ventre se tord et je me fais violence pour ne pas parler trop méchamment.

— Est-ce que tu es en train de dire que je suis un pauvre gars et que la seule raison pour laquelle je m'intéresse à toi, c'est parce que je n'arrive pas à trouver mieux ?

Je me suis relevé, abasourdi. Elle ne dit rien, elle est recroquevillée dans ce coin et elle ne bouge pas. Non, je ne dois pas réagir à chaud, et pourtant ma psy me répète sans cesse que ce n'est pas ainsi que je vais clarifier mes ressentis émotionnels. J'inspire profondément.

Très bien, elle me balance ça abruptement, pourtant je sais que ce n'est pas ma faute. Les gens projettent leurs ressentis. Je ne suis pas détruit par la vie ; bien au contraire, je me suis reconstruit de la plus belle des manières possible. Je me suis trouvé, je me suis accepté et je suis plus que jamais fier de mon identité.

Alors si ce n'est pas de moi qu'elle parle, je comprends maintenant la raison des larmes qui dévalent ses joues.

— Juliette… Tout le monde a des hauts et des bas. Toi comme moi… On est dans le même bateau. Je sais que ces derniers jours ont été difficiles pour toi, mais tu n'es pas une paumée. Et tu n'attires pas des gens complètement traumatisés. Enfin, peut-être un peu… je glousse. Pour ma défense, je pense que tout le monde est traumatisé par cette société de merde. Mais là n'est pas le sujet. Pour ma part, je travaille sur moi-même et je suis une thérapie depuis plus de quatre ans… J'appelle ma psy si tu ne me crois pas !

Je sors mon téléphone, prêt à composer le numéro de ma psy.

— Non ! Non, je te crois. Excuse-moi. Je n'aurais jamais dû dire ça. J'ai dépassé les bornes, Jaemin. Je te prie de m'excuser.

— Je ne dis pas que je ne suis pas abîmé par la vie. Je…

Je ne peux pas lui dire. C'est trop pour une seule soirée. Je ne veux pas la perdre. Pas elle, pas la seule personne qui m'apaise par sa simple présence, qui me fait sourire au moindre regard, celle qui ne réalise pas à quel point son ingéniosité la mènera loin.

J'espère seulement qu'elle ne disparaîtra pas à tout jamais de ma vie.

Dans la rue au-dessus, je perçois le ronronnement d'une berline qui se gare pile devant la seule source de lumière de mon studio. J'entends les pas de trois personnes claquer sur le bitume puis dans le couloir de mon immeuble. Brusquement, une rafale de coups sont frappés à ma porte.

Je me dirige vers l'entrée mais, avant que j'aie eu le temps de tendre la main vers la poignée, la porte s'ouvre à la volée.

— Ta mère me trompe ! hurle mon père en pénétrant dans mon studio.

Je le reconnais bien là : s'imposer en conquérant même en terrain inconnu. Mais peu à peu, je crois voir poindre une lumière de tristesse alors qu'il suit des yeux le papier peint déchiré qui court sur mon mur moisi.

— Euh… Bonjour. Comment allez-vous… papa ?

— Est-ce que tu étais au courant ? se reprend-il. Et c'est qui, ça ? lance-t-il en montrant du menton mon invitée.

— C'est Juliette, une amie.

— Une amie ? Elle est au courant pour toi ? crache-t-il.

— Je vous en prie, pas maintenant, dis-je, tremblant.

Je soutiens son regard froid et dur aussi longtemps que cela m'est possible. Puis sa curiosité regagne du terrain, et il fait un état des lieux mental de ce logement insalubre. De nouveau transparaît sur son visage une expression que je n'ai que rarement vue ; est-ce à cela que la peine ressemble chez lui ? Les traits affaissés, son regard pleure sans aucune larme. Il l'étouffe aussitôt et continue avec une voix sèche :

— Ta mère a pris un amant.

Je me fige. Ses deux gorilles se postent de part et d'autre de la porte. Juliette est tendue, elle essuie ses joues avec frénésie.

Je lance un regard crispé à celle qui se tient en retrait. Le silence s'intensifie. Chaque bruissement devient un son dramatique : le crissement des semelles sur le sol, les respirations retenues des gardes du corps…

— Sortez ! Tous ! ordonne mon père en levant une main en l'air.

Ses hommes s'exécutent, et je vois Juliette leur emboîter le pas. J'essaie de la retenir, mais mes doigts glissent sur sa peau et elle s'éloigne en chuchotant qu'elle patientera devant mon appartement. Je serre les dents.

J'ai l'impression d'avoir vécu une vie entière depuis la dernière fois qu'on s'est parlé. Ou plutôt depuis la dernière fois qu'on s'est *disputés*.

À ma grande surprise, il s'effondre sur mon vieux canapé, qui manque de l'engloutir. Je l'entends grommeler, les épaules basses et le dos rond. Il finit par soupirer bruyamment, puis lâcher d'une voix mal assurée :

— Ma vie est en train de tomber en morceaux. Aux studios, c'est l'émeute. Toutes les productions ont été suspendues. Dès demain, je vais faire les gros titres de la presse à scandale. À la Bourse, le cours de notre conglomérat d'entreprises s'est effondré.

— Vous récoltez ce que vous semez, papa. Vous refusez d'écouter, vous imposez votre point de vue et vous vous étonnez que tout le monde se retourne contre vous ? Maman vous avait prévenu.

— Tu as changé… Jaemin…

— Non. Je me suis retrouvé. J'ai arrêté de jouer le rôle que vous m'imposiez. Je suis enfin celui que j'ai toujours été. Et je ne regrette rien.

Il inspire fort, le visage enfoui dans ses paumes. Voilà donc l'homme qui me faisait si peur quand j'étais petit, celui que je rêvais de rendre fier et pour qui j'aurais absolument tout donné. Lui qui n'a pas hésité à me renier, à effacer jusqu'au moindre reliquat de mon existence.

— J'ai suivi les règles, celles que mon père m'a inculquées, celles que son propre père lui avait inculquées, souffle-t-il d'une voix chevrotante. J'ai tout fait comme on me l'a appris. Et mon empire est au bord de la faillite. Je vais perdre ma femme. J'ai perdu… mon fils…

Mon cœur se serre. Ces mots, jamais je n'aurais pensé les entendre un jour de sa bouche. Je le fixe avec un air ébahi.

Il se racle la gorge et se relève subitement.

— Je m'excuse. J'ai été un mauvais père. Un mauvais mari. Un mauvais patron. Une mauvaise personne. J'espère que tu me pardonneras. Je vais tout faire pour que tu n'aies plus honte de moi.

Sur ces mots, il se lève, me tourne le dos et franchit la porte sans un bruit.

SCÈNE 39

Juliette

Je vois la berline disparaître au coin de la rue. La nuit commence à tendre ses fils céruléens sur le canevas du ciel. J'ai soudain envie de marcher pour retrouver mes grands-parents. J'entends une porte s'ouvrir et, avant que je me retourne, Jaemin apparaît dans l'ouverture.

— Sacrée journée, n'est-ce pas Juliette ?

Je l'observe un court instant, il a l'air abattu et, en même temps, un large sourire illumine son visage.

— Je suis vraiment fatiguée. Je pense que je vais rentrer.

— Très bien, je te raccompagne, décide-t-il sans que j'ose protester.

Je lui glisse un « merci » du fond du cœur. Parfois mes mots ne sonnent pas aussi intensément que la force des émotions que je ressens. Je trouve mon ton trop posé, alors que je suis submergée par la tendresse de son attitude.

Nos pas se calent au même rythme, comme si nous avions atteint une certaine harmonie. Ma curiosité se fait lancinante, alors que des questions franchissent le cap de mon esprit jusqu'à se faufiler hors de ma bouche :

— Donc ton père a appris que ta mère avait une liaison ? dis-je alors que j'étais évidemment au courant.

— On dirait bien…

Il n'a pas l'air de vouloir s'étendre sur le sujet. Ce qui ne me décourage pas, bizarrement, d'oser poser une question un peu plus indiscrète :

— Qu'est-ce qu'il voulait dire par « au courant pour toi » ?

Je le sens hésiter, les mots sont au bout de sa langue mais il semble les retenir. Finalement, il lâche à contrecœur :

— Rien.

— OK.

Il a répondu avec un air las. Je ne vais pas insister. Ça ne me ressemblerait pas.

L'éclairage commence à s'allumer sous la nuit qui flâne avant de tomber. Sur notre chemin, nous tombons ici et là sur les affiches géantes de *Gods in Hell*. Sarah Kang nous surplombe, son regard semble nous suivre, comme une Joconde tachée de sang dans sa descente aux enfers. Le silence est doux, je ne ressens pas le besoin de le combler. Peu à peu, nos corps se rapprochent, nos mains se frôlent, et je souris alors que je sens ses doigts tenter d'agripper les miens.

Je me sens bien, pourtant je n'arrive pas à franchir le cap. Oser lui prendre la main, lui dire que j'ai envie de l'embrasser et me lover contre lui.

Je vois finalement l'affiche à son effigie qui a été accrochée en face de l'immeuble de mes grands-parents, ce qui me fait ralentir le pas. Et je pense à toutes les facettes de lui que j'ai découvertes tour à tour : jeune acteur prometteur et prétentieux, garçon sensible et prêt à aider, héritier en rupture avec son père, producteur risque-tout... Et j'ai le sentiment qu'il en a encore bien d'autres.

Il y a une ombre qui plane au-dessus de lui. Une part de mystère qui ne veut pas se dévoiler. Il ne se sent pas encore assez en sécurité pour s'ouvrir complètement à moi. Mais je ne lui en veux pas.

Je m'arrête à deux pas de l'affiche démesurée où est placardé son minois ensanglanté. Il jette à peine un regard dans cette direction. Il est trop affairé à observer ses pieds. Les mains dans les poches et l'air plombé, j'ai l'impression qu'on partage ce même désespoir cinglant.

Pourtant je suis étrangement rassurée, mon cœur est plus léger et je retiens un sourire qui apparaît au coin de mes lèvres.

— J'habite là... je déclare.

Il hoche la tête et lève les yeux vers moi.

— J'aimerais bien qu'on... qu'on se revoie, bafouille-t-il.

— Je vais sans doute me faire virer. Mais oui, ce serait avec grand plaisir. Je n'imagine pas passer une journée sans te voir...

Je glousse en fin de phrase. Quoi ! Mais qu'est-ce que j'ai encore sorti comme niaiserie ? Je ne suis vraiment pas douée en drague... J'en fais trop, je n'en fais pas assez, je ne sais pas doser. Je vais le faire fuir !

Je baisse le regard au sol, secouant la tête, dépitée par ma gaucherie.

— Moi non plus, susurre-t-il à son tour.

J'ai sauté sur ses lèvres. Elles sont douces, mais la sensation est bizarre. Nos dents ont claqué les unes contre les autres, il ravale sa salive bruyamment et se crispe. Je m'écarte aussitôt.

— Pardon ! Je… Je ne t'ai pas demandé, je… suis désolée…

— Je n'ai pas osé t'embrasser. Mais je suis ravi que tu l'aies fait… souffle-t-il d'une voix rauque.

Puis il s'approche lentement, me laissant le temps de deviner où exactement il va poser sa bouche. Au coin de la mienne, je sens le rebondi tiède palpiter. Il remet une mèche de mes cheveux derrière mon oreille et embrasse l'autre coin de mes lèvres. Puis ma joue, et frôle le bout de mon nez du sien. Encore un baiser sur les lèvres et un autre sur le front, puis il m'attire tout contre lui.

Les secondes défilent, puis une minute, et deux. Mais je ne veux pas qu'il me lâche, je voudrais rester ainsi pour l'éternité.

— Jaemin, il y a quelque chose que tu n'arrives pas à me dire… j'arrive à souffler malgré tout.

Il ne répond pas, je l'entends soupirer longuement.

Soudain, je perçois un bruit étrange, un cliquettement haut dans les airs. Un raclement de gorge me parvient et, malgré mon envie encore plus forte de rester collée à Jaemin, je m'éloigne pour mieux jeter un coup d'œil vers le toit de l'immeuble.

De là-haut, papy m'observe, tout sourire, un pot en terre cuite entre les doigts.

Et la porte de l'immeuble s'ouvre en trombe. Jaemin et moi sursautons en chœur. Et je panique alors que je vois foncer vers nous ma grand-mère, l'air déterminé.

OH MON DIEU ! Mamie vient de me surprendre avec un homme. Je ne leur ai jamais parlé de quoi que ce soit relatif aux relations amoureuses.

— Juliette ! Jeune homme ! Bonsoir. Je suis ravie de vous rencontrer, lâche-t-elle en hochant la tête. Le dîner est prêt. Allez, montez, on vous attend. Tous les deux. Pas de discussion, tout de suite, vite, vite !

Elle tourne les talons et disparaît aussi rapidement qu'elle est apparue. La porte de l'immeuble claque et la lumière du couloir s'éteint.

— Ne la faites pas attendre, les enfants ! ajoute papy du haut de son perchoir.

SCÈNE 40

Jaemin

Juliette fait les cent pas dans l'ascenseur, en panique. Elle me répète pour la énième fois avec une frénésie tremblante :

— Tu as compris : pas un mot sur KTV, je suis en première année de droit à la fac. On s'est rencontrés à l'arrêt de bus et on se croise tous les jours à la même heure. Je ne bosse pas aux studios. Tu comprends ? Jaemin, j'ai besoin de t'entendre dire que tu comprends !

— Pourquoi as-tu menti à tes grands-parents sur ce que tu fais dans la vie ?

— Je suis étudiante en droit à l'université. Je suis bientôt en vacances et les partiels sont terminés. Jaemin !

— OK ! Je… J'ai compris ! Mais pourquoi ?

— C'est trop long à expliquer… Tu vas comprendre quand tu discuteras avec ma grand-mère.

— D'accord.

Je passe mes doigts sur sa nuque, la massant délicatement, et je sens la chair de poule onduler sous mes caresses. Elle enfonce son crâne entre ses épaules en gloussant et en chuchotant que ça la chatouille atrocement.

Les portes s'ouvrent brusquement sur la figure souriante de son grand-père. Ses cheveux gris bouclent sur son front, se mêlant à une barbichette de quelques jours. Ses expressions sont arrondies par sa bonhomie, et sa petite stature renforce l'idée d'une personnalité bouillonnante. Je retire mon bras rapidement, adoptant une posture quasi militaire. Juliette, elle, a bondi à l'autre bout de la cabine.

Elle se gratte la gorge dans un son bruyant. Son expression se tend en une grimace tremblante, je crois qu'elle essaie de sourire. Lorsque son grand-père me tend la main, je l'attrape et il la secoue d'un mouvement si empressé que je laisse échapper un petit cri de surprise.

— Moi, c'est papy Junho. Bienvenue, jeune homme. J'espère que tu as faim parce que mamie a cuisiné pour tout un régiment. Quel est ton nom, mon petit ?

— Lee Jaemin, monsieur.

— Pardon ? J'entends très mal.

— LEE JAEMIN ! je crie avec un peu trop d'intensité.

— Lee Jaemin ? Tiens, comme le jeune acteur dont tout le monde parle à la télévision !

— Non, non, non ! Pas du tout ! Personne ne parle de ce gars ! balance Juliette, stressée.

— Ah oui, il faut excuser Juliette, elle n'apprécie pas beaucoup ce jeune homme, dit son grand-père en nous invitant à sortir de la cage d'ascenseur. Contrairement à moi. Je trouve qu'il a une bonne tête. Je suis certain que c'est un bon gars.

— Ah bon ! Juliette n'aime pas l'acteur Lee Jaemin ?! je m'exclame, outré.

Je me suis arrêté au milieu du couloir. J'aperçois la porte grande ouverte de leur appartement au bout de ce dernier.

Mes poings calés sur les hanches, j'observe le grand-père, intrigué et un rictus collé aux lèvres.

— Ah oui, Juliette a un avis très tranché sur lui. Elle ne le supporte pas et je ne comprends pas pourquoi. Ce n'est pas comme si elle le connaissait. Oh, si tu avais entendu ce qu'elle a dit sur lui la dernière fois, ajoute-t-il avec un air presque choqué.

— Papy ! grogne-t-elle.

— Bah quoi ?

— Oh, dites-moi ce qu'elle a raconté sur ce pauvre gars ! je m'écrie, bien plus curieux que gêné.

— Hein ?

— DITES-MOI CE QU'ELLE A RACONTÉ !

— Oh ! Des bêtises qui n'ont pas de sens. Elle trouve qu'il se comporte comme un gangster.

— Un gangster ! je grimace.

— Oui ! Un malotru sans-gêne, un rustre sans classe qui s'habille avec des fripes !

— Quoi ! Mais c'est faux ! Papy ! Tu mens, je n'ai jamais dit ça ! proteste Juliette, dont les joues ont viré au rouge.

Elle rive un regard dépité sur moi. Elle souffle entre ses lèvres en m'assurant que jamais elle n'a sorti ce genre de choses à mon égard. Je lui adresse un large sourire en chuchotant que je suis certain qu'elle a dit bien pire.

Avec ma blague, j'ai réussi à lui extirper un sourire. Elle titube en évitant de se coller trop ouvertement à moi. Son grand-père a tourné les talons et se tient dans l'encadrement de la porte. J'intercepte le sourire affectueux qu'il destine à sa petite-fille. Mon cœur se réchauffe tout à coup, je n'ai pas encore mis un pied dans cet appartement que j'ai déjà l'impression d'être à la maison.

Peut-être parce qu'elle est à mes côtés. Elle ne me touche pas, ne m'effleure pas, mais je n'ai jamais été aussi proche d'elle.

— Arrête de sourire bêtement, me lance-t-elle en s'essuyant le front. Tu n'as pas encore rencontré ma grand-mère.

SCÈNE 41

Juliette

Jaemin est assis à ma droite, détendu et souriant, papy à ma gauche, me demandant une énième fois de répéter ce que je viens de dire, et mamie nous fait face en présentant chaque plat méthodiquement. D'un geste brusque, elle fait tourner le plateau amovible au milieu de la table.

— J'avais des restes. Là, c'est du *japchae*[17]. Comme je ne peux pas travailler à cause de mon accident, il faut manger ce qui périme dans les prochains jours. Fichu arrêt de travail ! Pile quand il ne faut pas.

— Pourquoi est-ce que cela tombe mal, madame Park ? demande Jaemin avec désinvolture.

— Je travaille dur ! Extrêmement dur pour provoquer la chute de mon pire ennemi ! Ma vengeance n'a pas de limites ! lâche-t-elle en tapant du poing sur la table.

Je sursaute, papy sursaute et Jaemin hoche la tête, comme si c'était la plus logique des réponses. Sans se faire prier, ma grand-mère s'applique aussitôt à faire la lumière sur l'affaire :

17. Plat de nouilles de patates douces transparentes avec des légumes et, parfois, de la viande.

— Les studios KTV ont détruit ma maison, mon petit restaurant et tout ce que j'avais construit à la sueur de mon front.

— Les enfoirés… souffle Jaemin.

— Oh, mais ils sont en train de le payer. J'ai cru comprendre que des mouvements de contestation se multiplient dans les studios, renchérit ma grand-mère.

— D'accord, d'accord… Qui veut du bouillon ? je lance à la cantonade, histoire d'abréger cette discussion qui prend une tournure que je n'aime pas. Mamie, tu t'es surpassée, ça sent super bon. Tu as changé ta recette du *doenjang-jjigae*[18] ? Il est incroyable, ce…

— J'ai réussi à infiltrer les lieux grâce au restaurant et j'ai imprimé des passages du code du travail à l'intérieur des boîtes repas que je livrais. De toute façon, les managers sont si horribles là-bas que les salariés n'ont pas mis longtemps à avoir envie de se soulever.

— Très bien ! Très bien ! Assez parlé de ces studios, la modère papy. Je te rappelle que le docteur a dit de ne pas trop t'énerver, ce n'est pas bon pour ton cœur !

— Oui, bon ! ronchonne ma grand-mère, toujours fière.

Je me recroqueville sur ma chaise. Mamie a pointé sa cuillère en direction de papy tout en balançant de la sauce sur chacun de nous. Jaemin lance un coup d'œil sur son tee-shirt désormais taché. Il hausse les épaules et se ressert aussitôt du bouillon.

Elle a enlevé son bras de la bandoulière, dévoilant son large bandage qui recouvre chaque parcelle de sa peau. Un bleu lui décolore le coin de l'œil. Mon cœur se serre devant les blessures de l'accident d'hier.

---

18. Soupe de pâte de soja.

— Jaemin… Vous me rappelez quelqu'un… Comment avez-vous rencontré ma petite Juliette ? dit-elle en s'asseyant finalement sur sa chaise.

— Oh ! À l'université, évidemment. Je prends des cours de… de…

— D'anglais ! je complète.

Mamie n'a pas l'air de marcher. Son regard se fait de plus en plus perçant. Elle garde le silence et dépose son attention tour à tour sur Jaemin et moi.

— Votre visage est tout à fait proportionné. Vous pourriez faire du mannequinat. Vous êtes certain que c'est la première fois que je vous vois ? insiste mamie.

— Je n'aurais pas pu oublier le vôtre, madame Park, répond-il avec un air angélique. Oh, ce *gogi-guksu*[19] est délicieux ! Même ma grand-mère n'en prépare pas d'aussi bons.

— Parlez-moi donc de votre famille, Jaemin. Que font vos parents dans la vie ? lance mamie en faisant tourner le plateau devant elle.

— Mon père est directeur de plusieurs petites entreprises, qui fabriquent des pièces pour l'aéronautique entre autres. Quant à ma mère, c'est une artiste. Une peintre, ment Jaemin avec une aisance déconcertante.

Papy hoche la tête, l'air impressionné par ces informations.

— Mais ce qui nous rapproche avec Juliette, c'est notre double nationalité. Je suis à moitié français, comme elle. Dès que j'ai entendu son accent, mon cœur a explosé ! Je ne pouvais plus la laisser partir !

Mon grand-père éclate de rire. Il tambourine avec ses doigts sur la table, faisant tinter ses baguettes métalliques sur les plats.

19. Soupe au porc avec des nouilles.

— Quelles étaient les probabilités pour que vous vous rencontriez à Séoul ? tonne-t-il en levant son verre plein pour trinquer avec mamie, Jaemin et moi.

— *Geonbae*[20] ! s'écrient mes grands-parents en chœur.

Mon regard croise celui de mamie. Elle ne me paraît pas aussi tranchante que d'habitude. Elle n'a pas encore fait claquer sa langue ni soupiré après une réflexion de notre invité. Plus étonnant, elle l'a complimenté sur son physique et n'a fait aucune remarque sur son poids ou sa coupe de cheveux.

Cela dit, elle observe Jaemin avec insistance.

— Et vous avez des frères et sœurs, Jaemin ? interroge-t-elle de but en blanc.

— Non. Je suis fils unique. Mais je suis très proche de ma cousine. On passe beaucoup de temps ensemble.

— Et vos parents sont très conservateurs ?

Je trouve cette question étrange, sortie de nulle part.

— Mon père, oui. Ma mère est un peu plus ouverte d'esprit, elle est française.

Mamie hoche la tête. Elle avale son verre de *soju* d'un trait. Je lâche un regard interloqué à mon grand-père, qui affiche la même mine médusée que moi.

— Ça ne doit pas être facile avec votre père, non ? demande-t-elle alors en se resservant.

Comment est-ce qu'elle peut bien savoir ça ?

— Notre relation n'est pas au beau fixe. Elle ne l'a jamais été. Mais il m'a agréablement surpris, dernièrement. Il n'est jamais trop tard pour voir les choses prendre une tournure… stupéfiante.

---

20. « Santé ! »

Je ne vois pas de quoi Jaemin et mamie parlent. Leurs expressions sont si sérieuses, l'ambiance est soudain solennelle. J'échange un regard avec papy, qui hausse de nouveau les épaules tout en vérifiant son appareil auditif d'un geste discret. J'ai l'impression d'observer une scène en train d'être filmée. Je ne fais pas partie de cette conversation, et cela bien malgré moi. Je me sens à l'écart, troublée par des sous-entendus dont je ne capte pas la signification.

Évidemment que les histoires de famille virent parfois au drame ou coûtent des années de thérapie à ceux qui les subissent. Loin de moi l'idée d'invalider la complexité des liens familiaux, mais j'ai dû manquer une information, parce que rien, dans cette discussion, rien n'impliquait un événement qui puisse avoir de telles répercussions sur l'ambiance.

Pourtant, je ne pose pas de question. Il se passe quelque chose entre ma grand-mère et Jaemin. Un entendement qui va au-delà des mots. Et je ne connais que trop bien cette sensation, ce sentiment d'exclusion lorsque les autres s'accordent sur des évidences et que je reste à la traîne, à me questionner sur ce qui est en train de se passer.

La discussion continue mais j'en perds complètement le fil. Cette fois-ci, c'est papy qui pose un tas de questions. Il commence à parler de mes parents, de la fierté d'avoir de la famille en France et de la raison pour laquelle ils ont nommé leur établissement traiteur The French Frog. Tout en parlant de leur ancien restaurant, le sujet dévie vers les complications qu'a engendrées l'implantation des studios dans le quartier.

Pendant ce temps, recroquevillée sur moi-même, je sors mon calepin et me mets à prendre des notes sur des idées de scénarios. Une fois mes idées notées, mon regard se pose sur le téléphone de papy posé à côté de son assiette.

Mon portable me manque. J'attrape son téléphone et compose mon propre numéro de téléphone. Sans surprise, je tombe immédiatement sur la messagerie. Je raccroche et ouvre une page Naver, avant de taper « Sarah Kang » dans la barre de recherche. Des milliers de liens apparaissent à l'écran. Mon cœur se serre. Où es-tu, Sarah ? Son compte Instagram n'a pas été mis à jour, et aucune photo ne m'indique où elle aurait bien pu se rendre. L'écran finit par s'éteindre.

Jaemin se met à rire, imité par mon grand-père. Je ne relève pas les yeux. J'entends ma grand-mère répéter pour la millième fois que le visage de Jaemin lui dit quelque chose. Je repense à tout à l'heure, lors de notre trajet, lorsqu'il a refusé de se dévoiler. Je n'ai pas insisté car je ne voulais pas paraître indiscrète, mais au final je passe pour la nana qui se désintéresse totalement d'autrui.

Je tape « Lee Jaemin » dans le moteur de recherche. Les premiers résultats sont liés à des pages sur *Gods in Hell*. Les photos sont rares, les informations succinctes. Je saute de lien en lien, tâchant de cacher mon écran à l'intéressé, qui est absorbé par la discussion qu'il a avec mes grands-parents.

— Je suis même allé porter plainte au commissariat de quartier pour pollution visuelle. J'ai été très mal accueillie ! Vous n'imaginez pas à quel point les institutions étatiques sont véreuses, je suis certaine que les studios soudoient les policiers, siffle ma grand-mère.

— Je ne pense pas, répond Jaemin avec une mine boudeuse qui extirpe un sourire à mon grand-père.

Il ose contredire la matriarche de la famille Park et s'en tire avec un simple hochement de tête de la part de mamie.

— Votre visage me dit quelque chose, répète ma grand-mère. Vous êtes certain que je ne vous ai jamais croisé ? J'ai l'impression de vous connaître.

— Oh, non, je vous assure que non, dit Jaemin en baissant les yeux dans son assiette.

— Vous ne me mentez pas ? C'est une habitude chez les jeunes, de mentir aux aînés, répond-elle, son regard dérivant vers moi.

Mon cœur se serre. Elle me fixe avec une expression confuse, presque triste, mais surtout déçue.

— J'ai remarqué que beaucoup de jeunes préfèrent mentir à leurs proches, plutôt que de les affronter et de leur avouer la vérité, continue mamie.

Je me fige. Papy se crispe et Jaemin est clairement mal à l'aise.

— Chérie, on… commence papy.

— Figure-toi que j'ai voulu faire un paiement pour ton université, Juliette. Je voulais te faire une surprise et t'offrir un trimestre. Quelle ne fut pas ma surprise lorsque la gentille dame du service administratif m'a dit qu'aucun dossier n'était rattaché à ton nom. Et donc qu'aucune Juliette Park n'était inscrite dans cet établissement.

— Mamie, je…

— Et le lendemain, je t'ai vue aux studios.

Je ravale douloureusement ma salive. Des larmes dévalent mes joues sans que je puisse rien y faire.

— Je t'ai aperçue près du hangar des costumes avec une autre jeune femme. C'était il y a un peu plus d'une semaine.

— Je suis désolée. Je ne voulais pas que vous l'appreniez comme ça, je sanglote.

Le monde tremble autour de moi. Tout est flou. J'ai un grand froid dans l'estomac, comme si j'avais avalé un morceau de banquise. Je recule ma chaise et fonce tête baissée dans ma chambre.

— Juliette ! Juliette ! Où est-ce que tu vas ? s'écrie papy.

Je ferme la porte. Je n'ai plus la force de faire face. Dehors, la nuit est tombée. Pourtant, l'éclairage de l'affiche inonde ma chambre de lumière. Il n'y a pas de serrure, malheureusement, sinon je me serais enfermée à double tour. Je glisse jusqu'au sol, adossée au coin de mon lit.

Je les entends discuter dans le couloir. J'aperçois les ombres sous la porte. Ils piétinent tout en parlant à voix basse. Je perçois les trois voix par intermittence, mais je ne veux pas entendre ce qu'ils disent. Je me recroqueville sur moi-même, enserrant mes genoux comme si c'était possible de disparaître dans les replis de mon corps.

J'entends la porte grincer.

— Juliette ? Juliette... Pourquoi est-ce que tu ne nous as rien dit ? me demande papy.

Je ne bouge pas. Ils allument la lumière. Je les entends tourner dans ma chambre, je ne veux pas voir ce qui se trame autour de moi et je reste en position fœtale, pelotonnée sur moi-même. J'entends finalement le lit grincer, quelqu'un s'est assis dessus. Puis la voix de ma grand-mère, toute proche, me parvient :

— Je ne t'en veux pas, Juliette. Enfin... Je trouve ça limite que tu nous aies menti à propos de tes études. Mais tu sais, on se fait du souci pour toi. Et tes parents aussi. Tu as toujours été une petite fille renfermée, et une adulte secrète. J'attendais que tu viennes me parler, je sais bien que la confrontation avec toi, ça ne mène à rien. Tes parents espéraient que tu irais mieux ici, à Séoul. Ils pensaient que c'étaient eux le problème… Pourtant, même à nous, papy et mamie, tu ne nous dis rien…

Mon cœur se brise. Je n'ai pas les mots, alors que je réalise que je me suis enfermée sur moi-même depuis des années, refusant le dialogue à mes proches qui n'attendaient que ça.

— Jaemin m'a parlé de ton scénario, et papy m'a toujours dit qu'il sentait que tu n'aimais pas tes études. Je sais que j'ai été très… dure avec toi. Et que parfois mon discours peut sembler abrupt. Mais je veux que tu saches que, quel que soit le chemin que tu choisiras dans la vie, si c'est ce qui te rend heureuse, je te soutiendrai de tout mon cœur.

— J'ai tout loupé… Je n'y arriverai jamais… je hoquette.

— Juliette, regarde-moi…

Je finis par soutenir son regard. La lumière du plafonnier m'aveugle, je discerne la silhouette de papy posée près de la fenêtre, et Jaemin sur le seuil. Il n'ose pas entrer, il se tient en retrait, posant un regard peiné sur un moment que sa présence rend encore plus difficile à affronter.

— Ma chérie… souffle mamie, attristée.

— J'avais peur que tu m'en veuilles. Je pensais que tu ne voudrais pas entendre parler de mes prétentions. Je sais à quel point tu détestes les studios pour ce qu'ils ont fait au quartier et à ton restaurant…

Elle lève une main pour m'arrêter.

— Jamais je ne me suis imaginée que tu voulais travailler dans le monde des dramas… Si j'avais su à quel point tu en rêvais, je… Je suis désolée de ne pas avoir compris que les études de droit ne t'intéressaient pas. Il y a beaucoup de choses qui me passent au-dessus de la tête. Tu sais, je travaille trop et… (Elle jette un coup d'œil au gros pansement enroulé autour de son bras.) Oui, je suis bornée, mais c'est juste parce que je prends les choses à cœur. Mais jamais je n'aurais mis ma petite-fille à la porte. Jamais, tu m'entends ?

Dans un mouvement chaotique, je me retrouve dans ses bras, l'étreignant de toutes mes forces et pleurant comme si j'avais une rivière de larmes en moi qui ne demandait qu'à couler.

— Mais c'est lui ! Je le savais bien ! Lee Jaemin ! L'acteur ! C'est bien vous, jeune homme ! s'exclame mon grand-père, le front collé contre la fenêtre.

Ma grand-mère éclate de rire. Et papy renchérit avec une voix suraiguë, en pointant de sa paume l'affiche dehors et la silhouette de Jaemin dans l'ouverture de ma chambre.

— Je l'admets, lâche l'intéressé en levant les mains au ciel. Vous m'avez démasqué.

J'entends ma grand-mère rire de plus belle. Elle s'écarte doucement, prenant mon visage entre ses mains et m'observant une longue seconde. Elle essuie mes larmes de ses pouces et ajoute avec un sourire :

— Il te fait marcher, Junho. Il lui ressemble, certes, mais on l'aurait reconnu si c'était le…

— Madame Park, votre mari a raison. J'ai menti moi aussi et je vous prie de m'en excuser. Je suis acteur, et c'est moi sur cette affiche. Lee Jaemin, c'est moi.

Ma grand-mère fixe Jaemin avec une expression abasourdie. Finalement, papy lui demande de répéter alors qu'il a parfaitement entendu.

— Madame et monsieur Park, c'est bien mon visage qui est placardé sur le mur d'en face.

Il leur faut une longue minute avant d'accepter l'idée qu'un célèbre acteur se tient au beau milieu de leur appartement.

— Ça alors… Je ne vous aurais jamais reconnu. Je ne suis vraiment pas douée pour reconnaître les célébrités dans la vie de tous les jours. Sans le maquillage et les costumes, vous êtes si… normal. C'est comme hier soir, vous savez j'ai eu un accident, juste à la sortie des studios. Avec une grosse berline. Il y avait deux femmes à l'intérieur. Pendant un moment, j'aurais juré que c'était l'actrice… Ah, comment s'appelle-t-elle, déjà ?

— Sarah ! Sarah Kang ! je hurle en sautant sur mes pieds.

J'attrape les mains de ma grand-mère et m'agenouille devant elle.

— Oui, c'est ça, Sarah Kang. Bon, tu vas me dire que je n'ai pas vraiment eu le temps de voir ce qu'il s'est passé. Avec le choc de l'accident, les lumières et la douleur, tout est allé très vite. Puis les ambulanciers ont emmené cette dame et son amie à l'hôpital. Ce que je sais, c'est que ça ferait les gros titres de la presse si une star internationale avait eu un accident de voiture avec…

— À quoi ressemblait l'autre femme ?

— Une grande dame blonde aux cheveux courts, précise mamie.

— Je l'ai retrouvée ! Je sais où est Sarah Kang !

— Hein ? fait papy.

J'embrasse ma grand-mère sur le front. Puis je me précipite vers papy et je l'enlace fort. Il sursaute devant cet élan d'affection inopiné. Enfin, je fonce vers la sortie, en oubliant presque Jaemin. Mais lorsque je jette un regard derrière moi, il est sur mes talons, prêt à me suivre.

SCÈNE 42

Jaemin

Je reste accoudé au comptoir pendant que l'infirmière de garde explique les traumas physiques que Sarah a encaissés à Juliette. Je la vois retenir avec difficulté un torrent de larmes. Je n'ai pas la force de comprendre ce qu'il se dit. Cette journée riche en événements, elle-même précédée de longues journées de tournage, a eu raison de ma capacité de concentration.

— Jaemin ? Alors, tu viens ? répète Juliette après quelques instants.

Je fais un pas en arrière, frottant mes yeux brillants de fatigue. La lumière blafarde des couloirs m'évoque un lourd sentiment de solitude.

— Je vais t'attendre ici. Il faut bien que quelqu'un reste avec ton grand-père, dis-je en jetant un coup d'œil vers l'intéressé, calé confortablement dans un siège après avoir dévalisé le distributeur de sucreries à côté de lui.

Je la vois hocher la tête, pourtant elle reste figée sur place. Elle est réticente à l'idée de me laisser. Comme si j'allais disparaître moi aussi.

J'entends sa respiration sifflante. J'imagine qu'elle redoute de voir Sarah blessée, allongée sur son lit et percluse de douleur. Je lis la culpabilité dans ses yeux. Elle essuie une larme qui coule malgré elle.

— Elle va bien, elle n'a pas grand-chose… je la rassure.

— C'est ma faute… Tout est ma…

— Ce n'est pas ta faute. Les accidents, ça arrive, j'affirme en posant les mains sur ses épaules.

Elle se blottit aussitôt contre moi. Je sens ses bras enlacer ma taille et son souffle contre mon torse. Je lui rends cette étreinte, la bouche calée tout contre son cou, respirant dans ses cheveux. J'ai l'impression de ne jamais être assez proche d'elle.

— Allez, courage, Juliette. Il faut y aller, je chuchote sans moi-même vouloir quitter ses bras.

Elle fait deux pas en arrière, les yeux rivés sur moi, à la suite de l'infirmière qui l'attend, puis tourne les talons en courant pour se lover à nouveau dans mes bras. Elle pose un baiser furtif sur mes lèvres et me souffle :

— Merci, Jaemin… À tout à l'heure.

Je devrais être l'homme le plus heureux du monde, pourtant je me sens vide et triste. J'ai l'impression de lui mentir. Il faut que je lui dise, je ne peux plus repousser cet instant fatidique. Il va falloir qu'on parle, elle et moi.

— Jeune homme ? Vous allez bien ? me hèle grand-père Junho.

Quand elle saura qui je suis, elle partira, me susurre une petite voix tout au fond de moi. Elle s'en ira, comme mon père l'a fait, elle me mettra de côté, comme ma mère l'a fait. Elle m'oubliera, et je me retrouverai seul, comme lorsque je me suis réveillé dans un hôpital tel que celui-ci, froid, des bandages enroulés autour du torse et personne à mon chevet.

— Jeune homme ? Jaemin ? insiste le grand-père.

Je le rejoins d'un pas traînant et me laisse lourdement tomber sur le siège à ses côtés. Pendant de longues secondes, je ne vois plus rien, ma vision est floue et les sons sont indistincts. Mon rythme cardiaque s'accélère peu à peu, alors que des idées noires commencent à fuser dans mes pensées.

— Ma femme, elle a compris qui vous êtes, souffle-t-il doucement. Elle me l'a dit, juste avant qu'on parte.

Je hoche la tête. Comme si j'étais sorti de mon corps, je flotte dans les airs en m'observant serrer les poings et redouter la suite de la discussion. Je n'ose pas lever les yeux. Je dois avoir les tempes dégoulinantes de sueur. Mes mains tremblent et ma respiration est difficile. Je suis au bord de la crise de panique.

— Il faut m'excuser, je ne connais pas les termes adéquats, je suis de la vieille école. Mais j'avais une amie, comme vous, enfin… On était fan des Pearl Sisters. Et on allait danser tous les vendredis soir.

Je me racle la gorge. La pression retombe d'un coup. Je sens ma gorge qui se desserre et j'arrive à articuler tout en ébauchant un piètre sourire :

— Qu'est-elle devenue, votre amie ?

— Elle a rencontré un riche chirurgien et elle est partie vivre dans une grande maison au bord de la mer.

Nous éclatons de rire en chœur. Puis il me dévisage, cherchant les failles et les indices qu'il aurait loupés. Ce même regard que Songwa, le vigile, pose sur moi chaque fois que je le croise, cette même curiosité que certains étrangers indiscrets me jettent à la figure parfois.

— Vous savez, jamais je ne m'en serais douté. Juliette est comme moi. Elle n'arrête pas de dire qu'elle est naïve, voire stupide dans ses mauvais jours. Mais je ne suis pas d'accord, ce n'est pas une question de voir ou de ne pas voir, ni de savoir ou de ne pas savoir. Il y a deux façons de discerner le monde qui nous entoure : avec les yeux ou avec le cœur. Juliette perçoit les gens avec ses émotions. Elle vous apprécie, ça je peux vous l'assurer. (Il laisse planer quelques longues secondes avant de me demander :) Est-ce qu'elle est au courant ?

Je fais non de la tête, essuyant au passage une traînée de sueur du revers de la main.

— C'est de lui dire la vérité qui vous angoisse à ce point ?

Je me relève brusquement, époussette mes vêtements d'un geste sec.

— Elle ne vous repoussera pas, Jaemin, m'assure-t-il.

— On ne peut pas prédire la réaction des gens. Croyez-en mon expérience, je murmure, mélancolique.

Il se redresse sur son siège et m'adresse avec la voix la plus douce et pourtant la plus inflexible du monde :

— Ce monde est cruel, je le sais. Il y a des gens mauvais, des gens apeurés et des gens stupides… Mais il y a aussi beaucoup de bonnes personnes. Ma Juliette est une bonne personne. Et toi aussi.

J'inspire profondément, les odeurs acides et médicamenteuses me fichent le tournis. Je fais un effort colossal pour ne pas flancher, pour ne pas trébucher, pour ne pas fissurer ce masque de l'acteur parfait. Mais je n'ai plus la force de jouer la comédie, alors j'adresse un remerciement au grand-père de Juliette, pour son aide, pour ses mots, puis je me dirige vers la sortie.

SCÈNE 43

Juliette

Le large corridor m'éblouit, ses murs refléchissant la lumière froide diffusée par les ampoules. J'emboîte le pas à l'infirmière avec un temps de retard, la cadence qu'elle m'impose est trop rapide. Le silence est pesant, entrecoupé par le bruit saccadé de nos pas désaccordés.

En sortant de l'ascenseur qui nous a emmenées au troisième étage, je sens ma guide hésiter. Elle fait quelques pas dans ce nouveau couloir puis elle ralentit. Je la rattrape enfin, jetant mon regard vers le lointain qu'elle fixe avec un air étrange.

— Vous savez, j'adore Sarah Kang. Lorsqu'on a su qu'elle était admise dans cet hôpital, on a tous sauté de joie. Ce n'est pas commun, de rencontrer une star. Puis…

Elle me lance un regard dépité. Le silence est lourd et il titille mon impatience grandissante. Je fais semblant de comprendre ce qu'elle veut me dire implicitement. Mais si elle ne verbalise pas ce qui semble la tracasser, ce petit manège risque de durer longtemps.

Finalement, elle lance :

— Je vous plains. Vous êtes son assistante, n'est-ce pas ?

Je hoche la tête. Elle soupire, m'adressant un sourire désolé.

— Je n'ai jamais eu affaire à quelqu'un d'aussi… exigeant que Mme Kang. J'ai demandé plusieurs fois à ma supérieure de changer de service. Je ne veux plus la voir.

Elle reste plantée là, le regard dans le vague. Je sais désormais qu'elle ne souhaite pas aller plus loin.

— C'est étrange… souffle-t-elle alors que je fais mine d'avancer sans elle. Jusqu'à présent, on l'entendait depuis l'ascenseur. Elle balance tout ce qui se trouve à portée de son lit depuis qu'elle est réveillée. Y compris le matériel médical.

— On devrait y aller, je m'impatiente.

— Vous savez, elle nous a interdit de prévenir qui que ce soit après l'accident. Aucun membre de sa famille, aucun collègue, encore moins les studios. Elle ne s'inquiète que de son amie Lucy. Je ne pensais pas que quelqu'un viendrait lui rendre visite de sitôt.

Quelque chose cloche, je sens mes tripes bouillonner. Je demande un peu abruptement quelle est la chambre de ma boss, l'infirmière se reprend et m'indique la direction.

Je vois la porte. Je m'approche d'un pas rapide. Ma main se tend vers la poignée, le silence assombrit l'éclatante blancheur des lieux, et lorsque j'ouvre la porte en grand, ce que je vois ne me rassure pas.

Un grand lit trône au milieu de la pièce. Vide. Les draps sont défaits. Je me précipite vers la couche abandonnée.

— Non ! Non ! Non ! je me lamente en posant mes mains sur les draps aussi blancs que les murs.

Ils sont encore tièdes de la chaleur corporelle de l'occupante de la chambre.

— Je ne comprends pas ! Elle n'a pas d'IRM de prévu avant demain matin ! Elle devrait être là, elle… Mon esprit saute instinctivement vers un autre indice. Je m'enquiers alors de l'état de santé de la petite amie de Sarah.

— Et dans quelle chambre se trouve Lucy ? je l'interroge.

— Elle est sortie ce midi, malgré les contre-indications des médecins, répond la soignante. Elle voulait rentrer chez elle.

— Quoi ! En Amérique ? Oh, non, non, non !

Je tourne les talons. Dans son état, Sarah n'a pas pu aller bien loin. Si je me dépêche, je pourrai la rattraper. Elle n'a pas de papiers sur elle, pas de moyens de paiement, donc elle ne pourra pas quitter le pays. Mais qu'est-ce qu'on va dire de moi, son assistante personnelle qui l'aura laissée jusqu'au bout dans la panade ? Je vois déjà les gros titres de la presse *people*, avec des photos de Sarah en tenue d'hôpital, errant dans les rues bondées de Séoul.

Je remonte le couloir à grandes enjambées. Sous le coup de l'adrénaline, j'en oublie la fatigue accumulée ces derniers jours.

Tout à coup, les portes de l'ascenseur s'ouvrent sur une véritable armada de producteurs exécutifs. Tout un regroupement d'hommes et de femmes, bruyants et surexcités, des fleurs plein les bras et des exclamations plein la bouche. Ils sont menés par un homme que je reconnais aussitôt.

— Réalisateur Bak ! je m'exclame, stupéfaite.

— Ah vous êtes là ! L'assistante. Donc Sarah n'est pas loin. Mon Dieu, quelle frayeur elle nous a faite ! On a bien cru qu'elle avait fait faux bond à la production. Heureusement, les rumeurs vont vite, ce n'est qu'un accident. Un tout petit accident et, dès demain, nous pourrons reprendre le tournage.

— Pardon ? je hoquette.

— Sa chambre, je vous prie. Nous devons nous entretenir avec Sarah.

Je reste sans voix. Je n'ai pas de mots, estomaquée par ce que je viens d'entendre. Bien qu'ils brandissent fleurs et mots de bon rétablissement, ces représentants des studios, ces producteurs et ces avocats n'expriment aucune considération pour l'état de santé de Sarah. Je comprends pourquoi elle a fui…

Je pointe du doigt la porte derrière moi. Ils se mettent en branle comme un seul corps. Je les vois trottiner vers la chambre, ils parlent fort sans me prêter aucunement attention. Je tourne les talons, pénétrant dans l'ascenseur qui tarde à se refermer. Puis je les entends : des exclamations de surprise, des interjections énervées et réprobatrices et mon nom qui fuse dans les airs. La porte de l'ascenseur se referme alors que tous accourent dans ma direction en martelant le sol.

Je dois absolument retrouver Sarah en premier.

Je descends au rez-de-chaussée, mes yeux parcourent chaque visage que je croise avec une attention fiévreuse. Où est donc Sarah ?

Sans réfléchir, je pique un sprint. Je n'ai pas le temps de décrypter les panneaux, encore moins de m'arrêter pour demander de l'aide. J'ouvre une porte, tombe sur un autre couloir. Pas de Sarah en vue. Je ne reconnais rien des lieux, or j'entends la meute de KTV sur mes talons.

Je m'égare et les égare, je suis perdue mais je les ai semés. Enfin, je suppose. Au détour d'un couloir qui ressemble exactement au précédent, je reconnais le distributeur auprès duquel mon grand-père, assoupi, a établi son camp.

— Papy ! Papy !

Il sursaute alors que je le secoue prestement, manquant presque de m'affaler sur lui.

— Où est Jaemin ? je m'exclame, à bout de souffle.

— Quoi ! Quoi ? Qui ?

— Oublie ça, je n'ai pas le temps. Sarah ! Elle est partie ! Elle vient tout juste de quitter sa chambre... Tu ne l'aurais pas vue passer... je crie alors qu'il pose sur moi un regard confus.

— Quoi ? Je n'ai pas entendu...

Je soupire, dépitée. Il ne sait pas, il n'a rien vu, il dormait.

Des cris fusent, des portes claquent, les bruits de la meute se rapprochent.

Papy perçoit mon état de stress, il se redresse sur sa chaise pour jeter un coup d'œil vers ces grognements qu'il entend au fond du couloir. La délégation des studios venue pour oppresser Sarah apparaît, un monstre de costumes noirs et de fleurs dansant dans leurs bras se précipite dans ma direction. Papy ne comprend pas qui ils sont ni ce qu'ils me veulent, mais il me montre du doigt la porte menant au parking souterrain de l'hôpital.

— Mamie nous attend dans la voiture, va la retrouver ! Je vais les retenir !

Il s'élance à leur rencontre, se tenant le ventre en gémissant puis en tendant les bras. J'en profite pour m'éclipser alors que l'attention de la meute est totalement captée par papy, qui joue le meilleur rôle de sa vie.

Je dévale les marches. La tiédeur moite me saute à la gorge à peine ai-je ouvert la porte menant au sous-sol de l'hôpital. J'entends le crissement de pneus dans le lointain. Le silence est bercé par le vent qui s'engouffre entre les larges piliers de béton soutenant l'immense structure. Face à moi se dévoile un champ de voitures, les capots brillent sous la lumière froide des néons, mais je ne vois pas le camion de The French Frog, dont la carrosserie est maintenant à moitié éraflée avec un pare-chocs soutenu par du scotch, mais qui nous a permis de venir jusqu'ici. Je m'en veux de ne pas avoir écouté les indications que ma grand-mère m'a lancées en nous déposant devant l'hôpital.

Des pas claquent sur les marches, résonnant bruyamment dans la cage d'escalier que je viens de descendre.

Je fonce tête baissée au fond du parking. La seule solution, c'est de distancer ces gens. Une voix gronde au loin. Je perçois un grincement, et un grognement s'élève. Je reconnais ce timbre de voix.

Elle est là, au détour d'un virage, entre deux allées, ronchonnant contre le capot qui refuse de tenir en place.

— Saleté de…

— Mamie ! je m'exclame.

Je sprinte vers elle en hurlant qu'il faut s'en aller, qu'il faut qu'elle monte dans la voiture et qu'on doit partir le plus vite possible. Elle me regarde, bouche bée, alors que je grimpe en trombe derrière le volant. Je claque la portière et j'attache ma ceinture. Elle me lorgne à travers le pare-brise, l'air hébétée.

— Mamie, dépêche-toi ! je glapis.

Elle s'active soudain, grimpant côté passager en ronchonnant de plus belle.

— Je dois retrouver Sarah ! dis-je en enfonçant la pédale d'accélération.

— Elle n'est pas à l'hôpital ? lance mamie en attachant sa ceinture.

— Elle vient tout juste de filer. Elle ne voulait pas que les studios la retrouvent. Je me souviens… Ce qu'elle m'a dit concernant la célébrité, et ce boulot qui lui a volé ce qu'elle avait de plus précieux. Je dois l'aider. Elle doit échapper à ces vautours de KTV. Elle a besoin de temps, elle veut retrouver sa copine. Elle doit tout arranger et je vais l'aider !

J'ai à peine démarré qu'une silhouette surgit en travers de la route. Une femme aux cheveux ébouriffés, des cernes violets soulignant son regard apeuré et seulement vêtue de sa blouse d'hôpital sur des sous-vêtements.

— Sarah ! je m'écrie alors que je pile à un centimètre d'elle.

Elle pose sur moi des yeux dilatés de terreur. Au bout d'une longue seconde qui dure une éternité, je vois s'afficher sur son visage une once de soulagement. Elle m'a reconnue et claque soudain le capot avec ses paumes tout en s'exclamant :

— Juliette !

Au loin derrière elle, je vois apparaître la meute.

— Montez ! Tout de suite ! j'ordonne à ma boss.

Ma grand-mère se colle contre moi, laissant la troisième place de la camionnette libre, que ma patronne superstar s'empresse de prendre. Elle claque la portière et m'ordonne de foncer.

Le réalisateur est posté au milieu de la voie, à une dizaine de mètres devant nous. Entouré de sa clique en costard cravate, il nous barre le passage.

— Fonce dans le tas, Juliette ! Je dois retrouver Lucy avant qu'elle s'envole pour les États-Unis ! Je t'en supplie !

Son avion décolle dans une heure. Je ne peux pas la perdre. Pas elle, pas encore, elle est toute ma vie… Plus rien de tout ça n'a de sens… Je t'en supplie !

J'enfonce la pédale d'accélération, et le véhicule s'élance en rugissant vers l'attroupement qui nous fait face.

Ma grand-mère s'accroche à sa ceinture en hurlant :

— Mais ils vont se pousser, oui !

Tandis que Sarah me crie encore plus fort de tous les écraser, je commence à remettre en question mon implication dans un possible meurtre. Et alors que je visualise déjà les corps passer sous les roues du véhicule, c'est avec soulagement que je vois Bak et les autres s'écarter. Balancés dans un geste désespéré ou bien enragé, quelques bouquets finissent néanmoins sur le pare-brise. J'actionne les essuie-glaces par réflexe.

Les pneus crissent sur le sol lisse du parking, nous sommes ballottées dans l'habitacle en remontant la bretelle menant vers l'extérieur.

— Direction l'aéroport d'Incheon, me souffle Sarah, tremblante. Vite, je t'en prie.

Il y a un temps de latence, mon regard croise celui de ma grand-mère. Je ne sais pas si elle est en colère, traumatisée par ma conduite pour le moins sportive ou si elle comprend qu'elle vient d'embarquer dans une soirée rocambolesque.

— C'est étrange… Cette camionnette… Ce logo… Je… Vous avez eu un accident ? s'enquiert Sarah.

— C'est compliqué, euh… je balbutie avant d'être interrompue par ma grand-mère.

— Oui, vous m'êtes rentrée dedans avec votre grosse berline hier soir.

Pour la première fois depuis que je travaille pour Sarah, elle ne répond pas à brûle-pourpoint. Au contraire, elle incline la tête, l'air penaude, incapable de regarder sa voisine.

— Je suis désolée, murmure-t-elle. Vous êtes la grand-mère de Juliette, c'est ça ? Elle parle beaucoup de vous…

— Ah oui ? Eh bien, Juliette ne m'a jamais parlé de vous.

Sarah éclate de rire. Ma boss s'excuse platement d'avoir causé autant de problèmes, elle promet une nouvelle camionnette et une compensation financière pour le trauma causé. Mamie refuse, évidemment, trop fière pour accepter. De plus, cela l'empêcherait de se plaindre pendant des mois, mais Sarah ne lâche pas l'affaire. Finalement, elles en viennent à discuter de leurs métiers respectifs, chacune hoche la tête l'une après l'autre. Et la discussion bifurque rapidement vers la raison qui les a fait se rencontrer.

— Encore toutes mes excuses pour l'accident. Je me sens coupable. C'est ma faute, entièrement ma faute. C'est Lucy qui était au volant, mais j'accaparais toute son attention. Je ne l'écoutais pas, j'étais trop occupée à la supplier, elle s'est énervée, elle était… Tout est ma faute. Je dois réparer mes erreurs…

— Et si Lucy est déjà partie ? j'interviens.

— Je la suivrai là où elle est allée, répond Sarah avec fougue.

— Et le tournage de *Gods in Hell* ?

Elle ne répond pas. Je ravale bruyamment ma salive. Seul son couple lui importe désormais. Pourtant, elle ajoute :

— Je me rends compte à quel point je peux être insupportable. Mais je n'oublierai jamais ce que tu as fait et ce que tu fais pour moi, Juliette. Je te l'ai déjà dit : je te suis redevable, et maintenant plus encore.

Quelques minutes plus tard, nous voilà garées devant le hall des départs. Sarah descend de la voiture, elle a déjà le souffle court depuis les dernières minutes du trajet. Je ressens la pression qui transpire d'elle. Elle me prie de l'attendre. Mais avant que je donne mon assentiment, elle est déjà partie en courant. La camionnette est stationnée derrière une file de taxis endormis. Il n'y a personne aux alentours, la nuit est bien entamée et les rares clients commencent certainement à embarquer. Je descends du véhicule, ma grand-mère à ma suite.

Nous marchons tranquillement sur les traces de Sarah.

— Au fait, où est passé Jaemin ? s'enquiert finalement ma grand-mère.

— Il devrait être avec papy… je soupire, lasse de toutes ces péripéties.

Au bout de quelques longues minutes de marche, j'aperçois au loin, courant vers la femme de sa vie et criant son prénom dans le hall immense et vide.

— Comme dans les comédies romantiques, je souffle en m'adossant au mur le plus proche.

Ma grand-mère se pose près de moi, soupirant avec le même sourire las.

Lorsqu'elle voit qui l'appelle ainsi, Lucy semble réticente au premier abord. Je comprends sans l'entendre que leur conversation est houleuse. Elle parle avec des gestes secs, dans une position fermée, les bras croisés contre sa poitrine, faisant non de la tête incessamment. Sarah essaie de s'approcher alors que l'autre recule. Elle paraît suppliante, et sur son visage coulent des flots de larmes.

Au bout de longues minutes, ma grand-mère porte sa montre sous ses yeux et soupire bruyamment.

— Bon, elles se rabibochent, oui ou non ? s'impatiente-t-elle. Il va falloir que je mette mon grain de sel ! Attends-moi ici, je vais leur…

— Non, mamie ! Non ! Laisse-les, s'il te plaît. Il faut qu'elles surmontent ça toutes les deux.

— Eh bien, on dirait que tu l'apprécies énormément, cette Sarah Kang…

Je capte un air soupçonneux alors que je jette un regard étonné vers ma grand-mère.

Mamie fait la moue. Puis elle esquisse un sourire qui semble dire quelque chose qui échappe à ma compréhension.

— Tu sais ce que j'en pense ? C'est ta propre histoire que tu devrais écrire. Pas celle de quelqu'un d'autre.

À l'autre bout du terminal, Sarah et Lucy s'enlacent. J'entends leurs sanglots de joie et leurs effusions amoureuses. Mamie se redresse, grommelle quelques mots et me lance un regard plein d'impatience.

— Allons retrouver Jaemin, je lance.

SCÈNE 44

Jaemin

Cette nuit, et pour la première fois depuis longtemps, les studios sont calmes. J'ai grimpé au tout dernier étage de la reconstitution de la tour Eiffel, me tenant sur la reproduction des antennes radio qui pointent vers le ciel noir. Je suis assis par terre, les jambes passées au travers de la rambarde de sécurité.

Depuis là-haut, la vue est imprenable. L'avenue principale court vers l'horizon plongé dans la nuit. À l'est, les flancs arborés d'un des monts de Séoul s'étendent sous les rayons de lune. Au loin, se dessine l'immeuble abritant le luxueux bureau de mon père. La lumière est allumée et, au travers des baies vitrées, j'aperçois des silhouettes emportées dans une discussion houleuse. Mon père, cet homme fier qui a tenu tête à sa famille, ploie face à une délégation de syndicats. Il est genoux au sol, recroquevillé et implorant leur pardon.

Mon père a courbé l'échine pour la première fois de sa vie. Je n'aurais jamais cru cela possible. Lui qui m'avait quitté en me reniant, aujourd'hui il m'a appelé son fils.

— Jaemin !

Mon regard tombe vers la plateforme métallique à quelques mètres sous mes pieds. Le vent frais a porté la voix de Juliette comme si elle se tenait à côté de moi.

— Comment es-tu monté là-haut ? me demande-t-elle en tournant sur elle-même à la recherche d'un chemin pour me rejoindre.

— L'échelle au milieu… Fais attention…

Oh, non… Je ne voulais pas faire ça ce soir. La soirée est tellement belle. Et pour la première fois depuis des lustres, tout va pour le mieux dans le pire des mondes.

Les barreaux grincent sous son poids, et bientôt elle émerge du conduit qui mène au point culminant. Lorsqu'elle pose les yeux sur moi, un grand sourire illumine son visage. Je ne peux m'empêcher de lui rendre.

— Bah alors ! Tu fais comme Sarah ? Tu disparais sans laisser de traces ?

Elle ne me laisse pas le temps de répondre et enchaîne aussitôt :

— J'ai une bonne nouvelle, Sarah est saine et sauve. Et devine qui l'a retrouvée ? Moi !

Elle affiche un air de vainqueur. Un peu dépitée par mon manque d'enthousiasme, elle relance :

— Yerim m'a dit que tu viens souvent ici quand tu es contrarié. Qu'est-ce qui te tracasse ? demande-t-elle en se glissant près de moi.

J'inspire profondément, mon angoisse me serre la poitrine, une douleur me lance dans les côtes. Mieux vaut en finir tout de suite. Il faut arracher ce malaise comme un pansement, d'un geste sec et sans prévenir.

— Juliette, je… jesuisnédansuncorpsdefemme, jesuisunhommetransgenre.

Ses sourcils se froncent, son regard se plisse d'incompréhension. Elle me répond qu'elle n'a pas compris et me demande de répéter.

— J'ai transitionné il y a plus de quatre ans maintenant. Voilà, je suis un homme transgenre.

— Ah… OK.

Je la fixe sans cligner des yeux. J'essaie de déchiffrer ses émotions mais rien ne transparaît sur son visage. Ma respiration devient tremblante, mon rythme cardiaque s'emballe. Je crains de voir cette ombre terrible passer dans son regard.

— Aaaah ! Et c'est ça dont mamie parlait au dîner tout à l'heure ! s'exclame-t-elle tout à coup, comme soulagée. Oh, je suis tellement désolée… Je ne m'en suis pas rendu compte, je… Tu sais, je suis nulle avec les gens, je…

— Si tu ne veux pas que ça aille plus loin entre nous, je le comprendrais, je rétorque par automatisme.

Je l'ai coupée pour sortir cette phrase comme un mauvais acteur lancerait une réplique apprise par cœur.

— Tu ne veux plus de moi ? chuchote-t-elle, la mine défaite.

— Quoi ? Non ! Évidemment que non… Je veux que… que…

Mon regard croise le sien et je me perds complètement dans l'étincelle fiévreuse de ses yeux. Je l'entends à peine murmurer les mots suivants :

— Est-ce que je peux t'embrasser, Jaemin ?

Mon corps répond à ma place. Je chavire contre elle, nos respirations se mêlent, et nos lèvres ne se lâchent plus. Je parle en baisers, et elle réplique en caresses. Nos mains agrippent nos vêtements, cherchant nos corps frissonnants.

Le temps s'étire jusqu'à se suspendre ; pourvu que la nuit dure une éternité si cela signifie la passer à ses côtés.

Je reprends ma respiration, nos lèvres se séparent et je l'entends ronchonner. Je passe mes mains en coupe sous son visage pour le contempler à la lumière de la lune. Elle n'a jamais été aussi belle alors que son regard brille de tendresse. J'esquisse un sourire, elle pose un baiser fugace à la commissure de mes lèvres avant d'ajouter :

— J'ai de quoi écrire un scénario avec toute cette histoire.

ÉPILOGUE
SIX MOIS PLUS TARD

Juliette

— Je te rappelle la semaine prochaine ! Promis, maman !

— Et dors un peu ! Ne laisse pas ta patronne abuser. Elle est peut-être une célébrité, mais tu es ma fille et je t'aime ! OK ?

Ébahie, je fixe l'écran de mon ordinateur sans savoir quoi dire. Mon père, assis au côté de ma mère sur le canapé du salon, a l'air tout aussi perturbé que je le suis. Alors ma mère lui donne un coup de coude, et il ajoute, tout gêné :

— Oui, euh… Moi aussi, je t'aime. Et je suis fier. Très fier de toi, Juliette. Ne te laisse pas marcher sur les pieds. Même par Sarah Kang ! Bon, on t'embrasse. On s'appelle bientôt !

Je lève la main pour les saluer et l'écran s'assombrit.

— Moi aussi, je vous aime, je lâche, surprise par ce soudain aveu de leur part.

Ce genre de déclaration n'est pas quelque chose de coutumier dans la famille Park, comme si ces quelques mots brûlaient les lèvres de ceux qui les prononcent. Et pourtant ça commence à devenir une habitude lors de mes échanges hebdomadaires avec mes parents. Je referme mon ordinateur et sors du camion loge appartenant à Sarah d'un pas léger.

Dehors, le tournage bat son plein. La première saison de *Gods in Hell* a battu tous les records d'audience à l'international. Et la saison deux a été commandée dès la diffusion du premier épisode. Un premier épisode tel qu'il avait été enregistré initialement, puisque nous avons réussi à sauver les rushs des mains de Cho Eunhwa, ex-producteur exécutif, désormais interné dans une clinique de repos après un burn-out sévère. On raconte qu'il cauchemarde souvent d'une bête terrible aux longs doigts crochus et à la gueule salivante. La guerre fut rude entre les grévistes et la direction, mais M. Lee a lâché du lest, accédant à la plupart des requêtes des employés syndiqués.

J'aperçois la grue soutenant la caméra filer dans les airs au loin. Une explosion fait sursauter une bande d'assistantes de production. Je salue Seulgi, passée assistante cheffe décoratrice, alors qu'elle est en pleine discussion au talkie. Elle m'adresse un clin d'œil et fonce en direction du plateau.

— Alors ! Comment va ma scénariste préférée ? me lance Jaemin en sortant lui-même de la loge maquillage.

— Scénariste du dimanche, oui ! Je ne suis encore qu'une petite assistante qui essaie d'apprendre les ficelles du métier.

— Et qui va y arriver, ajoute-t-il en faisant mine de m'embrasser.

Je me recule d'un air faussement horrifié en montrant du doigt les serviettes en papier glissées dans son cou qui protègent son costume.

— Il y avait une lettre dans mon courrier qui t'est adressée ! me nargue-t-il en brandissant une enveloppe sous mon nez.

Je soupire longuement, alors qu'il finit par me la tendre.

— Certainement une autre lettre de refus pour mon scénario. Je l'ajouterai à ma collection, je lâche, désabusée.

— Tu ne peux pas savoir, tu ne l'as pas ouverte.

Je ne sais pas comment j'ai pu vivre sans son imperturbable enthousiasme. Il m'arrache un sourire malgré la déception qui m'attend. Je défais la lettre, déchirant le papier n'importe comment pour en extirper la feuille.

Je redoute les mots qui y sont inscrits, mais Jaemin me demande de lire à haute voix. Alors je m'exécute à contrecœur :

— « Chère madame Park, je vous remercie de nous avoir adressé votre scénario, *Drama Boy*. À la lecture du synopsis, j'ai été quelque peu surprise que vous portiez votre choix sur notre compagnie pour produire votre film, dans la mesure où les comédies romantiques ne sont pas un de nos genres de prédilection. »

Je m'arrête sur ces mots et rive un regard dépité sur Jaemin.

— Tu vois, je te l'avais dit ! Ils ne produisent que des films d'auteur… Et d'horreur !

— Lis la suite ! m'encourage-t-il.

— Bon… OK. Bla bla bla… « … de prédilection. Pourtant, votre histoire a retenu toute notre attention. » Quoi ?!

Je me fige. Jaemin s'esclaffe et hurle quasiment pour que je continue.

— « Vous nous avez tenus en haleine du début à la fin. Personne au sein de notre équipe ne voulait que cette très sympathique aventure se déroulant au sein de studios de cinéma se termine. Vos personnages sont attachants et sincères. Nous sommes tous tombés amoureux de ce projet. Nous aimerions discuter de ce dernier avec vous et serions ravis de vous rencontrer dès que possible. »

Jaemin pointe le doigt sur le logo de la société, en en-tête du courrier.

— A24 productions ! s'écrie-t-il. Oh, la vache, les Américains veulent produire ton film, Juliette ! C'est complètement dingue !

Oubliant son maquillage et son costume, il me soulève de terre et m'étreint en me faisant tournoyer. Je me retrouve avec des traces de poudre sur les vêtements, les cheveux dans le vent et mes mains agrippant la soie de sa chemise.

Il me repose et dépose au passage un baiser sur ma joue. J'ai du mal à tenir sur mes jambes, encore incrédule face à la teneur de la lettre. Je me tiens à lui comme s'il était une partie de moi. J'avance ou plutôt je suis entraînée vers la fourmilière de machinistes qui apposent les dernières retouches sur un plateau flambant neuf. Dans mon oreillette, les assistantes grommellent, et Yerim déboule pour rappeler à l'ordre Jaemin qui, comme à son habitude, se fait attendre.

La nouvelle se répand comme une traînée de poudre dans l'équipe, les félicitations fusent parmi les plus proches. Seulgi débarque, je finis dans ses bras, pour rapidement passer dans ceux de Yerim. Sarah m'adresse un baiser du bout des doigts, Marylou sur ses genoux, dans le fauteuil brodé à son nom. Lucy se tient à ses côtés, brandissant un pouce en l'air à mon intention. Le réalisateur me jette un regard en coin, hochant la tête avec une émotion contenue.

Les sourires fleurissent, les embrassades s'enchaînent encore et encore et les regards brillent. Puis l'assistant de réalisation demande à tous de prendre leurs marques.

Jaemin dépose un tendre baiser sur ma main, la lâchant finalement à contrecœur. Et il s'éloigne pour rejoindre le plateau. Le regard farouche, l'attitude altière et le menton haut, il entre dans son rôle avec une facilité déconcertante. Je ne le quitte pas des yeux, plaquant ma lettre précieusement contre mon cœur. Possédé par son personnage, il pose un pied sur le plateau. Les figurants s'écartent sur son passage. Entouré par un camaïeu de costumes colorés et d'armures étincelantes, il prend place dans ce décor irréel. La magie du cinéma opère alors que les caméras n'enregistrent pas encore au sein de ce temple chatoyant. Jaemin me destine un dernier regard pétillant, s'acheminant parmi la foule de techniciens qui nous sépare.

Dans un plan d'ensemble fuyant pour prendre de la hauteur, j'imagine les spectateurs se préparer pour l'arrivée du générique de fin. C'est alors que j'entends l'assistant réalisateur s'écrier :

— Silence ! Ça tourne !

Pour l'éditeur, le principe est d'utiliser des papiers composés de fibres naturelles, renouvelables, recyclables et fabriquées à partir de bois issus de forêts qui adoptent un système d'aménagement durable. En outre, l'éditeur attend de ses fournisseurs de papier qu'ils s'inscrivent dans une démarche de certification environnementale reconnue.

Composition et mise en pages : Nord Compo

PAPIER À BASE DE FIBRES CERTIFIÉES

hachette s'engage pour l'environnement en réduisant l'empreinte carbone de ses livres. Celle de cet exemplaire est de : 500 g éq. CO_2
Rendez-vous sur www.hachette-durable.fr

Achevé d'imprimer en Espagne par Rodesa
Dépôt légal 1re publication : juillet 2024
28.1301.6 – ISBN : 978-2-01-725820-9
Édition : 01 – Dépôt légal : juin 2024